# 스웨덴 일기

1등을 우대하지 않고 꼴찌를 차별하지 않는
'세계 최고 복지국가'의 빛과 그림자

글·사진 **나승위**

# 스웨덴 일기

피피에

머리말

# 신선하고 의아하고 놀랍고도 충격적인

2009년 1월, 남편을 따라 어린 아들 셋을 데리고 스웨덴 땅을 처음 밟았을 때 그곳에 아는 사람은 단 한 명도 없었다. 그리고 스웨덴에 대해 아는 것이라곤 단어 몇 개뿐이었다. 아바, 스톡홀름, 잉마르 베리만 감독, 볼보 자동차, 그리고 노벨상! 나는 심지어 이케아도 몰랐다. 그래서 스웨덴에서 처음 만나는 일들은 아주 신선했고 어떤 것은 의아했고, 어떤 것은 놀라웠고, 또 어떤 것은 충격이었다.

처음 스웨덴에 와서 의아하게 생각했던 점은 첫 1년 동안 살았던 아파트에서 세탁기를 기숙사처럼 공동으로 사용한다는 사실이었다. 세탁기를 이용하려면 미리 시간 예약을 해야 했는데, 세탁실은 깔끔해 보였으나 세탁기 내부의 청결성은 의심스러웠다. 놀라웠던 것은 밤 10시 이후에는 세탁실을 사용하지 못하는데, 36세대가 함께 사용하는 세탁기가 고작 세 대라는 점이었다! 이보다 조금 더 놀라웠던 점은 그럼에도 불구하고 세탁실이 늘 한산했다는 것이다. 그래서 나는 이들이 옷을 자주 빨아 입지 않는다는 걸 알게 되었다. 그리고 스웨덴 사람들의 삶에는 여전히 '공동'이란 단어가 침잠해 있음도 알게 되었다.

그 아파트는 60년 된 낡은 건물이어서 방음이 잘 되지 않았다. 당시 7살짜리 쌍둥이와 두 돌 지난 막둥이는 결코 걷는 법이 없이 뛰어다녔고, 큰 소리로 떠들고 종이를 뭉쳐 공을 만들어 집에서 발로 차고 다녔다. 현관문 틈새에 "조용히 좀 살자! 그렇지 않으면……!"이란 위협적인 쪽지가 들이닥쳤고, 얇은 벽 하나를 사이에 둔 이웃은 가끔 그 얇은 벽을 두드려댔다. 나는 정말 경찰이라도 들이닥칠까봐 두려웠었는데, 다행히 경찰은 한 번도 오지 않았다. 시간이 좀 더 지난 뒤, 나는 아이들이 좀 떠드는 걸 가지고 경찰이 들이닥치는 일은 없으며 스웨덴은 아이들에게 무척 관대한 나라이며, 아이들에 대한 배려가 모든 면에서 무척 놀라운 수준임도 알게 되었다.

어느 날은 관청에서 문서가 날아왔다. 스웨덴어를 모르는 나는 그 문서를 휴지통에 버렸는데, 알고보니 육아 수당을 받으라는 쪽지였다. 이로부터 나는 스웨덴이 돈 내라는 독촉장뿐 아니라, 돈 받으라는 문서도 보내는 나라임을 알게 되었다.

그렇게 네 계절을 보내고 또 겨울이 되어 지어진 지 얼마 되지 않는 아파트로 이사를 갔는데, 세대별로 세탁기가 구비되어 있었다. 아파트 같은 공동주택에서도 점차 생활 중심이 공동에서 개인으로 넘어가고 있음을 알게 되었다.

낮에 유모차를 끌고 다니는 남자들은 대체 무엇을 하는 사람일까 궁금했다. 실직자인가? 스웨덴의 실직률은 얼마나 될까? 그런데 그들이 실직자가 아닌, 육아 휴직 중인 아빠들이란 걸 알게 되었다.

스웨덴은 교통사고율이 세계에서 가장 낮은 나라에 속한다. 왜 그런가? 도로가 넓고 차들이 적어 그런가? 운전면허 시험을 보고 났더니 그 이유를 알게 되었다. 어느 겨울 밤에는 무심코 텔레비전 리모컨을 이리저리 돌리다가 청소년을 대상으로 하는 스웨덴의 성교육 프로그램을 보게 되었다. 헉! 나는 입을 다물지 못할 만큼 놀랐다. 내 또래 친구들의 얘길 들으면서 스웨덴 중년 여성들의 일하며 사는 모습도 알게 되었다. 그리고 이들의 사랑하는 모습도 엿볼 수 있었다.

이렇게 스웨덴에서 사는 햇수가 늘어나다 보니 스웨덴과 친해지면서 스웨덴에 대해 더 많이 알게 되었다. 배울 만한 바람직한 점들도 많았고, 좋아 보였던 모습 이면에 드리운 어두운 그림자도 보게 되었다. 스웨덴은 다른 국가들에 비해 비교적 좋은 사회일 뿐, 결코 완벽한 사회는 아니다. 불완전한 사람들이 만든 사회가 어떻게 완벽할 수 있겠는가? 다만 사회 지도자들과 구성원들은 여러 허점을 고치고 모순들을 조정하며 어제보다 나은 내일을 만들기 위해 노력할 뿐이다. 100년 넘게 스웨덴 사회를 지탱해온 정치 이념인 사회민주주의의 목표는 "종착지인 유토피아에 도달하는 것"이 아니라 "결코 도달할 수 없는 유토피아를 향해 끊임없이 움직이는 운동성"에 있다고 한다.

내가 살며 경험한 바, 그런 '운동성'이 스웨덴의 역사와 사회 속에서 비교적 뚜렷하게 나타나는 것 같다. 나는 나의 경험을 바탕으로 이렇게 "움직이는 스웨덴 사회의 모습"을 소개하고 싶었다. 책 갈피갈피 미진한 곳 투성이지만, 내 이야기가 스웨덴의 다양한 모습에 흐릿하게나마 조명을 비추어 사람들에게 보여주는 역할을 할 수 있다면, 스웨덴에서 사는 한국인으로서 큰 보람을 느낄 수 있을 것 같다.

장님 코끼리 더듬는 것 같은 나의 스웨덴 이야기를 책으로 묶어보자고 제안해주시고 빈약한 이야기를 풍성하게 만들어주신 파피에출판사 편집장님과 책을 내도록 허락해주신 대표님께 깊은 감사를 드린다. 첫 번째 책을 쓸 때는 아이들이 어려서 참 힘들었는데, 이번엔 훌쩍 성장한 아이들과 스웨덴에 관해 다양한 이야기를 나누면서 주제에 대한 영감을 얻기도 했다. 바쁜 엄마를 기특하게도 많이 인내하고 도와준 아이들과 가끔씩 자신의 경험을 나누어주었던 남편에게 고마움을 전한다. 그리고 내가 하는 모든 일에 끝없는 지지와 격려로 내 삶에 가장 큰 버팀목이 되어주신 엄마께 사랑을 담아 이 책을 바친다.

2018년 1월

나승위

# 차례

머리말 · 4

## 1. 스웨덴 도로에는 총알택시가 없다 · 12
_ '불면허'로 이름 높은 나라에서 운전면허증 취득하기

## 2. 고요한 밤, 한가한 밤? · 25
_ 한국 응급실 vs 스웨덴 응급실, 그 놀라운 차이

## 3. '삼보', 스웨덴의 동거족 이야기 · 36
_ 벚꽃보다 가벼운 스웨덴 젊은이들의 사랑과 이별

## 4. 성교육, 어디까지 받아봤나요? · 45
_ 입이 딱 벌어지는 스웨덴의 열린 성교육

## 5. 더도 말고, 덜도 말고, 딱 필요한 만큼만 · 57
_ 1등을 우대하지 않고 튀는 엘리트를 좋아하지 않는 '라곰'의 정신

## 6. 초콜릿, 장관을 끌어내리다 · 68
_ 공직자의 청렴성에 가혹한 나라, 부패를 결코 용서하지 않는 나라

## 7. 독립적인 삶? 간섭하는 삶? · 78
_ '혼자 사는 법'을 학교에서 교과 과목으로 배우다

## 8. 서툴고 어설프게, 그러나 '스스로' · 86
_ '더디게' 가도 되는 스웨덴의 교실 풍경

## 9. 16만 명의 새로운 사람들, 그들은 위험한가? · 92
_ 스웨덴이 다문화 사회 문제에 대처하는 방법

## 10. 학생 한 명당 컴퓨터 한 대, 모두가 평등 · 102
_ '평등'과 '자율성'의 균형을 잡으려 애쓰는 스웨덴의 교육 철학

## 11. 스웨덴에는 '전업 주부'가 없다? · 121
_ 여성의 사회 활동을 이렇게 지원하라

## 12. 정자은행 고객의 절반이 스웨덴 여성 · 133
_ 스웨덴식 사랑의 끝은 무엇일까

13. "그냥 내 아이란 생각뿐이지요" · 147
  _ 한국인 입양아를 키우는 말뫼 시 부시장을 만나다

14. 육아 휴직, 그 달콤한 이름 · 158
  _ 스웨덴의 '라테 대디'를 아시나요?

15. 당당한 황혼은 아름다워 · 166
  _ 스웨덴의 실버층을 지원하는 탄탄한 인프라

16. 100가지 음식이 차려지는 날 · 174
  _ 스웨덴의 크리스마스 상차림 '율보드'와 스웨덴 음식 이야기

17. 커피 타는 회장님, 복사하는 회장님 · 191
  _ 스웨덴 회사에서 '갑질' 없는 갑의 모습을 목격하다

18. 여보세요, 나랑 이야기 좀 나눌래요? · 199
  _ 견공을 가족으로 둔 두 사람의 '진한 고독'

19. 여성의 이름으로 손을 잡다 · 204
_ 알라 트라판 이야기

20. 말뫼의 눈물, 그다음 날 · 219
_ '지속 가능한 내일'을 지은 말뫼의 친환경 주거 단지

21. 빛에 대한 갈망, 어둠을 이기다 · 229
_ 스웨덴의 명절 이야기

22. 이혼과 재혼, 그리고 풍성한 가족 · 249
_ 우리에겐 낯설지만 스웨덴에서는 흔한 가족의 풍경

23. '인민의 집'을 지은 남자들 · 257
_ 스웨덴 복지 100년의 역사를 쓴 정치가들

# 1. 스웨덴 도로에는 총알택시가 없다
_ '불면허'로 이름 높은 나라에서 운전면허증 취득하기

스웨덴 영주권을 받았는데, 좋기도 하고 나쁘기도 하다. 좋은 것은 비자를 연장하기 위해 애들 수업까지 빼먹게 하며 이민국 앞에서 함께 길게 줄을 설 필요가 없게 되었다는 것, 그리고 나쁜 것은 이제 스웨덴 운전면허증을 취득해야 한다는 것이다.

대부분 유럽 국가가 우리나라 운전면허증을 인정해주는데, 스웨덴은 단기체류자가 아닌 이상 반드시 스웨덴 운전면허증을 취득해야 한다. 그런데 스웨덴은 운전면허증 따기 어려운 나라로 악명이 높다. 그래서일까? 스웨덴은 교통사고율이 세계에서 가장 낮은 나라다.

그러나 설마 내가 떨어질 줄은 몰랐다. 내가 누구인가? 한국에서 무사고 15년 운전 경력에 스웨덴에서만도 6년째 아무 탈 없이 운전하고 다닌 사람이다! 게다가 고속도로를 달리면서 문자 메시지 확인은 물론

휴대폰을 열어 유튜브에 곡을 타이핑해 음악까지 듣는다. 그야말로 한 손으로 할 수 있는 일은 뭐든 다 하며 곡예운전까지 한다. 그런데 실기에서 두 번이나 떨어졌다!

하긴, 어쩌면 그래서였는지도 모르겠다. 맨날 딴짓 하다가 옆에 시험관을 앉혀놓고 갑자기 얌전히 운전에만 집중하려니 몸이 꽤나 경직되긴 했다. 그리고 매번 '양보 받으며' 운전하다가 '양보하는' 운전을 하려니 그것도 갑자기 될 리가 없었다. 그러나 비록 실기에서 두 번이나 떨어졌지만, 나는 결국에는 그 어렵다는 스웨덴 운전면허증을 취득했다. 어떻게?

운전면허증을 취득하기 위해서는 가장 먼저 간단한 신체검사를 받아야 한다. 안과 검사인데, 시력 테스트를 해주는 안경점에 가서 받으면 된다. 검사 비용은 1만 4,000원 정도인데, 나는 우리 아이가 단골로 가는 안경점에서 공짜로 해주었다. 그 검사 결과를 교통당국에 보내면 운전면허를 취득해도 좋다는 허가증을 발급해준다.

그 허가증을 가지고 운전면허 학원에 가서 위기관리교육 신청을 한다. 위기관리교육을 먼저 받고, 그런 다음 필기시험과 실기시험을 본다. 10명 정도가 함께 듣는 위기관리교육은 이론교육과 실기교육으로 나뉘는데 각각 4시간쯤 걸린다. 위기관리교육 비용은 학원마다 다른데, 이론교육은 8만 원 정도, 실기교육은 25만 원 정도다.

이론교육은 교통사고를 피하는 안전운전이 얼마나 중요한지를 절감하게 한다. 차마 눈뜨고 볼 수 없는 처참하고 끔찍한 교통사고 장면들과 멀쩡했던 사람이 교통사고로 평생 장애를 갖고, 또는 반신불수로

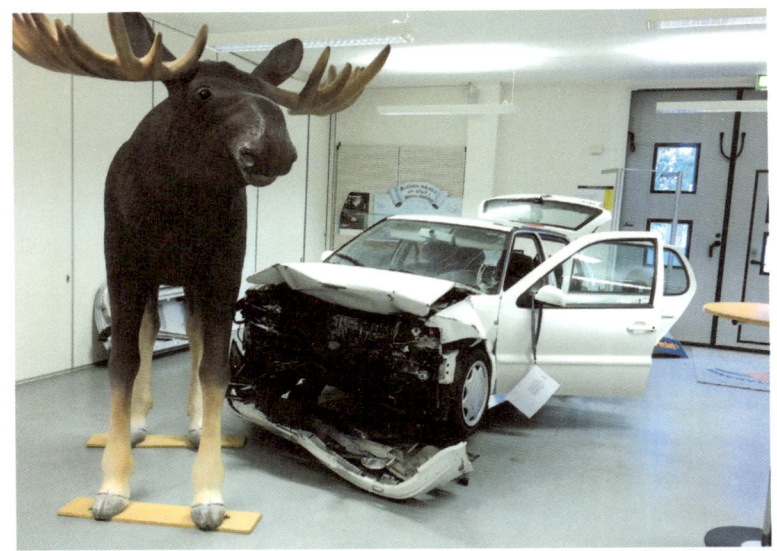

운전면허 위기관리교육장에 전시되어 있는 말코손바닥사슴(무스)에 부닥쳐 부서진 자동차. 자동차가 약한 것인가, 말코손바닥사슴이 강한 것인가? 실제로 스웨덴 중북부 지방에서는 종종 발생하는 사고이다.

살아가는 비참한 생활을 적나라하게 보여준다.

그중 잊지 못할 장면은, 자동차를 타고 고속도로를 달리면서 문자 메시지를 확인하며 떠들고 놀던 여학생들이 마주 오던 트럭에 치인 것이다. 아! 여학생들이 부서져 있는 모습은 호러 영화의 한 장면이었다. 교통사고의 전 과정이 비디오에 담겨 있으니 연출 상황일 터인데, 너무 생생해서 실제 상황처럼 보였다. 또 한 장면은 정원에서 꽃을 가꾸고 아이들과 장난을 치던 젊고 아름다운 엄마가 교통사고를 당해 목도 가누지 못하고 휠체어에 붙박이로 앉아 물 한 모금 마시는 것도 다른 사람들의 도움을 받으며 여생을 살아가는 모습이었는데, 이건 실제 상황이었다! 그 밖에도 알코올이나 마약을 복용한 뒤에 시야가 어떻게 변하는지도 보여주었는데, 그 후 벌어진 상황 역시 처참하기 이를 데 없었다.

교육받는 사람들은 이 비디오를 본 뒤 어떻게 하면 교통사고를 피해 안전운전을 할 수 있는지 다양하게 논의하고 소감을 피력한다. 나는 마음에 전혀 없는 소리만 한마디 했다.

"운전면허증 따고 싶은 마음이 완전 사라지네요!"

그렇다고 운전면허증 취득을 포기하는 사람은 없으니까!

실기교육에선 위험한 상황에서 실제 운전을 해본다. 그중 가장 인상적이었던 것은 자동차에 타고 180도 뒤집혀본 것이다. 안전띠의 중요성을 크게 깨달았다. 차가 뒤집혀도 머리가 땅에 닿지 않았다. 안전띠를 하지 않았다면 목이 부러졌을 것이다. 그리고 시속 10킬로미터 또는 20킬로미터로 달리다가 실제로 '쿵!' 부딪혀보면서 몸이 받는 충격을 직접 경험하게 한다. 교육관은 속도가 빠를수록 그 충격은 어마어마한 비율로 증가한다며 골목길에서 과속하지 말 것을 신신당부했다. 어린 아이가 뛰어 나오면 어쩌겠냐며 참고로 자기 아이는 이제 3살이라고 했다. 허리 디스크나 목 디스크 환자는 이 실험에 참여하지 않을 수 있는데, 허리가 약한 나는 참여하지 않았다.

젖은 길에서 과속 운전도 해봤다. 자동차 핸들이 정말 말을 듣지 않았다! 자동차가 멋대로 180도 도는데 실제 상황이 아니라 실기교육을 받고 있는 중임에도 운전대를 잡고 있는 운전자로서 무척 겁이 났다. 운전 도중 갑자기 앞에서 무언가 튀어 올라 깜짝 놀라기도 했다. 이 땐 타이어가 터지거나 자동차가 망가질 정도로 세게 급브레이크를 밟아야 한다. 그런데 아무리 세게 밟아도 멈춰야 할 곳에서 자동차가 항상 몇 미터 앞에 나가 있었다. 이 또한 쉽지 않았다. 비록 연습장 안에서지만 이런 위험한 상황 속에서 4시간쯤 실제 운전을 하고 나니 긴장한 탓이었는지 온몸이 쑤시고 피곤했다. 그러나 이러한 실제적인 위기관리교육은 나처럼 운전 경험이 풍부한 사람에게도 아주 유익했다.

이렇게 두 가지 교육을 마치면 필기시험과 실기시험을 본다.

보통 운전면허를 취득하려면 운전면허학원에 등록해서 이론 강의를 듣고 실기연습을 한다는데, 나는 혼자 준비했다. 운전면허학원에 등록을 하면 수강 상품에 따라 80만 원에서 200만 원까지 비용이 든다. 학원 한 번 수강으로 붙으면 다행인데, 여러 번 떨어지는 사람도 있다고 하니, 나는 무척 저렴하게 면허증을 취득한 것이다. 나는 이론 시험을 위해 5만 원을 주고 책만 한 권 샀다. 필기시험 비용은 5만 원 가량, 실기시험 비용은 실기시험용 자동차 대여료 10만 원 정도가 포함되어 22만 원 정도 든다.

이제 이런 필기시험도 만만치 않다. 책 한 권 달달 외워 보는 시험은 내 평생 이게 마지막이리라! 시험엔 늘 벼락치기로 대응해오던 나는 그 버릇대로 시험 사흘을 남겨두고 폭풍의 눈으로 책을 훑기 시작했다. 책을 읽으면서 그동안 내가 자동차를 움직이기만 했지 자동차 구조와 교통법규, 보험, 그리고 어떻게 하면 가급적 친환경적으로 운전할 수 있는지 등에 대해 아는 게 정말 별로 없었다는 걸 깨달았다.

나이가 들어 이젠 순간 암기력이 현격히 떨어졌음을 절망적으로 느

운전면허 위기관리교육장에서 받는 실기교육. 빗길운전에서 속도를 내면 어떻게 된다는 것을 아주 실감 나게 체험할 수 있다.

끼면서 밤을 하얗게 밝히며 숨이 턱에 닿도록 외워갔다. 단순 암기 사항을 묻는 문제 역시 만만치는 않았다. 외워야 할 게 생각보다 무척 많았고 외운 것을 응용까지 해야 한다. 예를 들면, 자동차가 길게 늘어서 있는데 추월이 가능한가를 묻고 만약 추월이 가능하다면 그 이유까지 묻는다.

  그러나 시험의 당락을 결정하는 것은, 그나마 내가 달달 외워간 단순 암기 사항을 묻는 문제가 아니라, 안전운행 관련하여 도로 상황 사진을 보여주고 어떻게 할 것인지 내 판단을 묻는, 말하자면 사고력과 추리력이 요구되는 문제였다. 그리고 예문으로 맞는 답 1개에 틀리는 답 4개가 주어지는 게 아니라, 최선의 답을 찾으라고 한다.

예를 들어 유턴이 금지되어 있는 사거리에서 어떻게 유턴하는 게 가장 좋은 방법이냐고 묻는 문제가 있었다. 아니, 그런 건 운전자 마음 아닌가? 오른쪽으로 갔다가 돌아올 수도 있고 직진했다가 돌아올 수도 있으니 말이다. '가로등이 없는 어두운 길을 운전할 때 생각할 수 있는 가장 큰 위험은 무엇인가?', '주말 밤에 젊은 남자들이 운전하다 사망하는 경우가 많은데 가장 큰 이유는 무엇인가?' 등등의 문제들이 기억난다.

남편이 봤던 운전면허 시험에는 다음과 같은 문제가 나왔다며 내게 답을 맞춰보라고 했다.

전방에 사거리가 있고 어린 아이 한 명이 자전거를 타고 간다. 이때 운전자가 가장 먼저 생각해야 할 위험성은 무엇인가?

1. 자전거를 탄 아이가 넘어질 위험
2. 자전거를 탄 아이가 방향을 바꿀 위험
3. 또 다른 아이가 갑자기 뛰어 나올 위험
4. 왼쪽에서 자동차가 나올 위험
5. 오른쪽에서 자동차가 나올 위험

아이는 예측 불가능한 존재라서, 돌발 상황의 경우에 아이가 등장하면 그게 답이다. 그래서 이 문제의 답은 3번이다. 안전 관련 문제일 경우, 사고가 발생했을 때 가장 취약한 상황에 놓인 사람이 대체로 답이라는 사실을 시험이 끝난 뒤에 깨달았다. 늘 그러하듯이!

컴퓨터로 치르는 필기시험은 문제를 다 풀었다는 마침표를 클릭하자마자 3초 안에 당락 여부를 알려준다. 잠깐 살 떨리는 순간이다. 필기시험에 합격한 뒤 두 달 안에 실기시험에 합격하지 않으면 필기시험을 다시 치러야 한다. 65문제 중 52개 이상을 맞아야 하는데, 나는 간신히 붙었다.

필기시험에 합격했으니 운전면허학원에 가서 실기시험을 예약했다. 실기시험은 2주 뒤 오전 9시 30분으로 날짜가 잡혔다. 나는 학원에 약 6만 원을 내고 시험 보기 직전인 8시 30분에 도로주행 연습 40분을 예약했다. 시험 직전에 주행 연습을 하고 나면 실기시험을 잘 볼 수 있으리라!

시험 당일 8시 30분에 운전면허학원에 가서 내 도로 주행을 지도할 사람을 만났는데, 불가리아 사람이었다. 시험을 바로 앞둔 나는 무척 절박한 심정으로 연습에 임했는데, 이 털북숭이 불가리아 사람은 내 바로 옆자리에 앉아 있음에도 지극히 태평한 것이 나와는 완전 다른 세계에 있는 것 같았다. 내가 묻기 전에 이것저것 주의사항을 말해주어야 하는데, 내가 물으면 그제야 느릿느릿 대답을 해주니 답답하기 그지없었다. 내게 주어진 연습 시간은 고작 40분뿐인데!

도로주행 연습 마지막 도착지는 내 동선을 고려해서 실기시험장으로 정했다. 시험장에서 시험관을 만나 인사를 하고 나면 시험관은 어떤 식으로 실기시험 점수를 매길 것인지 알려준다. 자동차에 타기 전에, 나는 평소 습관대로라면 절대 하지 않는 타이어 점검을 했다. 그리고 외투를 벗고 안전띠를 단단히 맨 후, 이미 내게 맞추어져 있는 백미러를 평소에도 늘 확인한다는 듯 다시 조정했다. 준비됐냐는 시험관의 물음에 긴장한 미소를 머금고 고개를 끄덕이자, 시험관은 내게 좀 먼 목적지를 제시했다.

"트렐레보리(Trelleborg)에 갑시다!"

나는 도로안내 표지판을 따라 시내도로, 시외도로, 고속도로까지 거쳐 트렐레보리를 향해 달렸다. 트렐레보리는 말뫼에서 30킬로미터쯤 떨어진 항구도시인데, 실제로 그곳까지 가지는 않는다. 고속도로 중간 어디쯤에서 말뫼 시내로 돌아가자고 얘기하면 나는 자동차를 적당한 곳에서 말뫼로 방향을 바꿔야 한다.

이때 시험관은 내 일거수일투족, 내 눈동자 움직임까지 살피면서 나의 운전하는 모습을 보고 점수를 매긴다. 여기서 시험관이 가장 중요하게 보는 것은 2가지, '교통 흐름에 내가 얼마나 잘 협조하느냐'와 '다른 차들을 얼마나 많이 배려하느냐' 이다.

처음 떨어졌던 실기시험 상황을 소개하면, 제한속도 110킬로미터인 고속도로를 달리는데 앞 트럭이 시속 80킬로미터 정도로 달리고 있었다. 한동안 얌전히 트럭을 뒤따라가다가 추월할 수 있는 상황에서 저렇게 천천히 달리는 트럭 뒤만 계속 따라가는 것도 감점이 될 수 있겠다 싶어 과감히 트럭을 추월했는데, 트럭에 가려 보이지 않았던 '나가는 길' 표시가 너무 가깝게 있었다. 시험관이 말한 목적지에 가려면 저 '나가는 길'로 나가야 하는데 말이다. 난 어쩔 수 없이 몸이 앞으로 확

쏠릴 정도로 세게 급브레이크를 밟고 '나가는 길'에 들어섰다. 깜짝 놀란 시험관이 가슴을 쓸어내렸고, 그 순간 나는 탈락을 확신했다. 간신히 진정을 한 시험관이 이럴 경우 뒤에서 오는 차가 얼마나 당황할 것인가 조근조근, 그러나 매섭게 얘기해주었고 나는 혼나는 학생이 되어 고개를 주억거렸다.

실기시험을 마치고 시험장에 도착하면 시험관은 내게 당락 결과를 알려주고, 다음 시험관이 참고할 수 있도록 내가 고쳐야 할 점 또는 보강해야 할 점을 내 차트에 기록한다. 나의 확신은 틀리지 않았다. 탈락이었다.

두 번째 떨어진 실기시험도 상황은 비슷했다. 두 번째도 트렐레보리에 가자고 했으면 좋았을 텐데, 다른 시험관이 배정되어 이번엔 예테보리(Göteborg)로 가자는 것이 아닌가? 고속도로를 향해 나가는데, 차선을 잘못 선택하는 바람에 제 때 나가지 못했다. 시험이 아니고 평소였다면 내가 이런 초보적인 실수를 할 리가 없었다. 스스로에게 화가 난 나머지 얼굴이 붉으락푸르락했다. 나는 '한참 동안' 시험관이 제시한 길과 다른 길을 달렸고, 아무 말 없던 시험관이 문득 말뫼 시내로 돌아가자고 했다. 그 '한참 동안'이 사실은 5분도 채 아니었을 것이다.

그리고 세 번째 실기시험을 치렀다. 세 번째 실기시험은 트렐레보리에 가는 것이었다! 도로주행시험을 마치고 시험장에 돌아와 시동을 껐다. 시험관이 내 차트를 훑어보느라 잠깐 침묵이 흘렀다. 그리고 그는 입을 열었다.

"당신이 운전하는 데 있어서 별다른 문제점을 발견하지 못했다. 합격이다!"

나는 당연하다는 듯, 그리고 예상했다는 듯 덤덤하게 대답했다.

"고맙다!"

그리고나서 집에 어떻게 돌아왔는지는 모른다. 날아갔기 때문이다.

이렇게 운전면허증을 취득한 뒤, 스웨덴이 왜 교통사고율이 낮은지 이유 몇 가지를 나름대로 추론해보았다.

첫째, 위기관리교육의 이론교육에서 제공하는 교통사고 장면들이 너무나 끔찍하다.

둘째, 돌발 상황일 때 자동차가 부서져라 브레이크를 밟도록 교육받는다(자동차 망가질 것을 생각하면 내가 죽는다).

셋째, 교통사고 발생 위험성에 초점이 맞추어진 알쏭달쏭한 문제가 필기시험의 당락을 결정한다.

넷째, 배려하는 마음을 갖고 운전하도록 강하게 독려하는 실기시험 시험관이 혼낼 때 꽤나 무섭다.

다섯째, 과속 또는 음주운전 등 의도적으로 교통법규를 어겼을 때 내야 하는 벌금이 어마어마하다. 주정차 시간이 초과된 경우에는 고의적이 아니므로 5만에서 7만 원, 시속 40킬로미터 미만으로 제한된 시내 주행 시 과속으로 걸리면 약 35만 원 정도의 벌금이 부과된다.

가끔 생각한다. 아주 주관적인 생각이지만, 이 다섯 가지 중 어떤 것이 교통사고를 줄이는 데 가장 효과적일까?

그러나 이 다섯 가지보다 더 중요한 이유가 있다. 스웨덴에는 총알택시도 없고, 퀵서비스 오토바이도 없다. 무단횡단하는 사람들은 가끔 있는데, 이를 보고 "죽으려고 환장했냐?"고 고함치는 운전자도 없다. 어마어마한 벌금을 물지 않기 위해 '사람은 언제나 빨간 신호등'이라 생각하고 자동차가 그냥 조용히 선다. 가끔 앰뷸런스와 경찰차가 요란하게 지나갈 때를 빼면 경적을 울리는 자동차도 별로 없다.

물론, 어딜 가나 교통체증이 없는 '공간적인 여유'와 무엇이든 서두르지 않아도 되는 '시간적인 여유'도 교통사고 발생률이 낮은 큰 이유이기도 할 것이다. 여기에 더해 일찍이 스웨덴은 '안전'에 대한 자각이 높은 나라였다. 지금은 전 세계 모든 차량에 부착되어 있는 안전띠를 1958년에 세계 최초로 개발한 것은 스웨덴의 자동차 회사인 볼보였고, 1988년에는 전 좌석 안전띠 착용이 의무화되었다.

여기에서 한 걸음 더 나아가 1997년에 스웨덴 정부는 '비전 제로(vision zero)'라는 획기적인 도로안전 프로젝트를 세계 최초로 실시했다. 이는 곧 세계적인 운동으로 확산되었는데, 교통사고로 인한 사망 및 치명적인 상해를 근절하기 위해 도입된 것으로, 책임자인 교통통신국 장관이 언급한 이 프로젝트의 전제는 다음과 같다.

"도로교통 시스템 안에서 이동할 때 국민이 생명을 잃거나 심각한 상해를 입는다는 것은 윤리적으로 절대 수용될 수 없다."

'비전 제로'의 철학은 '모든 상황에서 인간은 실수를 할 수 있지만 도로 시스템은 실수를 하지 않는다'는 것이다. 이에 따라 인체의 물리적 충격과 인간의 과실을 근본적으로 수용할 수 있는 '혁신적인' 도로교통 시스템을 설계하고 구조화하였다. 여기에서 혁신적 발상의 전환이라 할 만한 것은 도로교통사고의 1차적인 책임을 운전자의 과실이 아니라 설계, 운영, 도로교통 시스템을 비롯한 전체 시스템을 설계하고 주관하는 기관에 두었다는 점이다. 이 기관에는 경찰, 자동차 제조사, 도로관리기관, 운수회사, 그리고 정치가까지 포함된다. 또한 안전성은 어떤 경우에라도 이동성, 접근성, 비용 등 다른 교통 편익들과 타협될 수 없다는 것도 핵심 내용이다. 물론 도로 사용자는 도로교통법을 지킬 의무가 있다.

비전 제로 프로젝트가 가동되면서 스웨덴의 교통사고율이 현저히 떨어졌음은 말할 것도 없다. 1965년과 1966년에는 자동차 수가 150만 대에 교통사고 사망자가 1,313명이었는데 이 운동을 시작할 당시에는 교통사고로 인한 사망자가 인구 10만 명당 7명이었지만 2010년에는 인구 10만 명당 2.8명으로 획기적으로 줄어들었다(참고로 한국은 줄고 있기는 하지만 2010년 11.3명, 2016년 8.5명이다). 자동차 수 500만 대 시대인 2017년 현재 스웨덴의 1년 교통사고 사망자 수는 260명 정도다(참고로 한국의 2016년 교통사고 사망자 수는 4,292명이다). 나의 운전면허증 취득 과정도 비전 제로 프로젝트 속에서 진행되었을 것이다!

## 2. 고요한 밤, 한가한 밤?
_ 한국 응급실 vs 스웨덴 응급실, 그 놀라운 차이

갑자기 앰뷸런스 사이렌 소리가 요란하다. 저 소리가 멈추는 곳은 어디일까? 아마도 병원 응급실이다.

아들 셋 키우면서 응급실 한 번 가지 않을 수는 없는 일! 스웨덴에서 9년 살면서 나는 두 번 가봤다. 벌써 몇 년 전 일이다. 한 번은 말뫼에 사는 한국인들의 추석 명절 모임 날이었는데, 큰 아이가 놀다가 다소 날카로운 모서리에 머리를 부딪혀 피가 났다. "앙~!" 하고 울음을 터뜨릴 만큼 어리진 않았지만, 얼마나 아팠는지 아이의 얼굴이 하얗게 질려 있었다. 우린 서둘러 병원 응급실에 갔는데, 가는 도중 피는 다소 멎었고, 아이 얼굴도 차츰 제 빛깔을 찾아가고 있었다.

말뫼 병원의 응급실 건물은 알록달록한 것이 아마도 말뫼에서 가장 화려한 건물이 아닐까 싶다. 병원에 도착해서 번호표를 뽑고 차례를 기다렸다. 스웨덴은 어디서나 번호표를 뽑고 기다린다. 아무리 바빠도 새치기란 있을 수 없다. 그저 기다려야 한다! 언젠가 마트에서 장을 보다가 애들 학교 끝날 시간이 임박했음을 불현듯 깨닫고 정신없이 계산대로 달려간 적이 있었다. 내 앞에 한가해 보이는 할머니 할아버지가 서 계시기에 먼저 계산해도 되겠냐고 양해를 구했는데, 온화한 인상의 두 분이 약속이나 한 듯 쌀쌀맞게 고개를 내저으셨다. 이런 경우 고개를 끄덕일 사람들도 많으리라는 것을 알지만, 그 뒤로 나는 어떤 경우에도 내가 먼저 계산하겠다는 말을 하지 않고, 웬만하면 내 자리를 양보하지 않는다(그로부터 얼마 뒤, 고객에 대한 '믿음'을 바탕으로 마트 주인의 인건비 절약을 위해 셀프 계산대가 설치되었다).

내가 알고 경험한 한국의 응급실 풍경은 이러하다. 들것에 실려 오는 사람, 아프다고 끙끙 앓는 사람, 다리 하나는 줄에 매달려 있는 사람, 열에 들떠 울어대는 아기를 달래는 엄마, 부산하게 움직이는 간호사와 의사들, 그들을 따라 걸으며 뭔가를 물어보는 사람들로 북적거리고, 한 쪽에선 간이침대에서 링거를 맞으며 이 모든 소음에 얼굴을 잔뜩 찌푸린 중년 남자가 모로 누워 있다.

그런데 이곳 응급실은 어떠한가? 요란한 앰뷸런스 사이렌 소리뿐 아니라 모든 소음을 다 삼켜버린 듯 조용하고 고요했다. 우리 앞에 3명의 대기자가 있었고, 우리는 약 30분을 기다렸다. 드디어 우리 차례가 되어 접수 받는 사람 앞에 앉았는데, 그녀와 아이와의 대화가 이러했다.

"머리를 다쳤구나. 괜찮니?"

"예, 괜찮아요."

[내 마음의 소리 : (놀란) 뭐? 괜찮다고?]

"이름이랑 신분증 번호가 어떻게 되니? 잠시만 기다리면 네 이름을 부를 거야!"

이토록 한가하고 짧은 일상적인 대화를 마치고 10분 정도 지난 뒤에 아이의 이름이 불렸고, 나는 엄마라서 치료실까지 따라 들어갈 수 있었다. 어떻게 응급 치료실이 이렇게 고요할 수 있을까? 스웨덴은 운전면허 따기 어려운 나라 1위로 꼽히는 나라답게 교통사고율이 세계 최하 수준이라 그런지 한쪽 다리를 줄에 매달고 있는 교통사고 환자도 없었고, 추위에 강한 북유럽 민족이라 그런지 고열에 들뜬 감기 환자도 없어 보였다. 이 환자는 왜 왔고 저 환자는 왜 왔는지 일일이 물어볼 수는 없었지만, 환자들을 괴롭히는 병균들도 조용한 성격인지 환자들은 모두 고요히 누워서 링거를 맞거나 잠을 자고 있었다.

우리 애는 피는 멎었으나 상처 부위가 커서 두 바늘 꿰매야 한다면서 내게 잠시 앉아서 기다리라고 했다. 응급실이란 자고로 누군가 갑작스럽게 사고를 당하거나 예기치 않은 응급 처치가 필요한 사람들이 오는 곳이라 번잡하고 소란해야 할 것 같은데, 이 응급실은 어쩐 일인지 반복적으로 일어나는 일상의 일을 다루는 듯 무척 자연스럽고 태평했다. 만약 심폐소생술이 필요한 진짜 긴박한 환자가 실려 오면 어떻게 할까? 물론 "재빨리 대응한다!"라고 대답하겠지만, 과연 그럴까 의구심이 들 정도였다.

또 한 번은 스톡홀름 여행 중이었는데, 스웨덴의 빅토리아 왕세녀가 사는 하가공원(Hagaparken)에서 이번에도 역시 큰 아이가 뛰어가다가 넘어져서 이마가 찢어졌다. 피가 꽤 흘렀고, 우리는 노벨 생리학상과 의학상을 심사하여 수상자를 결정하는 북유럽 최고 의료기관인 카롤린스카 의과대학 부설 어린이병원 응급실로 달려갔다. 아이가 다치지 않았다면 가볼 수 없는 곳이다!

때는 7월, 대부분의 사람들이 휴가를 떠난 스톡홀름 시내는 아주 한산했고 사람을 환자로 만드는 병균들도 대부분 일을 접고 휴가를 즐기는 모양인지, 응급실에서 우리 앞에 있던 대기자는 딱 1명이었다. 고요하다 못해 적막했다. 이번에도 엄마인 나는 아이를 따라 처치실까지 들어갈 수 있었다. 아이는 이마를 몇 바늘 꿰매었는데, 시간이 꽤나 걸렸다. 거기까지면 딱 좋았을 걸, 중년의 간호사가 아이의 무릎이 까진 걸 보고 말았다. 무릎에 박힌 모래가 염증을 일으킬 수 있으니 모두 제거해야 한다면서 핀셋으로 모래를 하나하나 빼내었다. 낮에 둘째 아이가 넘어져 무릎을 다쳤는데, 나는 아이를 화장실에 데려가서 물로 간단히 상처를 씻어주었었다. 그 간호사가 엘튼 존의 노래를 메들리로 틀어놓지 않았다면 그 지루함을 어찌 견딜 수 있었으랴!

아이가 이 모든 치료를 받는 데는 한 푼도 들지 않았다. 18살 미만의 아이는 모든 의료비가 무료이기 때문이다. 외국인이어도 직장을 다니고 세금을 내면 의료보험 혜택은 스웨덴 사람과 똑같이 받는다.

스웨덴은 어딜 가나 숨 가쁘게 돌아가는 곳이 별로 없다. 이상하게 들릴지 몰라도, 스웨덴에는 응급환자들이 많지 않다. 앞서 말했지만, 교통사고율 최하위 나라답게 교통사고 환자들도 별로 없고, 초보엄마라면 안절부절 못할 일이지만 아이가 열이 나서 39도가 넘지 않는 한

말뫼의 응급병원. 아이가 병원에 가기 전에는 이 알록달록하고 화려한 건물이 응급병원이란 사실을 몰랐다. 한 스웨덴인 친구는 이 건물이 응급병원이기 때문에 사람들 눈에 잘 띄도록 화려하게 지었을 것이라고 확신에 찬 추측을 했으나, 그 옆에 있던 친구 또한 이웃 도시 룬드의 응급병원은 아무 특색 없는 건물이라며 단지 건축가의 개인적인 선택일 뿐이라고 역시 확신에 찬 추측을 했다. 두 친구의 추측을 살짝 섞어놓은 듯, 주변 건물들과 완전히 다른 양식으로 그 존재감을 드러내는 이 응급병원 건축물은 독특하고 창의적인 양식으로 말뫼의 도시 환경에 기여했다 하여 2010년 도시 건축상을 수상했다.

병원에서는 어지간하면 집에서 해결하도록 친절하고 냉정하게 안내한다. 오로지 술을 사겠다는 목적 하나로 차를 몰고 덴마크나 독일을 다녀올 만큼 술값이 비싸기 때문에 술을 취하도록 마셔서 다치는 사람도 거의 없고, 명절이라고 갑자기 기름진 음식을 잔뜩 먹고 급작스럽게 장염에 걸리는 사람도 없다. 스웨덴에는 과식할 만큼 맛있는 음식이 없기 때문이다.

그리고 무엇보다 응급을 요하지 않는 이유로 응급실을 찾는 사람은 한 명도 없다. 즉, 진료받고 싶은 병원에 대기 환자가 많아서 빨리 진료를 받을 수 없을 때 일종의 편법으로 응급실을 통하면 빨리 진료를 받게 된다거나, 직장일 때문에 낮에 도저히 시간을 내서 병원에 갈 수 없어 밤에 응급실에 가서 진료를 받는다거나 하는 일이 없다.

스웨덴에는 개인 병원이 없고 모든 병원을 국가에서 일괄 운영하기 때문에 진료받고 싶은 병원이 따로 있지 않다. 또한 내가 원한다고 해서 특정 병원의 특정 의사에게 진료를 받을 수도 없고 의사는 환자에게 임의로 배정되기 때문에 특정 병원에 환자가 몰리는 경우도 없다. 그리고 스웨덴 사람들은 몸이 아프면 아무리 중요한 일이 있어도 병가를 내고 낮에 병원 진료를 받는다.

스웨덴이 어디나 붐비지 않는 이유를, 혹자는 인구가 적기 때문이라고 말하지만(한국 대비 땅덩이는 5배나 큰데, 인구는 5분의 1도 되지 않는다), 이렇듯 사회주의적인 사회 시스템도 크게 한 몫 한다.

물론 이 때문에 생기는 폐단도 있다. 스웨덴에서는 웬만한 증상으로는 의사를 만나기가 쉽지 않다. 의사가 하루에 진료할 수 있는 환자 수가 어느 정도 정해져 있기 때문에 간호사의 주된 업무는 상담을 통해 경중 환자를 집에 돌려보내 업무량을 조절하는 것이다. 동네 보건소의 의사를 만나려면 대기표를 받고 기다려야 하는데, 보통은 며칠 걸린다. 무엇이든 기다려야지, 바로 되는 일이 없다. 환자를 더 본다고 급여가 늘어나는 게 아니라서, 의사가 일을 더 할 이유가 없기 때문이다.

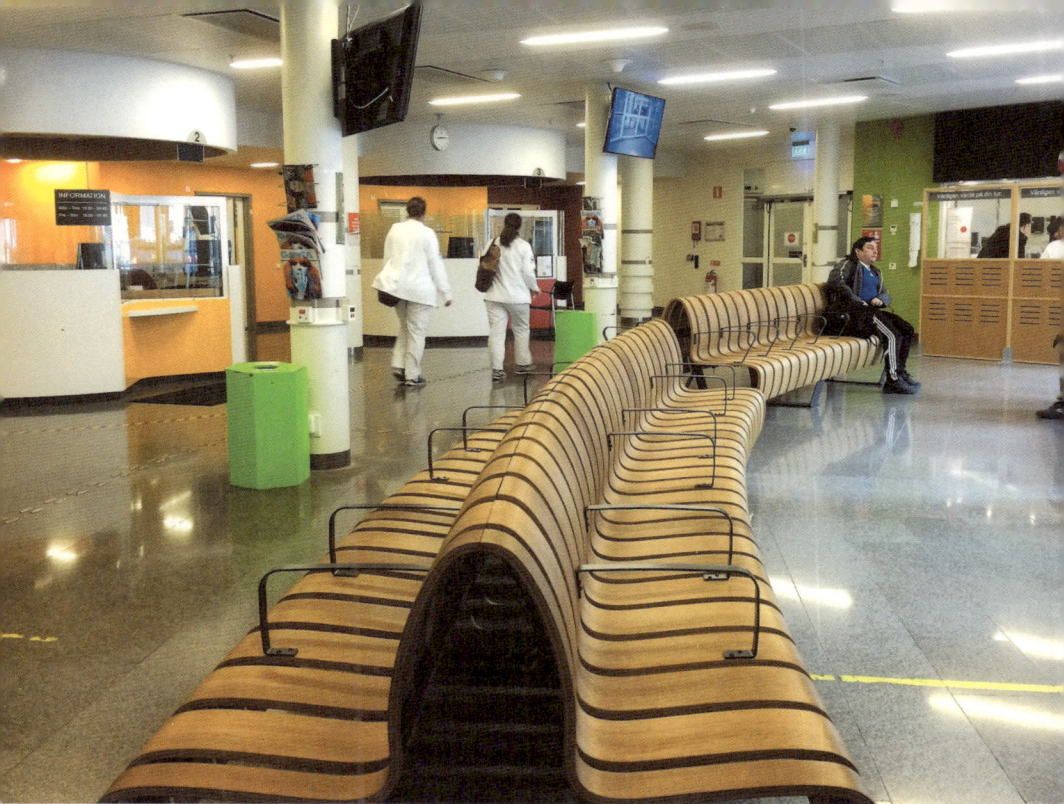

이토록 차분하고 한가로운 공간이 응급병원 대기실이라는 게 믿어지는가? '응급'이란 단어가 무색할 정도로 대기실이 텅텅 비어 있다.

  그래서 어떤 사람들은 빨리 진료를 볼 수 있는 의사를 찾아주는 보험을 들기도 있다.
   일반 병원에 오는 사람들 중에는 의사의 진료가 굳이 필요치 않은 경증 환자들도 더러 있다고 하지만, 한 친구의 경험은 나를 무척 서늘하게 했다. 배가 아파 병원에 갔는데, 간호사로부터 간단한 소화제를 처방받고 돌아왔다가 맹장이 터져 복막염으로 번져 죽을 고생을 했다고 한다. 이런 경우야 어느 나라에서든 가끔 일어나는 일이지만, 스웨덴은 그 정도가 심한 편이다.

또 다른 한 친구는 간호사에게 혈뇨가 나온다고 했더니 혹시 생리 중이 아니냐고 되물어보았다고 한다. 세상에, 그걸 구분 못하는 여자도 있단 말인가? 그런데 그 간호사는 여자였다. 환자의 수와 수입이 직결되어 과잉진료가 문제시되는 한국과는 아주 대조적이다.

그런데 스웨덴에선 의료비가 한 푼도 들지 않는가? 그렇지는 않다. 만약 몸에 이상이 생겨 병원에 가야겠다는 생각이 들면 내가 등록되어 있는 동네 보건소에 전화를 건다. 전화로 간호사와 1차 상담을 하고, 상담 후에 간호사는 의사의 진료 날짜를 잡아준다. 보통 1~2주 뒤인데, 그때쯤이면 감기 몸살이나 배앓이 정도는 저절로 낫는다. 그래서 스웨덴에선 아프면 기다리다가 "낫거나 죽거나" 란 말이 있다.

병원에 가서 전문의에게 진료를 받고 나면 2~5만 원의 돈을 낸다. 그러나 의료비 상한선 제도가 있어서 1년 동안 개인이 부담해야 할 병원비 총액이 약 20만 원이 넘으면 1년의 나머지 기간 동안은 돈을 더 내지 않는다. 약값도 마찬가지로, 약값 총액이 1년에 약 30만 원이 넘으면 1년의 나머지 기간 동안 돈을 내지 않는다. 스웨덴에선 어떤 병이든 1년에 50만 원만 있으면 치료를 받을 수 있는 것이다!

그러므로 병원 치료비가 없어서 죽는 사람은 없다. 그런데 병이 깊어져서 죽는 사람은 꽤 있을 것 같다. 스웨덴에는 건강검진이 없다. 한국에서는 회사에서 제공하는 건강검진을 받다가 암이나 기타 성인병이 조기 발견되어 치료하는 경우가 종종 있는데, 여기선 그런 일이 없다. 병원은 아픈 사람이 가서 치료받는 곳이지, 아프지도 않은데 병이 있나 없나 검사하는 곳이 아니라고 생각하기 때문이다.

예외적으로 여성들에겐 1년에 한 번씩 유방암과 자궁경부암 검사를 받으라는 통지가 온다. 그 외에 요즘 소화가 잘 되지 않는다거나 갑자기 몸이 무척 피곤하다거나 하는 이유로는 내가 돈을 낸다고 해도 건강검진을 받을 수가 없다.

스웨덴에선 어지간한 병이 아니고서는 진료 번호표 받기가 정말 어렵다. 의료진이 턱없이 부족하기 때문인데, 그 부족한 의료진마저 전문의다운 맛이 없다고 한다. 내 외국인 친구 한 명이 혈압약을 복용하는데, 스웨덴에서 새로 혈압약을 처방 받으러 병원에 갔다. 혈압약 종류가 수백 가지가 넘기 때문에 이 친구는 의사에게 자기가 복용하고 있는 약이 스웨덴에도 있느냐고 물어보았는데, 의사가 구글을 검색해보더니 "없다."고 대답했다면서 어이없어 했다. 하지만 이야기를 듣던 나는 의사의 솔직함에 절로 미소가 나왔다. 수백 가지나 되는 혈압약 중에 스웨덴에 어떤 게 들어와 있는지는 의사도 충분히 모를 수 있다. 모르는데 환자 앞이라고 아는 척하는 권위적인 의사보다는 훨씬 인간적이지 않은가.

의사가 지나치게 부주의한 경우도 있다. 의사가 환자의 약을 처방하면 그 처방전은 곧장 약국에 도착하고, 환자는 가까운 약국 아무 곳에나 가서 신분증을 제시하고 약을 받는다. 그런데 약을 받으러 약국에 갔더니, 의사의 처방전이 와 있지 않았다. 의사가 처방전 발행하는 걸 잊어버렸기 때문이다. 의료기관이 이러한데도 스웨덴인의 평균 수명은 80살이 넘는다!

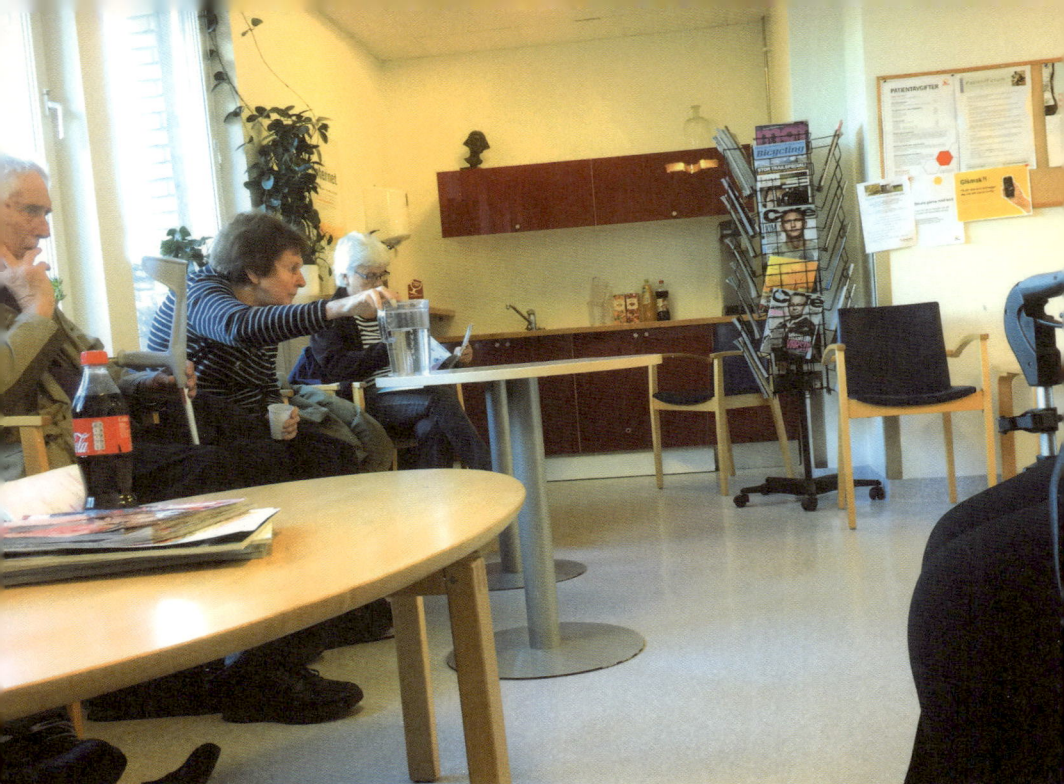

자신의 진료 순서를 느긋하게 앉아서 기다리고 있는 병원 대기실.

스웨덴에서는 돈이 많다고 해서 더 좋은 교육, 더 좋은 의료 혜택을 받을 수 없다. 어디서나 누구나 공평하게 줄을 서서 차례를 기다리는 분위기이다. 우파적 사고를 하는 사람들은 이를 삐딱하게 보고 엘리트 교육의 필요성을 강조하고 사회가 비효율적으로 돌아가는 면을 들어 비판하기도 한다. 하지만 세상에 '모두를 만족시키는 사회 시스템'이란 존재하지 않는다. 아니, 존재하는 것이 불가능하다. 부자라서 특별한 의료혜택을 누리고 싶다면 의료 민영화의 천국인 미국 같은 나라에 가서 돈을 많이 내고 받으면 된다.

하늘에서 내리는 비가 땅을 공평하게 적시듯 스웨덴의 보편적 복지 시스템은 누구에게나 공평하게 적용된다. 빗물이 조금 더 필요한 논이 있고 조금 덜 필요한 밭이 있을 수 있지만, 이 때문에 하늘을 탓하는 사람은 없다. 하물며 모든 사람을 만족시키는 완벽한 사회 시스템을 어떻게 기대할 수 있겠는가? '가장 많은 수의 사회 구성원들을 위한 시스템'이면 최선이 아닐까? 세상에는 부자보다 보통 사람들 또는 가난한 사람들이 더 많고, 강자보다는 약자가 훨씬 더 많다!

얼핏 들여다본 스웨덴의 한가한 응급실 풍경 속에서 그 나라의 보편적 복지 시스템이 지닌 양면성이 느껴졌다.

## 3. '삼보', 스웨덴의 동거족 이야기
_ 벚꽃보다 가벼운 스웨덴 젊은이들의 사랑과 이별

스웨덴의 봄은 날짜로 오지 않고 온도로 온다. '1일 평균 기온이 7일 연속으로 섭씨 0도 이상'이 되면 스웨덴 기상청은 동토의 땅 스웨덴에 공식적으로 봄이 왔음을 만방에 선포한다. 팡파르와도 같은 이 선포가 내려지면, 땅 밑에서 겨울 내내 웅크리고 있던 꽃들이 일제히 고개를 들어 작은 봉오리를 터뜨리고, 나무들도 연초록빛으로 몸단장을 시작한다. 겨우내 문을 굳게 닫고 추위와 어둠을 버텨낸 사람들의 굳은 얼굴에도 화색이 돌고, 놀이터에서는 아이들이 까르르 웃는 소리, 다투는 소리도 들리기 시작한다.

'1일 평균 기온이 7일 연속으로 섭씨 0도 이상'이라는 '내용적 요건'이 충족되면 2월에도 봄이 왔음이 선포되기도 하고, 이 요건이 충족되지 못하면 4월에도 미적대고 떠나지 않는 겨울을 견뎌야 한다. 이렇게 스웨덴의 봄은 형식으로 오지 않고 '내용'으로 온다.

봄은 만물이 피어나는 아름다운 계절이다. 그래서 흔히 인생에서 좋은 날을 '봄날'이라 할 것이다. 어떤 날이 좋은 날이어서 봄날일까? 아마도 사랑하는 날이 아닐까? 그런데 봄날의 사랑은 사계절을 두루 아우르는 폭넓고 일반적인 사랑이 아니라, 좁고 배타적인 남녀의 로맨틱한 사랑일 것 같다. 내 눈에 너만 빛나고 네 눈에 나만 빛나고 싶은 그런 욕구가 생기는 마술 같은 사랑! 봄날은 그렇게 달콤하고 로맨틱한 사랑의 계절이다.

다른 사랑과 달리 남녀의 사랑은 삶의 방식에 결정적인 영향을 미치기 때문에 자주 아픔을 동반한다. 사랑하면 함께 살고 싶은 욕망이 생기는데, 그러자면 결혼을 해야 해서 생각할 것들이 많아진다. 결혼을 하면 삶이 얽히기 때문이다! 그래서 헤어져야 할 이유가 뜬금없이 생기기도 한다.

대학 시절, 친구 한 명이 멋진 남자친구를 만나 사랑에 빠졌다. 유복한 집안의 큰딸로 태어난 친구는 예쁘고 공부도 잘하는 모범생이었고, 부모님의 기대에 오롯이 부응하며 자란 정말 착하고 좋은 딸이었다. 그런데 문제가, 내 친구의 멋진 남자친구가 가난한 집 장남이었다는 것이다. 부모님의 거센 반대에 부딪혀서 착한 내 친구는 사랑하는 남자친구와 울면서 헤어졌고, 잠깐 직장 생활을 하다가 이모저모 나무랄 데 없는 남자와 결혼을 했다. 약 25년 전 이야기이다.

흔하고 뻔한 이야기지만, 이들의 사랑을 가로막은 것이 하찮아서 슬프다. 유행가 가사처럼 별처럼 수많은 사람들 중에서 '그대'를 만나 사랑을 느끼고 '그대'의 사랑을 받아 행복을 느낀다는 것이 얼마나 대단한 기적인가? 그런 기적은 평생 한 번 일어날까 말까 한 일 아닐까? 과연 두 번씩이나 일어날까? 그런 사랑을 고작 돈 따위가 가로막다니! 친구의 남자친구가 가난하지만 않았다면, 그래서 병든 노모를 보살피고 동생들의 학비를 지원해야 하지 않았다면, 그들은 그렇게 헤어질 이유가 하나도 없었다. 봄이라 선포될 '내용적 요건'이 충족되지 않은 탓에, 25년 전 그들에게는 아름다운 '봄날'이 오지 않았다.

25년 전은 그렇다 치더라도 작금의 한국은 젊은이들이 마음껏 '봄날'을 누릴 수 있는, 봄이라 선포될 내용적 요건이 충족되어 있는가? 그러나 최근 등장한 '3포세대'니 '5포세대', '헬조선', '흙수저' 같은 신조어들을 볼 때, 안타깝게도 봄이 선포되기는커녕 겨울이 더 깊어지는 느낌이다.

그렇다면 스웨덴은 어떠한가?

스웨덴에선 아이들에게 어려서부터 자신의 일은 스스로 결정하게 하고, 18살이 넘으면 어떠한 경우에도 부모는 결코 간섭하지 않는다. 만 14살인 우리 둘째가 치아 교정을 받아야 할 것 같아서, 특별히 치아 교정 전문가와 약속을 잡고 상담을 받았다. 둘째는 치아 교정 받는 걸 싫어했는데, 그런 상황에서 그 전문가는 단 한마디도 권하지 않고, "네가 판단해서 결정하라!"고만 얘기했다. 엄마의 권유도 전문가 앞에서는 무시되었다.

아이가 만 16살이 되면 본격적으로 부모로부터 독립적인 삶을 살도록 국가에서 초기 지원을 한다. 은행으로부터 통장을 개설하라는 권고

공원 후미진 곳에서 은밀하게 일광욕을 즐기는 젊은 커플. 자신들만의 '봄날'을 만끽하고 있다.

문이 날아들고, 아이가 태어나는 순간부터 부모가 매달 받아왔던 14만 원 가량의 아동수당은 학비보조금이란 이름으로 변해서 아이의 통장으로 바로 입금된다.

이 정도면 고등학생이 한 달 용돈으로 어찌어찌 버텨볼 수 있는 금액이다. 만약 이 돈이 용돈으로 부족하다 싶으면 16살부터는 여름에 하루 최고 6시간까지 일해서 돈을 벌 수 있다. 경제적인 독립을 위한 예행연습이 16살부터 가능한 것이다.

그럼 이들은 얼마나 벌까? 스웨덴은 최저임금제가 없고, 회사와의 계약에 따라 다양하게 임금이 정해진다. 편의점 아르바이트 같은 단순노동일 경우 일해본 경험이 전혀 없는 17살 청소년의 임금은 시간당 1

만 원 정도이고, 요리사 교육을 받은 견습생이 레스토랑에서 주방 보조나 서빙 등의 일을 할 경우에는 1만 5,000원 정도 받는데, 근무 조건에 따라 임금은 많이 달라진다. 즉 야간 근무 또는 주말 근무의 경우에는 30% 정도 더 높다. 기본적으로 정규직과 비정규직의 임금 차이는 크게 나지 않는데, 시간당 임금으로만 본다면 비정규직 임금이 더 높다. 스웨덴 임금 체계의 놀라운 사실은 광부와 채석장에서 일하는 사람의 시간당 임금이 약 3만 2,000원으로 최고라는 것이다!

그리고 16살은 자신의 결정에 의해 합법적으로 성관계를 가질 수 있는 나이이기도 하며, 이를 막거나 간섭하는 부모는 거의 없다. 대학생이 되면 부모님이 사는 동네의 대학교에 다녀도 집을 나와 따로 산다. 부모의 별다른 지원이 없어도 대학 생활이 가능하기 때문에 굳이 부모와 부대끼며 한 집에서 살 이유가 없기 때문이다.

어려서부터 아이가 독립적으로 성장할 수 있는 이유는 아이를 공공기금으로 키우는 사회 시스템 덕분이 아닐까. 학비와 의료비가 무료이고 심지어 용돈까지 국가가 주니 부모는 아이에게 밥 먹이고 옷이나 입히면 된다. 삶의 기본 여건을 국가가 마련해주기 때문에 아이들은 부모의 재력과 상관없이 비슷한 출발점에서 삶을 시작할 수 있다. 만약 부모의 주머니에서 나오는 돈으로 교육비, 의료비, 게다가 사교육비까지 감당해야 한다면 아이는 부모에게 의존적으로 자라게 되고 끊임없는 간섭을 받게 될 것이다. 국가가 부모 간섭의 고리를 끊어준 셈이다. 아직도 한국 드라마에서는 성년이 된 자녀에게 "내 눈에 흙이 들어가기 전엔 절대 안 돼!"라고 퍼붓는 대사를 만날 수 있다!

이러한 분위기에서 스웨덴의 젊은이들은 어떤 '봄날'을 맞이할까? 스웨덴 젊은이들은 독립적이고 자유로운 '봄날'을 맞는다. 둘이 사랑한다면 그들의 사랑을 방해할 자는 아무도 없다. 부모님의 집을 나와 독립한 대학생은 혼자 살기도 하지만, 많은 이들이 연인관계의 룸메이트와 함께 산다. 엄마가 대학교에 입학한 자녀를 위해, 자녀와 자녀의 연인이 함께 살 아파트를 알아봐주는 것도 드문 일이 아니다. 이들이 함께 사는 이유는 서로 좋아해서이기도 하지만 함께 살기 때문에 얻어지는 비용 절감이란 경제적인 이유도 크다. 그렇게 살다가 서로의 인생 스케줄이 맞지 않거나 파트너가 외국에 나가 공부할 일이 생기면 자연스럽게 헤어진다. 이들에게 연인의 조건은 복잡하지 않고, 결혼을 전제로 부모가 반대할 이유는 더더욱 없다. 이들의 관계 자체가 결코 결혼을 전제하지 않기 때문이다.

물론 이런 동거 커플이 대학생에게만 국한된 것은 아니다. 스웨덴에는 동거 커플을 가리키는 '삼보(Samboförhållande)'라는 단어가 있는데, 요즘엔 결혼 커플보다 삼보 커플이 더 많다. 사실 오늘날 삼보 커플은 스웨덴 사람들의 인식 속에서 가족의 한 형태로 안정적인 자리를 잡았고, 통계청에서도 삼보 커플을 그렇게 분류한다.

어차피 함께 사는데, 왜 결혼을 하지 않느냐고 물었더니, 왜 결혼을 하냐고 오히려 내게 되물었다. 말문이 막혔다. 글쎄, 난 왜 결혼을 했을까? 생각해보니 이에 대해 고민한 적이 한 번도 없었던 것 같다. 사귀던 남자친구가 있었으니 그와 결혼을 하는 게 당연했고, 결혼은 선택의 문제가 아니라고 생각했다. 그리고 아주 자존심 상하는 이야기지만 '여자가 결혼할 나이가 지나도록 결혼하지 못하면 바로 천덕꾸러기 신세가 되고 집안의 우환덩어리가 된다'는 걸 속으로 느끼고 있었던 것 같다. 아, 갑자기 화가 난다!

이들이 내게 왜 결혼을 하냐고 되물을 수 있는 이유는 결혼 커플이건 삼보 커플이건 자신들의 실제 삶에는 아무런 차이가 없기 때문이다. 스웨덴 이민국은 외국인과 연애하는 국민을 위해, 단지 연애 중일 뿐인데도 스웨덴에 들어와 함께 살 수 있도록 비자를 내준다. 국가가 국경을 넘어 연애하는 국민까지 이렇게 배려해주는데, 굳이 귀찮게 법적인 절차를 밟아 혼인신고를 하고 만만치 않은 비용을 들여 결혼식을 올릴 이유가 없는 것이다. 게다가 삼보 커플 사이에서 아이가 태어나도 그 아이는 법적으로, 그리고 사회적으로 그 어떤 불이익도 받지 않는다.

사회정책이 사람들의 개인적인 삶의 내용을 이렇게 변화시켰다. 그리고 삶의 기본 여건을 국가가 마련해준다는 것은 큰 의미를 지닌다. 만약 25년 전에 내 친구와 그녀의 남자친구가 스웨덴에서 태어났더라면 그들에게 이별이라는 개인적인 참사(!)는 일어나지 않았다. 병든 노모는 국가에서 돌보고, 동생들은 학비 없이 마음 놓고 공부할 뿐 아니라, 대학생이면 부모의 도움을 받지 않고도 생활할 수 있기 때문이다. 그리고 흔히 하는 말로, 스웨덴에서는 젊은이 둘이 맨주먹으로 사회생활을 시작해도 큰 경제적 불안 없이 아들 하나 딸 하나 낳고 볼보 자동차 한 대 몰면서 보통의 삶을 살 수 있다.

이렇게 스웨덴의 사회 시스템은 사람들의 기본적인 생존권만 보장해주는 것이 아니라 젊은이들의 사랑까지도 지켜준다. 그래서 스웨덴의 젊은이들은 내용적 요건만 보면, 항상 봄 속에서 산다! 항상 봄 속에서 사는 젊은이들의 봄날은 어떤가? 쓸데없는 나의 감상적인 상념거리 하나 보탠다.

삼보 커플의 만남과 헤어짐은 너무나 쉬워서, 함께 살면서도 왠지 헤어짐을 전제하는 커플 같다! 어느 삼보 커플이 헤어지고 난 뒤 그날 밤에 쓴 일기의 한 부분이다.

"난 짐을 싼 뒤, 냉장고에서 어제 내가 산 와인과 치즈, 스파게티 소스를 꺼냈다. 며칠 전에 내가 사서 함께 먹었던 버터도 챙길까 하다가 그건 인심을 쓰기로 하고 냉장고에 그냥 두었다. 3일 뒤에는 그도 떠날 테니 먹다 버리겠지. 그에게 잘 지내라 말하고 가볍게 포옹을 하고 돌아섰는데 잠깐 눈물이 났다. 그와 2년 3개월 살았구나! 삶은 '만남과 헤어짐의 연속'이라지만, 헤어질 땐 찬바람이 부는 듯 항상 스산한 느낌이다. 그래도 시기에 딱 맞게 아파트에 다음 입주자가 들어와서 다행이다! 앞으로 3주 동안 휴가! 이 겨울에 스페인에 2주나 신세 질 친구가 산다는 건 정말 행운이다!"

이들은 사랑하기나 했던 걸까? 이들은 만남과 헤어짐의 연속 속에서 헤어질 때 스산한 정도의 느낌이 아닌, 생각만 해도 마음이 저리고 가슴에 실제로 통증이 느껴지는 그런 기적 같은 사랑을 할까? 가슴 아픈 이별을 노래하는 수많은 유행가 가사들이 떠오르는데, 이 내용들은 쉽게 사랑하고 간단히 헤어지는 스웨덴 젊은이들에겐 별 해당 사항이 없을 것 같다. 결혼을 사랑의 완성으로 보지 않는다면, 이들에겐 적어도 외적인 요인 때문에 이루어지지 못할 사랑은 없어 보인다. 형식에 구애받지 않고 마음껏 사랑하기 때문이다!

사회 시스템이 사람들의 개별적인 삶의 모습뿐 아니라, 생각하는 방식, 사람들과 관계 맺는 방식에도 영향을 미친다는 사실은 알고 있었지만, 지극히 사적인 사랑과 연애 감정의 깊이와 결에까지 영향을 미칠 줄은 몰랐다. 사회 시스템이 이렇게 막강하다! 원래 '봄날'은 동서고금을 막론하고 "연분홍 치마가 봄바람에 휘날리고…… 꽃이 피면 같이 웃고 꽃이 지면 같이 울며…… 실없는 그 기약에……" 다소간은 안타깝게 지나가는 줄 알았는데, 스웨덴 젊은이들의 '봄날'은 나풀거리며 흩날리는 벚꽃만큼 가볍게 지나간다.

물론 사랑을 방해하는 어려움과 역경을 환영하는 것은 아니다. 그리고 굳이 가슴 아픈 사랑을 경험해야 한다는 말도 아니다. 하지만 절절하게 토해내는 이런 말, 듣고 싶지 않은가?

"너 아니면 안 되겠어! 네가 떠난다고 생각하니 숨을 쉴 수가 없다. 네가 없으면 내 삶이 아무 의미가 없어. 가지 마, 제발!"

# 4. 성교육, 어디까지 받아봤나요?
_ 입이 딱 벌어지는 스웨덴의 열린 성교육

"최소한 1미터야."

"만원버스에서는요?"

"…… 어떤 상황에서든 최대한 먼 거리를 유지하도록!"

중학교 때 남자 도덕 선생님의 훈육이었다. 단발머리에 교복을 단정히 입은 여중생들은 과학시간과 가정시간에 남자의 몸과 여자의 몸이 성장하면서 어떤 변화가 생기는지 배운 뒤에, '늑대'로 비유되는 남자들로부터 얼마나 거리를 두고 남자와의 접촉은 어떻게 피해야 하는지 배웠고, 만약 나쁜 일을 당해 몸을 망치면 여자는 시집도 못 간다는 위협까지 받았다.

이것이 30년쯤 전 내가 중학생이었을 때 받은 이른바 '성교육'이었다. 이후 고등학교 때에는 성에 관해서 특별히 더 배운 것이 없었고, 나는 더 가르쳐주지 않아도 나 혼자 소설을 통한 상상으로 다 터득했다고 생각했다. 그래서 나보다 좀 덜 자라 보였던 반 친구들에게 점심시간을 이용해서 어젯밤에 딱 한 번 읽고 기적처럼 다 외운 '어른소설의 핵심적인 내용'을 줄줄 읊어주었다. 내 주변에는 반 친구들이 꽤 많이 몰려들었는데, 당연한 일이었다. 호기심 많은 청소년들에게 너무나 흥미로운 미지의 세계 이야기였으니까! 그래서 나는 그 방면에 박사쯤으로 통했고, 밝히기 부끄러운 별명도 하나 얻었다. 다만, 물개의 정력이 얼마나 센지에 대한 생물 선생님의 적나라한 묘사를 들은 뒤에, 나는 상상만으로는 도저히 도달할 수 없는 어떤 경지가 있음을 깨닫고 조용히 머리를 숙인 적이 있다.

그런데 나는 알고 있었다. 방과 후에 치마를 짧게 말아 올린 뒤 야간 자율학습을 빼먹고 몰래 달아나는 펑키 머리의 몇몇 아이들은 겉으로 떠들썩한 나와 차원이 다른 무엇인가를 실제로 알고 있다는 것을! 그리고 나중에 씁쓸한 사실도 하나 더 알게 되었다. 내 주변에 몰려들어서 '어른소설의 핵심적인 내용'을 눈을 동그랗게 뜨고 듣던 반 친구들도 모두 나만큼은 알고 있었다는 사실을! 나는 다만 입 밖에 내어 떠들었을 뿐!

30년쯤 전 이야기이니 무척 진부하다. 그러나 최근에 내가 한국의 고등학교에서 행해지는 성교육 프로그램을 살펴본 결과, 모양새는 크게 발전한 듯 보이지만 근본적으로는 내가 받았던 성교육과 그리 큰 차이가 없음을 알게 되었다. 그런데 스웨덴의 성교육과는 아주 커다란 차이가 있다. 30년이란 시간 차이보다, 같은 시대의 스웨덴과 한국이라는 공간 차이가 더 크다는 사실이 좀 놀라웠다. 우리가 세계화를 부르짖은 지 벌써 몇 십 년이 지났는데 말이다!

내가 살펴본 현행 한국 고등학교 성교육 프로그램의 핵심 내용은 2가지다. 첫째, 성관계를 피하면서 어떻게 건전한 이성교제를 할 것인가? 둘째, 성폭행을 당했을 때 어떻게 대처할 것인가? 여기에 덧붙여 임신과 성 매개 감염병에 대한 무시무시한 경고와 책임의식을 한껏 강조한 뒤 알려주는 피임 정보가 있다.

이렇게 한국의 성교육 프로그램에는 10대는 성관계를 갖지 말아야 하고, 만약 가졌을 경우에 그것은 '불행한 사고'라는 전제가 암묵적으로 깔려 있다. 그리고 또 한 가지! 성교육 프로그램의 대상을 주로 여학생으로 상정해놓았다는 인상을 지울 수 없었다. 성관계 이후 오직 여자에게만 치명적인 문제가 발생할 수 있기 때문에 이를 위한 '친절한 배려'로 보인다. 그야말로 고맙기 짝이 없다!

그렇다면 스웨덴의 성교육은 어떠한가?

두 나라의 성교육은 남자의 몸과 여자의 몸이 성장하면서 생물학적으로 어떤 변화가 일어나는지 배우는 것으로 시작한다는 점을 빼면, 그 이후 성을 다루는 태도는 완전히 다르다.

한국에서 이런 상황을 상상할 수 있겠는가?

> 어느 불타는 금요일 저녁, 엄마와 아빠 그리고 고등학교에 재학 중인 16살 딸과 딸보다 2살 더 많은 18살 딸의 남자친구가 거실

발랄하기 이를 데 없는 성교육이 행해지는 교실. 문득 성교육까지 주입식으로 받았던 오래전 나의 중학교 교실이 떠올랐다. 지금은 한국도 교실에서는 열린 성교육이 이루어지고 있으리라 생각한다.

에서 TV를 보고 있다. 밤 10시, 지루한 다큐 프로그램이 시작되자 딸은 하품을 하더니, "우린 자러 갈게요. 엄마 아빠 안녕히 주무세요."라고 인사하고 남자친구와 손을 잡고 다정하게 2층 자기 방으로 올라간다.

스웨덴에서는 그리 드문 일이 아니다. 16살 딸을 둔 스웨덴인 친구에게 물어보았다.

"네 딸이 그러면?"

"내가 막는다고 그 애들이 안 하겠어? 자동차 안이나 어디 공원 같은 데서 하느니 차라리 안전하게 피임 도구 써가며 자기 침대에서 하는 게 낫지. 권장하진 않지만 그렇다고 딱히 막을 이유도 없고!"

이 쿨한 엄마의 대답에 난 벌린 입을 다물 수가 없었다. 하지만 생각해보면 춘향이와 이 도령, 그리고 로미오와 줄리엣이 사랑에 빠져 허우적거렸던 나이가 몇 살이던가? 이팔청춘 16살에 그들은 알아야 할 것 다 알았고, 로맨틱한 사랑의 전형이 되었다.

비교하자면, 한국의 성교육은 이제 막 고등학생이 된 춘향이와 이 도령에게 "공부해서 대학 가야 할 이 중차대한 시기에 이성 친구를 사귀다니, 정신이 있는 거냐 없는 거냐!"라는 유감스러운 눈치를 준 뒤, 이성친구가 없는 것이 바람직하지만 어쩌다 생겼다면 공부에 방해받지 않으면서 어떻게 성관계를 피하면서 건전한 이성교제를 할 수 있는지 충고와 가이드라인을 제시한다. 반면, 스웨덴의 성교육은 로미오와 줄리엣에게 어떻게 하면 즐겁고 안전하게 사랑의 행위를 할 수 있는지 충고와 가이드라인을 제시한다. 성교육의 출발은 같았으나 그 목적지는 정반대인 셈이다.

청소년기에 스웨덴식 성교육을 받고 싶었던 나는 그 한을 중년 아줌마가 되어 풀게 되었다. 깊은 겨울 밤 10시, 졸린 눈으로 육개장이 다 끓기를 기다리면서 TV 리모컨을 돌리다가 우연히 만화영화 한 편을 보게 되었다. 아! 잠이 확 달아났다.

수학 보충수업을 위해 5명의 학생이 모여 있는 어느 고등학교 도서관! 수학 선생님은 자동차가 고장이 나서 오지 못하고 대타 선생님이 들어왔다. 늘 대타가 문제이다. 선생님이 들어오기 직전 아이들 사이에서 성기 모양의 나비가 두 마리 날아다니고 있었는데, 그 대타 선생님은 수학보다 인생에 훨씬 더 도움이 되고 중요한 나비에 대해 공부하자고 제안한다.

28분짜리 손으로 그린 이 만화영화는 1933년에 설립된 '스웨덴성교육연합'과 '스웨덴 교육방송국'이 14~17살 청소년을 겨냥해서 2011년에 만든 것이다. 그런데 한국에서라면 미성년자 '절대' 관람불가다. 스웨덴의 성교육은 말 그대로 정직하게 성교육이기 때문이다.
 이 영화를 본 어떤 미국인의 감탄사!
 "아! 내가 몇 년 걸려 알게 된 사실이 28분짜리 영화 속에 다 들어 있다니!"
 이 영화를 본 나의 감탄사!
 "늘 배움의 자세를 잃지 말아야겠군!"
 이 영화의 장점은 어른들이 청소년들에게 일방적으로 알려주고 싶은 것을 알려주는 게 아니라 '청소년들이 알고 싶어 하는 것'을 알려준다는 데 있다. 그래서 이 영화는 청소년들이 '스웨덴성교육연합'의 '무엇이든 물어보세요' 코너에 보낸 질문들과 그에 대한 답을 바탕으로 만들어졌다.
 선생님은 남녀의 신체가 어떻게 다른지 적나라하게 확대해서 보여주고 기능과 명칭을 일일이 알려준다. 성적으로 흥분하면 몸에 어떤

그 겨울 밤, 내게 충격을 안겨준 만화영화의 장면들. 지구상에 이런 식의 성교육을 실시하는 나라가 있을 줄은 상상도 하지 못했다.

변화가 일어나는지 설명하고, 오르가슴은 따뜻한 파도가 온몸을 훑고 지나가는 듯 짜릿하게 즐겁고 행복한 느낌이라고 일러준다. 심지어 이런저런 자위행위에 대해서는 '늑대와 춤을'이나 '주먹 쥐고 일어서' 같은 아메리카 원주민 이름처럼 아이들에게 이름을 붙여보게 한다. 또 어떤 성행위 체위들이 있는지 아이들에게 브레인스토밍 식으로 발표하게 하고, 그 다양한 체위들을 '섹스 지도'를 만들어 그려 넣는다. 이러한 구술 및 시청각 교육 이외에 영화에는 서로에게 끌리는 한 소년과 소녀가 어색하게 애무하며 시도하는 첫 성경험 이야기와 여학생에게 끌리는 여학생 이야기가 사이드 스토리로 등장한다.

아이들은 "내가 제대로 하고 있는지 어떻게 알아요?"라는 질문을 포함해서 성에 관해 무엇이든 묻고, 선생님은 진지하고 솔직하게 그리고 정확하게 대답한다. 마치 테니스를 배우는데 더 재미있게, 더 잘할 수 있는 기술을 알려주는 것 같다. 나는 영화를 보는 내내 아이들이 수학 공부를 했어야 했다고 생각하며 심호흡을 여러 번 했으나, 이 영화는 성교육 전문가들에게 큰 호평을 받았다고 한다. 영화 마지막에서 대타 선생님은 임신과 성 매개 감염병을 피하는 방법을 알려준 뒤, "너희를 보호해주는 건 사랑이 아니고 콘돔이란다!"라는 말을 남기고 나비와 더불어 홀연히 사라진다.

영화 한 편으로 스웨덴 성교육을 다 이해했다고 볼 수 없어서 나는 고등학교에서 성교육을 담당하는 선생님을 소개받아 인터뷰를 했다. 선생님은 자신이 교재로 사용하는 자료들을 내게 보여주었는데, 수업 내용은 영화 내용과 크게 다를 바 없었다. 한국에서 10대의 성경험은

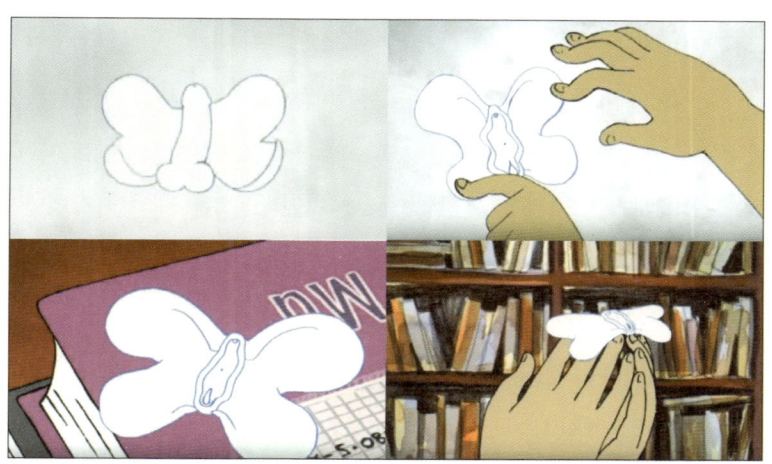
성교육 만화영화에 등장하는 남녀 성기 모양의 나비. 나비를 이런 모양으로 만들다니, 봄에 나비가 나풀거리면 애들이 무슨 생각을 할까?

'없어야 했는데 발생한 불행한 사고'인 반면, 스웨덴에서 10대의 성경험은 '자연스럽게 일어나는 당연한 일', 그리고 '삶의 한 부분'으로 간주된다. 따라서 선생님들이 수업 중에 가장 강조하는 점은 어떤 경우에든 성적인 접촉 시에는 반드시 '서로 동의해야 한다'는 것이다. 선생님들의 또 다른 중요한 과제는, 스웨덴에서 합법적으로 성관계를 가질 수 있는 16살이 되면(15살 미만은 불법), 대부분의 청소년들이 첫경험을 하기 때문에 이들을 임신과 질병으로부터 보호하는 것이다.

"어차피 다 알게 될 것이고 죄 짓는 일도 아닌데 청소년들에게 성에 대해 숨길 이유가 있나요? 호기심 많은 아이들이 인터넷으로 과장되고 비정상적인 동영상을 보는 건 아주 위험한 일이에요. 차라리 투명하게 뭐든 알려주는 편이 성에 대한 왜곡된 환상을 거두는 지름길이죠."

이것이 내가 인터뷰한 선생님의 지론이었다. 옳은 말이긴 하지만, 너무나 앞서 나가는(?) 스웨덴의 성교육에 아무런 저항 없이 따라가기에는 내가 너무 진부한 토양에 머물러 있다. 그리고 우리 아이들이 곧 만 16살이 된다는 사실이 갑자기 아득해졌다!
다음은 교실에서 내가 직접 들은 선생님과 학생의 대화!

"100% 안전한 피임법은 없단다!"
"콘돔을 한꺼번에 3개 쓰면요?"
"아! 그건 마찰이 일어나기 때문에 더 위험해. 절대로 그렇게 하면 안 돼. 알겠지?"

스웨덴 청소년들은 어른들의 정직한 가르침 속에서 밝디밝은 성생활을 즐기며 살 것이란 생각이 들었다. 내가 무척 진부한 토양에 머물러 있고, 정신은 아득하나 한국에서 태어난 게 몹시 억울하게 느껴진 순간이었다고 말하면 나의 솔직함이 너무 드러나게 될 터이니 그 말은 애써 하지 않겠다.
나는 내가 속해 있는 이곳 여성 단체의 모임에 나가서 스웨덴 성교육의 과격함에 "깜짝 놀랐다."고 다소 과장 섞어 얘기했더니 평소 나랑 친하게 지내는 오사가 "우린 무척 솔직한 국민이거든!"라고 하더니 이어서 "난 지금 안나와 무척 행복해!"라고 말했다. 나는 오사가 이혼하고 딸과 함께 살고 있는 걸 알기 때문에 딸과의 오붓한 삶이 좋은가 보다 생각했다.

그런데 나를 지그시 바라보던 이 단체의 전직 회장님께서 "저 말이 무슨 뜻인지 알아?" 하고 물으셨다. 나는 안다고 고개를 끄덕였는데, 회장님께서 빙그레 웃으면서 "아니, 모를 거야. 안나는 오사의 파트너야."라고 말했다. 아주 솔직히 말하면 나는 처음 몇 초 동안 안나가 오사의 '사업 파트너'인 줄 알았다. 몇 초 동안 분위기 파악을 한 뒤에 나는 안나가 오사의 '아내 같은 존재'라는 걸 알게 됐는데, 나 빼고 다른 회원들은 다 알고 있는 것 같았다. 오사가 빙그레 웃으며 공개적으로 고백 같은 말을 했다.

"내가 결혼을 하고 아이를 낳고서도 양성애자인 줄을 몰랐어. 안나가 깨닫게 해줬지! 아침에 안나가 내 옷을 다림질할 때 그 뒷모습이 얼마나 사랑스러운지 몰라!"

아! 아내를 사랑하는 남편의 모습이었다. 여자도 역할에 따라 태도가 바뀌는구나! 전 남편과 함께 살았을 때 오사의 모습은 어땠을까? 오사는 남편과 이혼 후 2년 뒤에 안나를 만나게 되었다고 했다. 내게 무척 낯선 상황임에도 나랑 친한 친구라 그런지 크게 낯설지 않았다. 그런데 15살짜리 가수 지망생인 오사의 딸은 엄마의 커밍아웃을 어떻게 생각할까? 사적인 얘기라 묻기 어려웠지만 용감한 나는 물어보았다.

"네가 과격하다고 말한 스웨덴의 성교육 덕분에 곧 이해하더라고."

가끔 집에 놀러오는 딸의 친구들도 다 아는데, 크게 괘념하는 아이는 없다고 말했다. 스웨덴의 성교육에는 이성애를 넘어 동성애와 트랜스젠더 등 성소수자들의 문제까지 포함되어 있다. 어려서부터 성을 통해 인간을 보는 스펙트럼이 정말 넓은 것이다. 나는 청소년 시절에 성교육은 제대로 받고 싶었으나 성관계는 결혼한 커플끼리만 해야 한다는 내 소신(!)을 도저히 밝힐 수 없었다. 함께 있는 사람들이 아무도 내 의견에 동의해줄 것 같지 않았고, 모두들 속으로 웃긴다고 생각할 것 같았기 때문이다.

나비와 더불어 홀연 사라진 대타 선생님의 마지막 멘트가 귓가를 맴돌았다.

"너희를 보호해주는 건 사랑이 아니고 콘돔이란다!"

# 5. 더도 말고, 덜도 말고, 딱 필요한 만큼만
_ 1등을 우대하지 않고 튀는 엘리트를 좋아하지 않는 '라곰'의 정신

　남편 따라 스웨덴에 처음 와서 무슨 일을 할 수 있을까 생각하다가, 스웨덴 관련 책을 한 권 썼고 무역 용어 하나 모르면서 무역 회사를 차렸다. 무역은 내게 완전히 새로운 일이었으나, 나를 고용할 사람이 없는 스웨덴에서 내가 나를 고용하려니 이 일뿐이었다. 바다 위에 저렇게 많은 화물선들이 떠다니고, 하늘에는 저렇게 많은 화물항공기들이 날아다니고, 무역 회사들도 저렇게 많은데 나라고 못할쏘냐 싶은 억센 무모함만 있었다. 주로 한국 제품을 스웨덴에 소개하는 일을 하는데, 회사는 아직 변변한 수입 없이 몇 가지 가능성만 지닌 채 비틀대며 걷는 중이다. 쉽지 않다!

　비록 회사는 비틀거리지만 나는 회사를 차리지 않았다면 결코 알 수 없었을 스웨덴 사람들의 일하는 방식을 엿보게 되었다. 물론 전적으로

내가 경험한 부분이라 이견이 있을 수 있지만 대체로 많은 사람들이 동의한다.

스웨덴의 직장 내 분위기는 참 편안하기도 하다. 직장에서 이들은 서로를 부를 때 위계질서를 환기시키는 사장님, 이사님, 부장님 등의 칭호를 사용하지 않고, 크리스티나, 페터, 마르틴 등 그냥 이름을 부른다. 말투만 가지고는 누가 사장이고 누가 직원인지 알 수가 없다. 의사와 환자도, 교수와 학생도 마찬가지다. 처음 애들 학교에 갔을 때, 아이들이 선생님을 아무 칭호도 없이 그냥 "크리스"라고 부르는 것에 깜짝 놀랐다.

그런데 내가 아는 영국인 할아버지는 이런 분위기를 맹렬히 비난한다. 누구든 박사, 교수, 의사 등 사회적으로 인정받는 타이틀을 가졌다면, 그는 그 타이틀을 따기 위해 상당한 노력을 기울였을 터이니 마땅히 이름 앞에 그 칭호를 붙여주어 그 노력을 인정해주어야 한다는 것이다. 나름 일리는 있으나 역시 옥스퍼드, 케임브리지 등 대학 서열 명확한 나라 출신다운 말씀이시다. 그러나 나는 이제 이름 부르는 것에 익숙해졌다. 74살 난 할머니친구를 나는 그저 "솔베이크"라고 부르고, 아이들 친구가 나를 "승위"라고 부르는 것도 아무렇지 않다.

나는 보통 미팅이 있으면 정장 분위기로 옷을 입는데, 막상 내가 만나는 사람들은 하나같이 캐주얼 차림이다. 내가 만났던 한 식품회사 수석매니저는 심지어 샌들을 신고 있었는데, 나는 샌들 밖으로 삐져나와 꼬물거리는 그의 못생긴 발가락을 보고 말았다. 저 꼬물거림은 무슨 뜻일까? 나와의 미팅에 대한 긍정의 반응인가, 부정의 반응인가? 그저 단순한 간지러움인가? 다른 직원들의 복장도 비슷했는데, 특별한 날이 아니면 직장에서의 이들의 옷차림은 이토록 편안하다.

스웨덴 사회를 이해할 수 있는 핵심 단어 하나를 꼽으라고 하면 단연 '라곰(Lagom)'이다. 흔히 영어로 번역할 마땅한 단어가 없다고 하는데, 극단에 치우치지 않은 '중간, 중도' 등의 뜻으로 스웨덴 사람들의 정신 속에 들어 있는 독특한 개념이다. 이는 최선을 다해 최고의 성과를 올려야 하는 직장 생활에도 어김없이 적용된다. 이들은 1등을 우대하지 않고, 튀는 엘리트를 좋아하지 않는다.

내게 인도네시아인 친구가 하나 있다. 그녀가 이곳에 처음 왔을 때, 직장 동료에게 어떤 일을 얼마만큼 하면 되는지 물었더니 동료는 찡긋 윙크를 하며 "라곰만큼."이라고 대답하고 총총히 사라졌다고 한다. 대체 어느 정도가 라곰만큼인가? 내 친구는 스웨덴에 온 지 3년이 다 되어가는데도 그게 어느 정도인지 아직도 잘 모르겠다고 한다.

상황 속에서 읽는 라곰은 '적당함'의 의미가 크다. 더 하지도 말고 덜 하지도 말고 딱 필요한 만큼만 재량껏 하라는! 그리고 라곰에는 무엇이든 적당한 선에서 멈추고 자신이 가지고 있는 것에 소박하게 만족할 줄 아는 행복의 지혜도 들어 있다. 이 라곰 정신은 문화 전반에도 스며들어 있는데, 예를 들어 너무 화려하지도 않고 너무 초라하지도 않으며 단순하면서 소박하고 꼭 필요한 만큼 기능적이라는 스웨덴 가구 디자인에서도 라곰을 느낄 수 있다.

그런데 나에게 적당한 정도와 너에게 적당한 정도가 다를 수 있으니 굉장히 주관적이면서 고무줄 같은 탄성을 지닌 말이다. 물론 스웨덴 사람들은 라곰이 어느 정도인지 그냥 체득적으로 안다. 특히 일터에서 이들은 그 누구도 과하게 일하는 것을 바라지 않는다. 이유는 간단하다. 동료가 과하게 일하면 자기도 그렇게 일해야 하니까!

과하게 일하지도 않으면서 스웨덴 사람들이 직장에서 반드시 챙기는 것이 있으니 바로 '피카(fika)'라 불리는 '동료들과 커피 마시며 노닥거리는 시간'이다. 피카는 꼭 직장에서만이 아니고, 범국민 차원에서 누구나 가지는 시간이긴 하다. 정년퇴직한 이웃집 할머니도 내게 가끔 피카하러 오라고 말씀하신다.

스웨덴에 와서 처음 살았던 아파트는 60년 된 낡은 건물이었는데, 하필 우리가 살았던 길지 않았던 1년 중에, 지붕과 벽을 뜯어 고치는 공사를 했다. 지붕 고치는 사람들이 일을 시작한 시각은 아침 7시였다. 그런데 지붕 위에 있어야 할 사람들이 툭하면 아파트 지하실에 있는 공동 룸에 내려와서 웅성거리며 커피를 마셨다. 하루 빨리 공사가 끝나기를 바라는 나로서는 이만저만 불만스러운 게 아니었다. 사람들이 창밖으로 왔다 갔다 하면서 우리 집 안을 훤히 들여다보게 생겼으니 말이다. 피카를 하며 시간을 그렇게 보내고도 이른 아침부터 일을 시작했으니, 이들은 4시에 어김없이 퇴근해서 아이를 데리러 유치원에 갔다. 지붕 고치는 일이 꼬박 석 달 걸렸는데, 한국에서라면 한 달이면 후다닥 해치우지 않았을까 싶다.

스웨덴 사람들이 직장에서 피카만큼 열심히 하는 것이 회의다. 나는 업무상 전화를 걸 경우가 많은데, 열 번 걸면 일곱 번은 '회의 중'이라고 한다. 대체 무슨 회의를 그렇게 많이 하느냐고 볼멘 목소리로 따져

피카 시간, 대부분의 사람들이 피카를 즐기러 나가고 사무실이 텅 비어 있다. 홀로 앉아 있는 직원은 무엇이 그리 바쁘기에 피카 시간도 아랑곳하지 않고 일을 하고 있는 것일까.

묻고 싶었으나, 차마 당사자에게는 할 수 없었고 회사의 전화 교환원에게 조심스럽게 물어 보았다.

"어떤 회사에 전화를 걸든 왜 내가 통화하기를 원하는 사람들은 모두 회의 중일까요?"

이에 대한 전화 교환원의 명랑한 답변은 이러했다.

"이게 전 스웨덴의 현상이에요. 다음 미팅 약속을 정하느라 미팅을 한다는 말도 있다니까요, 호호호!"

나도 어떻게 해서든 비틀거리는 회사를 일으켜 세워서 스웨덴인 직원을 뽑은 뒤에, 오전 오후 하루 두 차례씩 '빡센' 회의를 꼭 진행해야 겠다는 다짐을 했다.

그런데 이들의 회의가 잦은 이유는 모든 이의 의견을 다 듣기 때문이다. 회사 사장이라고 해도 중대한 결정을 혼자 나서서 내리지 않는다. 혼자 결정을 해서 그 책임을 다 지고 싶지 않은 얄팍한 속셈도 있겠지만, 한 사람의 독단적인 의견보다 공개적인 토론을 거친 여러 사람의 합의된 의견이 더 낫다는 믿음이 저변에 깔려 있기 때문이다. 그래서 툭하면 회의를 해서 사람들 의견을 골고루 들어본다. 사람들 의견을 다 듣고 정작 결론을 내릴 시간은 없어서 다음 회의 시간을 또 정하는 것이다. 이러니 뭔가 결정을 내리는 데 얼마나 많은 시간이 걸리겠는가? 오늘도 나는 세 통의 전화를 걸었는데, 한 통도 통화를 하지 못했다. 그놈의 회의 때문에!

여기서 무척 이상한 것은, 이렇게 잦은 회의에 더딘 결정에도 불구하고 스웨덴이 유럽에서도 '혁신의 나라'의 모범적 모델로 칭송받는다는 사실이다. 참 수수께끼 같은 일이 아닐 수 없다.

그런데 직장인들이 이렇게 느슨하고 자유롭게 일할 수 있는 이유가 뭘까? 스웨덴의 고용주들은 모두 착해서 고용인들을 그렇게 평등하고 인간적으로 대하는 걸까? 좀 섣불리 말하자면 나는 노동조합의 힘이라고 생각한다. 직장인들 뒤에는 한 달에 4만 원 정도 돈을 내고 가입한 노조가 있다. 거의 대부분의 직장인들은 직군별로 노조에 가입해 있는데, 내가 혹시 정리해고를 당할 경우 나 대신 노조가 씩씩하게 싸워주고, 임금 협상할 때도 노조가 나서서 한 푼이라도 더 받도록 도와준다.

피카룸. 웬만한 규모의 회사는 모두 이런 피카룸을 갖추고 있고, 몇 명의 직원으로 사무실을 임대해 쓰는 작은 규모 회사의 경우에는 건물 내에 있는 부엌 딸린 피카룸을 공동으로 사용한다.

노조가 씩씩하게 싸웠더라도 어쩔 수 없이 내가 실업자 신세가 되었을 때 실업수당에 돈을 더 보태주는, 마치 보험회사 같은 노조도 있다.

말이 직장인이지, 일해서 먹고 사는 우리들은 모두 노동자들이다. 감히(!) 고용주 앞에서 삐딱하게 앉아 자신의 의견을 기탄없이 얘기할 수 있는 힘을 주는 노조! 힘없는 노동자들을 위해 힘있는 자에게 덤벼주는 노조! 그러한 노조를 스웨덴 정부는 결코 탄압하지 않는다. 아니, 탄압할 수가 없다. 수많은 국민이 노조에 가입되어 있으니, 국민으로부터 나오는 권력으로 어찌 국민을 탄압할 수 있겠는가! 그래서 스웨덴의 노동자들은 매일 피카를 즐기고 1년에 6주씩 휴가를 사용하며 7시에 출근하면 4시에 퇴근할 수 있다. 노조를 키우고 노조에게 힘을 실어줄 일이다!

포악한 고용주라도 착한 사람처럼 행동하게 만드는 사회 시스템! 우리가 스웨덴으로부터 배워야 할 무엇이 있다면 바로 그런 시스템을 우리 실정에 맞게 만드는 창의적 발상이다. 매일 두 차례씩 빡센 회의를 하게 될 나의 미래의 고용인에게 나는 노조 가입비 4만 원을 월급에 더 얹어줄 생각이다.

내 스웨덴 친구들은 내게 가끔 묻는다.

"한국과 스웨덴이 무엇이, 어떻게, 얼마나 다른데?"

난 위에서 언급한 점들을 들어 한국과 스웨덴을 비교하면서 한국은 경쟁이 심해서 무척 피곤한 사회라고 솔직하게 대답한다. 우린 나이가 많거나 직위가 높은 사람을 부를 때, 이름을 부르기는커녕 직위 뒤에 '님' 자도 붙여 불러야 하고, 직장에서의 옷차림도 스웨덴보다는 덜 자유로우며, '적당함'이 미덕인 라곰은커녕 동료보다 뛰어나야 하므로 항상 과하다 싶을 만큼 일해야 하고, 직장 상사 앞에서 피카를 즐기며 노닥거린다는 것은 상상할 수도 없고 그저 열심히 일하는 모습을 보여야 하며, 회의를 할 때 기탄없이 상사에게 반대 의견을 내는 일 또한 어지간히 진보개혁적인 회사가 아니라면 상상할 수 없는 일이고, 노조가 힘센 스웨덴과는 달리 한국의 어떤 유력 정치가는 노조 활동이라도 좀 할라치면 '강성귀족노조' 운운하며 노조 때문에 한국 경제가 파탄 난다는 말을 입에 달고 산다고!

아! 조목조목 따져보니 이렇게 달랐다.

스웨덴 친구에게 이렇게 말하는 나의 태도에는 다분히 "네가 스웨덴에서 태어난 것은 큰 행운이야!"라는 부러움이 들어 있다. 어마어마한 기아에 시달리는 아프리카 중부 어느 나라에서 태어났을 수도 있었고, 여성 할례가 자행되는 어느 지독한 사회에서 여자로 태어났을 수도 있었고, 내전을 피해 목숨을 걸고 고향을 떠나는 난민 가족으로 태어날 수도 있었고, 치열한 경쟁 속에서 살아남아야 하고 부정부패 심한 나라에서 끊임없이 노동을 착취당하는 사회에서 태어날 수도 있었는데, 아름다운 복지국가에서 태어나 복된 삶을 누리고 사니 이 얼마나 큰 행운인가?

그런데 나의 이런 부러움에 예상과 사뭇 다른 반응을 보이는 친구들이 있다.

"그래, 스웨덴은 좋은 나라야. 하지만 네가 모르는 게 있어."

나는 모르는 게 많아서 이런 말을 들으면 귀가 솔깃하다.

"스웨덴 젊은이들은 이제 더 이상 라곰을 추구하지 않아. 스웨덴도 변하고 있어. 전 세계가 경쟁 속에서 치열하게 달려가는데, 우리만 라곰에 안주할 수 없거든. 생존경쟁의 시대에서 살아남아야 한다는 절박함을 느끼는 거야. 우리라고 별 수 있겠어? 스웨덴이 라곰의 나라라는 건 10년 전 얘기야! 한국처럼 열심히 공부하고 열심히 일하는 문화가 들어와야 해."

사실 스웨덴 사회에 대한 남편의 염려를 들어보면 이 친구의 말을 이해할 수 있다. 이곳에서 나노테크놀로지 벤처 회사에 다니는 남편 말에 따르면 스웨덴 사람들은 주어진 시간에 딴 짓 않고 일은 열심히 하는데, 일에 대한 치열함이 없다고 한다. 6주의 공식 휴가와 감기나 배탈로 일을 하지 못하는 병가를 빼면 스웨덴 사람들은 하루 8시간 근무 조건으로 1년에 10개월 남짓 일한다. 물론 여기에 국경일 등 연휴는 포함되지 않는다. 일이 아무리 많아도 회사에 따라 한 달에 20시간 또는 30시간 이상 초과근무를 하는 것은 불법이다. 그리고 내가 만약 이번 달에 일이 많아서 18시간 초과근무를 했다면, 나중에 근무시간에서 18시간을 제외한다.

굳이 비교하자면 한국에서 가장의 실직은 온 가족이 벼랑에 내몰리는 상황을 의미하기 때문에 무리가 되더라도 '불가능을 가능으로', '무슨 수를 써서라도', '안 되는 것도 되게 하는' 절박한 심정으로 일을 하는데, 스웨덴에선 사생활 방해받는 일 없이 결코 무리하지 않고 '되면 좋고 안 돼도 할 수 없다'는 자세로 일을 한다. 스웨덴 사람들은 합리적으로 돌아가는 사회 시스템 속에서 자신에게 맡겨진 임무에만 충실할 뿐 그 이상은 결코 하지 않는데, 한국에서 대기업에 다녔던 남편은 벤처 회사가 이런 자세로 일해서는 곤란하다고 한다. 회사가 어찌어찌 굴러가긴 하지만, 현재 상황을 뛰어넘는 도약을 기대하기는 어렵다는 것이다.

스웨덴에서 가장 잘 나가던 통신장비회사에서 몇 년 전부터 수백 명씩 대량해고 사태가 벌어지고, 볼보자동차도 소유권이 중국에 넘어갔다. 스웨덴은 탄탄한 물적 기반을 바탕으로 사회안전망이 잘 구축된 나라이기 때문에 실직을 해도 사람들이 벼랑으로 내몰리는 상황에 처하진 않겠지만, 점점 경쟁이 치열해지는 세계에서 살아남기가 만만치 않다는 것은 피부로 느끼고 있다. 앞서 내 스웨덴인 친구가 언급한 대로 사회 분위기가 하루아침에 바뀔 수는 없지만 점차 경쟁력을 키워야 한다는 목소리가 높아지고 있다. 적당한 선에서 만족하면서 현재의 행복을 추구하다가는 미래가 불안하기 때문이다. 우연히 도서관에서 만난 젊은 신문사 기자도 스웨덴 사회를 비추던 라곰의 따뜻한 빛이 점점 힘을 잃어가고 있다고 말했다.

상황을 이해는 하지만 나는 청정 지역에 거센 황사바람이 불어 닥치는 느낌을 받았다. 너도 나도 우리 모두 손잡고 라곰의 보폭으로 걸어가면 좋으련만, 몇몇 사람들이 뛰는 통에 모두 뛰느라 숨이 턱에 닿는 삶을 살게 되는 것 같다. 미래에 대한 불안 없이 '무엇이든 적당한 선에서 멈추고 자신이 가지고 있는 것에 소박하게 만족할 줄 아는 행복의 지혜'로 살아가는 세상이 되면 좋겠다. 스웨덴의 라곰이 더욱 빛을 발해 전 세계를 비추었으면…….

## 6. 초콜릿, 장관을 끌어내리다
_공직자의 청렴성에 가혹한 나라, 부패를 결코 용서하지 않는 나라

2009년 1월 스웨덴 땅을 처음 밟았을 때, 우리 집 쌍둥이 아들들은 만 6살 10개월이었고, 막둥이 아들은 만 2살 1개월이었다.

3월이 되면서 관청으로부터 온갖 문서들이 날아들었다. 주변에 아는 사람 하나 없이 어린 세 아이들과 새로운 환경에 적응하는 것만으로도 벅차던 때라, 뭐라 뭐라 스웨덴어로 적혀 있는 것들 중 돈 내라는 청구서가 아니면 몽땅 쓰레기통에 집어넣었다. 그 후 1년 내내 간간히 똑같은 서류가 날아들었는데 계속 무시했다. 그런데 그것이 돈을 주겠다는 서류였다!

스웨덴 사람들의 '아이'에 대한 견해는 이렇다. 내가 낳았으니 내 아이이지만, 아이는 곧 국민이기 때문에 국가도 아이를 돌볼 책임이 있다. 해서 나는 국민의 일원을 돌본다는 의미로 아이가 절대적인 돌봄

이 필요한 480일 동안 일수로 계산하여 국가로부터 돈을 받는다. 직장을 다니던 사람은 직장일 대신 국민을 돌보는 일을 하니 당연히 유급 육아 휴직을 하게 되고, 직장을 다니지 않는 전업 주부라면 국민을 돌보는 일이 생겼으므로 돈을 받는다.

이런 '육아 수당'을 일수로 계산하여 온전히 받으면 세금 제하고 통장에 들어오는 돈이 한 달에 약 60만 원 정도! 이 480일은 아이가 만 7살까지 아무 때나 신청하면 된다. 이는 태어나면서부터 만 16살까지 모든 아이들이 조건 없이 매달 받는 14만 원 정도의 '아동 수당'과는 다르다.

내 아이들은 쌍둥이였으므로, 다 계산하여 받으면 한 달에 120만 원씩 14개월(1월부터 다음 해 3월까지)동안 받을 수 있었다! 모두 계산해보면 잠이 오지 않는다. 나는 이 사실을 우리 아이들이 만 8살이 되고 넉 달이 지난 뒤에 알았다. 육아 수당을 받으라고 친절하게 알려주는 안내문을 나는 매번 쓰레기통에 던져 넣었던 것이다!

그래도 다행히 막둥이가 있어서 6개월 간 60만 원씩 받을 수 있었다. 16개월이 아니고 6개월만 받았던 이유는 한국에서 육아 휴직을 10개월 했기 때문이다. 다른 나라에서라도 육아 휴직을 했으면 그만큼 시간을 빼야 한다.

그럼 이들이 내가 한국에서 육아 휴직을 했는지 안 했는지 또는 얼마나 했는지 어떻게 알까? 그들은 간단히 내게 물어보았고, 내 말을 그대로 믿었다. 만약 한국에서 육아 휴직을 하고도 돈을 받을 욕심으로 안 했다고 거짓말을 하면? 그래도 그대로 믿었을 것이다. 돈을 주는 일인데도 그렇다.

후에 나는 이웃에게 이 경험을 이야기하며 스웨덴은 정말 "믿고 사는 사회"라며 감동했다고 말하자 이웃은 쓴웃음을 지으며 이렇게 말했다.

"공무원들이 귀찮게 그런 거 확인해보겠어요? 그냥 믿는 게 가장 편하죠. 관청에 빈틈이 정말 많답니다! 세상에 거짓말쟁이들이 얼마나 많은데……."

하지만 이런 이웃의 우려를 비웃듯 스웨덴은 '믿고 사는 사회'임을 한층 업그레이드시켜 과시했다. 약 3년 전부터 스웨덴 대형 마트에서는 그 마트의 회원이면 '셀프 계산'을 한다. 즉, 물건을 사면서 스스로 스캔을 해서 바구니에 넣고, 카드로 혼자 계산하고 나간다. 주민등록번호와 주소만 있으면 간단히 마트의 회원이 될 수 있는데, 스웨덴 사람들 거의 모두가 어느 곳이든 한두 군데 이상 회원이다. 그럼 비양심적으로 물건을 바구니에 집어넣고도 스캔하지 않으면 어떻게 되는가? 즉, 도둑놈 심보가 발동하면 어찌 되는가?

가끔 무작위로 검사를 한다. 계산을 하려는데 갑자기 정지 화면이 뜨면, 직원이 와서 내가 제대로 스캔했는지 몇 개 검사를 한다. 나는 1년에 두 번 정도 걸리는데, 여태껏 부정행위를 해서 걸린 사람은 본 적이 없다. 그래서 확인 차 물어보았다.

"혹시 물건을 바구니에 슬쩍 그냥 집어넣는 사람도 있나요?"

"물론 있지요."

"정말이요? 난 걸리는 사람 본 적 없는데요?"

이 셀프 스캐너가 처음 주어졌을 때 무척 감동스러웠다. 믿음에는 정직으로 대답하는 법이다.

"의도냐 실수냐를 구분하기가 좀 모호하긴 한데요. 좀 치사한 예를 들면, 육류나 활어처럼 비싼 물품을 스캔하지 않았으면 의도적인 것으로 보고, 값이 싼 사소한 것은 실수로 구분하죠. 실수로 보이는 경우엔 계산하게 하고, 의도적으로 보이고 반복적으로 발생하면 블랙리스트에 올려요. 회사로선 손실이죠."

"그런데 왜 이 제도를 지속하죠?"

"그래도 사람을 고용하는 것보다는 비용이 훨씬 덜 들어가니까요!"

"아! 그렇게 사람들의 일자리가 없어지는군요."

"고용주들이 그런 거 생각하나요?"

셀프 계산하는 사람들. 물건들을 계산대 위에 올려 직원이 일일이 스캔하고 다시 장바구니에 담는 번거로움 없이, 물건을 집으면서 내가 스캔하고 바로 장바구니에 넣으니 계산하는 시간이 무척 단축되었다. 효율성으로는 단연 으뜸이다.

    자기 이득이 우선인 것은 세계 어디나 마찬가지인 모양이다. 사실 작은 규모의 동네 마트를 제외하곤 전부 셀프계산대가 있다. 어떤 제도라도 좋은 점 나쁜 점 양면이 있게 마련이지만, 셀프계산대가 설치되고, 고객들에게 셀프스캔기가 주어졌을 때 나는 무척 감동했다. 사람들의 양심을 얼마나 믿으면 이런 정책을 대대적으로 쓸 수 있을까?
    별다른 확인 절차 없이 시민의 말을 그냥 믿어버리고 돈을 내주는 '게으른' 말단 공무원도 계속 일하고, 몇 명은 제외되겠지만 전체적으로는 인간의 '도둑놈 심보'를 무시하는 듯 셀프계산대가 계속 늘어나는 걸 보면, 전체적인 사회 시스템은 인간에 대한 신뢰를 바탕으로 돌아가고 있음을 알 수 있다.

어떻게 이게 가능할까?

2016년 봄에 스웨덴은 지폐의 주인공들을 모두 바꿨다. 지폐의 가장 작은 단위인 20크로나의 모델은 노벨 문학상 수상자이자 『닐스의 신기한 모험』 저자인 셀마 라겔뢰프(1858~1940)였는데, 새 지폐의 모델은 『내 이름은 삐삐 롱 스타킹』 저자인 아스트리드 린드그렌(1907~2002)이다. 고작 서너 달 만에 옛날 지폐가 다 사라지고 새로운 지폐가 유통되었다. 그리고 일정 기간까지 옛날 지폐는 은행에 가서 모조리 교환해야 했다. 너무나 빠른 시간에 지폐가 바뀌는 것이 정말 신기했는데, 그 이유를 생각해보니 사람들이 현금을 거의 사용하지 않기 때문이었다. 내 지갑 속에도 늘 몇 만 원 정도 현금이 있지만, 장터에 가지 않는 이상 한 달이 가도 그 현금이 줄어들지 않는다. 껌 한 통을 사도 신용카드를 사용하기 때문이다. 궁극적으로 스웨덴은 '현금 없는 사회'를 지향한다.

그런데 지하 주차장에서 사과 상자가 오가는 나라에서는 화폐 바꾸기도 어렵지 않을까 싶다. 5만 원권의 품귀 현상! 누군가의 금고 속에, 땅 속에, 또는 장롱 속에 검은 돈이 되어 깊이 숨어버린 5만 원권! 5만 원권 지폐의 모델 변경을 제안한다. 단, 일정 기간 안에 새 지폐로 바꾸지 않으면 옛 지폐는 몽땅 무용지물이 되어버린다는 조건으로! 신사임당 말고 박경리 선생님은 어떤가?

정치인과 공직자 사회가 투명하면 사회 전체가 투명할 수 있음을 스웨덴 및 북유럽 국가는 모범적으로 보여주는데, '초콜릿 장관'으로 유명한 모나 살린(Mona Ingeborg Sahlin, 1957~) 이야기는 스웨덴 사회의 투명성을 단적으로 드러낸다.

당시 38살이었던 사회민주당 소속의 모나 살린은 힘이 넘치고 매력적인 여성 정치인으로 대중적 인기도 높았다. 30년간 정치권에 몸담고 사회민주당을 10년 이상 이끌어 온 잉바르 칼손 전 총리는 그녀를 부총리로 지명했고, 그녀는 강력한 차기 총리 후보였다.

그녀가 처음 대중의 인기를 얻은 것은 7살 때 스웨덴에서 첫 번째 바비인형클럽을 만들었을 때였다. 13살에 사회민주당청소년 그룹에 참가했으며 고등학교를 졸업한 뒤에는 대학에 진학하는 대신 정치에 입문했다. 1982년 25살로 최연소 의원이 되었으며, 1990년에 노동부 장관, 1992년에는 최초의 여성 사회민주노동당 총서기가 되었고, 1994년에 부총리에 임명되었다.

이 화려한 정치 이력은 그녀가 법인카드로 초콜릿과 기저귀 등 개인용품을 사고 19번의 주차비와 자녀의 놀이방 비용을 내지 않았음이 적발되면서 큰 타격을 입는다. 그녀는 경찰에 고발당하기 전에 돈을 다 갚았고, 이 정도면 어느 나라에선 웃어넘길 액수지만, 공직자의 청렴성에 대한 스웨덴 사회의 엄격한 여론에 밀려 결국 그녀는 부총리직과 차기 총리후보직에서 사임했다. 스웨덴 사람들은 정치가들이 동성애자이건 양성애자이건 또는 누구와 혼음을 하건 개인의 사생활에 대해서는 무척 관대하지만, 횡령이나 부정부패에 대해서는 그것이 아무리 사소해도 결코 용서하지 않는다.

모나 살린은 회의장에서 다음과 같은 질문을 받았다.

"자신의 청구서에 돈을 제때 지불하지 않는 사람이 총리가 될 수 있겠습니까?"

그녀의 대답 역시 명료했다.

"물론, 될 수 없습니다!"

그녀가 사임한 뒤, 사회민주당은 다음 총리 후보를 선정하는 데 큰 어려움을 겪었다. 총리 후보자가 될 만한 사람이 모두 5명이었는데, 그중 가장 인기가 있던 얀 뉘그렌(Jan Nygren) 장관은 14살 아들에게 직업을 갖지 않겠다는 약속을 해서 그 약속을 이행해야 한다며 총리 후보직을 고사했다. 일 때문에 부인과도 헤어졌는데, 아들과의 관계마저 망치고 싶지 않다는 것이 아버지로서의 작은 소망이었다. 이에 모나 살린은 한 인터뷰에서 "울지 않고서는 이 상황을 견딜 수가 없습니다!"라고 말했다.

스웨덴의 보수당인 중도당이 집권한 2006년, 중도당 당수인 프레데릭 라인펠트 총리는 10월 6일 문화부 장관에 세실리아 스테고 칠로(Cecilia Stego Chilo, 1959~)를 임명했는데, 그녀는 16년 동안 텔레비전 수신료 약 200만 원을 체납하고 아이를 돌보는 보모를 고용하는 과정에서 타당한 세금을 내지 않았다는 이유로 장관직 임명 후 단 열흘 만인 10월 16일에 장관직을 사임했다.

세실리아와 나란히 10월 6일에 무역 장관으로 임명되었던 마리아 보렐리우스(Maria Borelius, 1960~) 또한 보모 고용 관련해서 탈세를 이유로 장관 임명 뒤 겨우 여드레 만인 10월 14일에 장관직을 내놓았다. 특히 마리아 보렐리우스는 보모를 합법적으로 고용할 경제적인 여유가 없었다고 변명을 했는데, 보렐리우스 부부 합산 소득이 보통 스웨덴 가구의 평균 소득의 몇 배가 된다는 사실이 밝혀져서 사람들의 거센 비난을 받았다. 스웨덴은 진보든 보수든 청렴성을 훼손한 공직자는 무조건 '삭탈관직'이다.

위의 몇 가지 예는 법에 저촉되는 경우지만, 스웨덴의 공직자는 이런 곤욕도 치른다. 개발지원부 장관이었던 피에르 쇼리(Jean-Pierre Olov Schori, 1938~)는 런던 방문 기간 동안 공직자 규율에 명시된 '적당히 좋은 중간급 수준의 호텔(good middle-category hotel)'에서 묵지 않고 비싼 호텔에서 묵었다고 공개적으로 비난받았다.

2016년에는 아이다 하드지알릭(Aida Hadzialic, 1987~) 교육연구부 장관이 혈중 알코올 농도 0.02%로 음주운전 단속에 걸려 장관직을 사임했다. 스웨덴 음주운전 단속 기준이 0.02%인데, 딱 커트라인에 걸린 것이다. 특히 그녀는 보스니아 난민 출신으로 고등학교 때부터 사회민주당에서 정치 활동을 시작해서 23살에 시의원에 선출되고, 27살에 스웨덴 역사상 최연소 장관으로 발탁된, 그야말로 정치계의 촉망받는 샛별이었다. 그녀의 정치인으로서의 자질과 능력을 믿는 스테판 뢰프벤(Stefan Löfven, 1957~) 총리는 무척 마음 아파하면서도 그녀의 사임을 말리지 않았다. 스웨덴에서 공직자의 위법 행위나 범죄 행위에 대한 처벌은 이토록 엄격하다.

북유럽 국가들이 살기 좋은 나라 최상위권을 모조리 휩쓴다는 것은 잘 알려진 사실이다. 마찬가지로 부패인식지수 역시 최상위권이다. 국민의 행복지수와 공직자의 청렴지수, 그리고 공직자의 범죄에 대한 처벌지수는 이렇게 완벽하게 비례한다. 정치인과 공직자에게 능력은 중요한 덕목이지만, 청렴성과 범죄에 대한 민감성은 이것과는 비교할 수도 없을 만큼 중요한 덕목이다.

# 7. 독립적인 삶? 간섭하는 삶?
_ '혼자 사는 법'을 학교에서 교과 과목으로 배우다

아침이다. 아이들이 여유 있게 밥을 먹고 학교에 가려면 늦어도 7시 20분에는 일어나야 하는데, 둘째가 30분이 되어도 일어나지 않는다. 그러니 둘째를 깨우는 내 목소리 톤이 올라갈 수밖에 없다. 이에 대해 큰 아이가 뭐라 한다.

"알면서도 그냥 자는 거야. 내버려둬. 아침 안 먹고 가면 자기만 손해지 뭐. 엄마는 상관하지 마!"

흔히 할 수 있는 말이지만, 어젯밤에 나눈 대화 때문에 그냥 지나칠 수가 없다.

"엄마 마음은 그렇지가 않아. 너희가 아침밥을 안 먹고 가면 엄마는 하루 종일 속상해!"

내 인생을 좌우해온 아들 쌍둥이들이 고등학생이 되었다. 감회가 새로웠다. 아이들이 태어나면서 내가 하던 일, 하고 싶었던 일 다 접고 10년 이상 쌍둥이들만 바라보며 살았다. 사이사이 재택 근무 일을 했고 아르바이트도 했지만, 내 삶의 중심은 그저 아이들이었다. 4살 반 터울로 태어난 막둥이는 거저 큰 것 같고, 내겐 오로지 첫정을 담뿍 주며 키운 쌍둥이들뿐이다.

그런 아이들 말 속에 요즘 부쩍 "상관하지 마." "잘되거나 잘못되거나 다 자기 책임이야." "그런 건 혼자 결정하는 거야." "엄마는 신경 쓰지 마!" "내가 알아서 할게!" 등등의 말이 자주 등장한다. 물론 이제 부모 간섭 받기 싫어할 나이이고, 청소년기에 흔히 할 수 있는 말이다. 씩씩하게 독립할 자세가 엿보이니 반가운 말일 수도 있다. 그런데 내 마음은 좀 무겁다. 이곳이 스웨덴이기 때문이다.

이곳 아이들은 어려서부터 자신의 일은 스스로 결정하도록 교육받고, 18살이 넘어 성년이 되면 어떠한 경우에도 부모는 결코 간섭을 하지 않는다. 어려서부터 아이가 독립적으로 성장할 수 있는 이유는 아이를 공공기금으로 키우는 사회 시스템 덕분이 아닐까 한다. 우리 아이들도 이런 분위기에서 자란다!

우리 집 저녁밥상 화젯거리는 아들 셋 있는 집답게 축구 이야기가 가장 많고, 그다음에는 학교에서 뭘 배우는지에 대한 이야기가 많은데, 요즘 배운다는 내용이 좀 독특했다.

"혼자 사는 법을 배워."

"정글 서바이벌 게임 같은 거?"

"아니……. 대학교에 가면 집을 떠나게 되니까 혼자 살아가는 방법을 배우는 거야!"

익히 알고는 있었지만 막상 아이가 집을 떠난다는 생각을 하니 참 서늘했다. 단순히 집만 떠나는 게 아니라 '많은 부분'을 떠나기 때문이다. 만 18살 대학생이 되어 집을 떠나면 앞으로 한 집에서 살 일은 거의 없다고 봐야 한다.

"그래? 그래서 뭘 배웠어?"

"대학생은 돈이 많지 않으니까 어떻게 하면 싸면서도 영양이 있게 먹을 수 있는지, 어떻게 요리를 하는지, 그리고 룸메이트를 정할 때 뭘 생각해야 하는지……. 라이프 사이클은 어떤지, 추위를 타는지 더위를 타는지, TV를 좋아하는지 독서를 좋아하는지, 냄새에 민감한지, 종교나 정치적 성향은 어떤지……, 뭐 그런 거."

"고등학생이 되기도 전에 벌써 대학생 생활을 배워?"

"대학 졸업하고 나서 어떻게 살 것인가도 배웠어……."

나는 큰 애의 컴퓨터 속에서 수업 중 작성했다는 예산 프로그램을 보았는데, 전 인생에 걸쳐 빈틈없이 꽉 짜여 있었다. 그 안에는 내가 중년의 나이가 된 지금까지도 아직 생각해본 적 없는 예산이 들어 있었다. 저녁을 먹고도 우리는 이야기를 이어 나갔다. 길고도 먼 이야기였으니 당연했다.

나보다는 훨씬 짜임새 있는 두뇌를 가진 우리 아이가 중얼거리는 이야기를 통해 이 빡빡한 예산 프로그램을 소개해보겠다.

"예산 프로그램 첫 번째 공란이 '세후(稅後) 수입'이군. 세금을

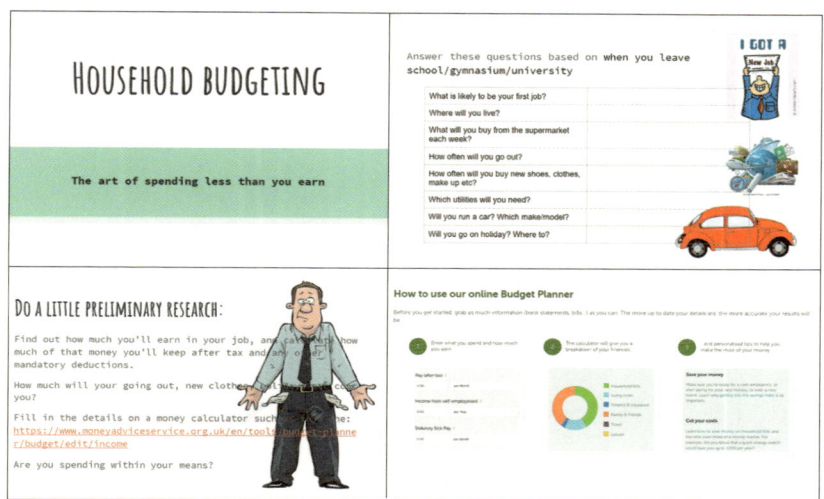

스웨덴 아이들이 학교에서 실제로 짜보는 예산짜기 프로그램. 나도 어려서 이런 프로그램을 짜봤더라면, 현재 내 계좌 잔고에 동그라미가 한두 개는 더 붙어 있을지도 모르겠다.

뺀 수입, 즉 내 통장에 들어오는 돈이라는 말이지. 직업에 따라 수입이 달라질 테고, 내가 직업을 가지려면 약 10년 남았다. 그 사이에 원하는 직업이 달라질 수도 있겠지만 나는 지금은 엔지니어가 되고 싶다. 런던에서 일하면 좋을 것 같고! 대학을 졸업한 엔지니어의 첫 월급은 얼마나 될까?'

이런 가정을 하고 혼자 산다는 전제 하에 아이는 다음의 공란들을 메워 나갔다.

아파트 관리비가 포함된 렌트비, 혹시 집을 샀다면 모기지 대출금과 집 보험금, 자동차를 산다면 얼마나 비싼 자동차를 살 것인가, 그리고 이에 따른 자동차 보험비, 세금 혜택을 받을 수 있는 비용, 노조비, 기타 대외 활동비, 통신비, 연료비, 난방비, 유흥비, 세세한 내역의 식료품과 생필품들, 여행은 1년에 몇 번 갈 건지, 간다면 자동차로 갈 것인지 대중교통을 이용할 것인지, 친구와 함께 갈 것인지 혼자 갈 것인지, 어디에서 묵을 것인지, 직장에서 점심은 도시락을 싸갈 것인지 사먹을 것인지…….

식비의 경우 혼자 1주일 살기 위한 최소 비용이 약 8만 원 정도라는데, 우리 아이는 자신은 좋은 걸 먹는 게 중요하다고 생각하기 때문에 식비에 이보다 약 2배 이상 많은 비용을 책정했다면서 대신 옷은 별로 사지 않을 거라고 했다. 막둥이가 옆에서 한마디 거들었다.

"돈을 더 많이 벌면 되지!"

나처럼 인생을 대충 즉흥적으로 사는 사람은 이런 꼼꼼하고 치밀한 예산은 평생 가야 생각해볼 엄두조차 내지 못할 것 같다.

이 모든 시시콜콜한 비용들을 한 달 단위로 적어 넣고 엔터키를 누르면, 수입과 지출의 균형을 바로 볼 수 있다. 만약 수입보다 지출이 클 경우에는 줄일 수 있는 비용은 줄여야 한다. 만약 수입이 많다면 얼마나 저축을 할 것인지, 저축 금액 목표와 저축한 돈으로 무엇을 할 것인지도 생각한다. 그리고 거기에 앞서 잠깐 언급한, 내가 중년의 나이가 된 지금까지도 생각해본 적 없는 비용, 즉 노후 요양 비용과 나의 장례 비용까지 산정한다! 처음 받을 가상의 월급을 토대로 평생에 걸친 이런 예산을 한 번 짜고 나면 어떤 느낌이 들까? 나는 예산 프로그램을 그저 구경만 했는데도, 인생 다 살아본 것 같은 느낌이 들었다.

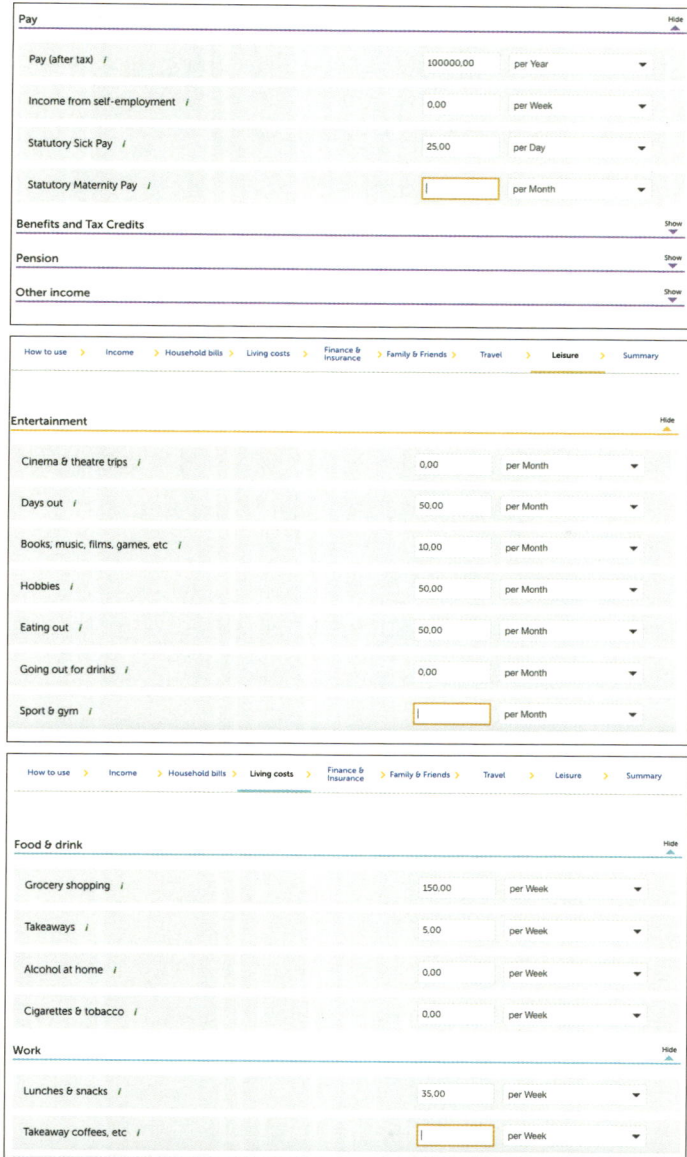

중학생인 큰아이가 짠 예산 프로그램. 수입과 지출 항목들이 무척 세부적이고 실제적이다.

"별 느낌 없는데? 그냥 숙제라서 한 거지."

아마 아이는 느끼지 못했겠지만, 자기 점검의 시간이 되었을 것이다. 내가 번 돈을 어디에 쓸까를 궁리하면서, 내가 뭘 중요하게 여기는 사람인지 내가 어떤 성향의 사람인지 '자기도 모르게' 생각해봤을 것이다. 똑같이 키운 쌍둥이여도 돈을 많이 지출하겠다는 곳이 아주 달랐다. 자신을 관리하는 방법도 구체적으로 생각해보았을 것이고, 혼자 잘 살아보겠다는 각오를 '자신도 모르게' 다졌을 것이다.

스웨덴 아이들은 이렇게 미리미리 떠날 준비를 하고, 실제로도 빨리 떠난다. 스웨덴 사람들의 부모 자식 관계는 서로의 삶에 크게 간섭하지 않으니 친구처럼 담백하다. "내 눈에 흙이 들어가기 전에는……." 이런 말을 하는 부모는 스웨덴에 없다!

가족 간에도 서로 간섭하지 않고 독립적으로 사는 스웨덴 사람들은 무척 외로운 삶을 산다. 스웨덴 사람들 60% 정도가 혼자 살고, 아무도 없이 혼자 외롭게 죽음을 맞이하는 노인이 네 명 중 한 명이라고 한다. 집에서 목을 매 자살을 한 사람이 2년 만에 발견된 경우도 있었다. 2년 동안 그 사람을 찾은 사람이 아무도 없었다는 말이다. 서로를 간섭하고 부대끼며 사는 삶이 그렇게 끔찍하게 괴롭기만 할까?

얼마 전에, 아프리카 콩고에 다녀온 스웨덴 사람의 글을 읽었다. 콩고 사람들은 평생 서로를 떠나지 않고, 독립 대신 '함께 사는 법'을 배운다고! 어려서부터 독립을 배우는 스웨덴 사람들은 모두 외로운데, 평생 떼로 몰려다니면서 함께 사냥을 하고 함께 밥을 지어 먹는 콩고 사람들은 외롭지 않다고!

요즘 한국에서도 혼밥, 혼술이란 말이 등장하는 걸 보면, 한국 사회에도 외로움이 사회 전반에 걸쳐 퍼져가는 것 같다. 빈곤층에 대한 사회의 보살핌이 상대적으로 적은 한국 사회의 외로움은 훨씬 열악할 것이란 생각에 마음이 답답하다.

그런데 어떻게 살면 사람이 진짜 행복할까? 혹시 원시 공동체 사회가 가장 행복했던 건 아닐까? 혼자 밥 먹는 사람도, 혼자 죽는 사람도 없었을 테니……. 때 이르게 집 떠날 훈련을 받는 아이들을 보는 마음이 무척 스산했다. 우리 엄마가 내 삶에 자주자주 끼어들어 간섭했듯이 나도 아이들 삶에 간섭하며 살고 싶다!

# 8. 서툴고 어설프게, 그러나 '스스로'
_ '더디게' 가도 되는 스웨덴의 교실 풍경

가끔 아이들 학교에서 발표회를 한다. 연극도 하고 노래 공연도 한다. 주로 초등학교 때가 많은데, 발표회 며칠 전부터 부모들의 참여를 독려하는 메일이 날아들고, 부모들은 회사에 늦게 출근하거나 하루 휴가를 내고 자녀들의 공연을 보기 위해 기쁜 마음으로 무대 앞에 모여든다. 나도 항상 그중 한 명이다.

나는 아들이 셋이다. 고등학생 쌍둥이 아들들과 초등학교 6학년인 막둥이. 쌍둥이들은 초등학생이었을 때, 숫기가 없어서 무대 위에 올라도 큰 역할을 하지 못했고, 그저 잠깐 나왔다 들어가거나 합창단 속에 있거나 했는데, 막둥이는 좀 다르다. 수업 참관도 해봤는데, 선생님의 질문에 손을 번쩍 들고는 틀린 대답을 하는 것이 아닌가? 손을 번쩍 든 것도 놀라웠는데, 틀린 답을 그렇게 크게 외쳐놓고도 별로 부끄러

위하지 않는 모습에 더 놀랐다. 게다가 최근 뮤지컬 공연에서는 초등학교 전교생 중에 뽑혀서 큼지막한 역할도 하나 맡았다.

그리고 작품 발표도 한다. 탐구생활이란 수업이 있는데, 주제를 정한 뒤 다양한 방법으로 그것을 연구하는 수업이다. 얼마 전 탐구생활의 주제는 발명품이었다. 그래서 아이들이 여러 가지 발명품을 만들어 놓고 부모님들을 초대했다. 부모님뿐 아니라 전교생이 쉬는 시간에 와서 이게 뭐냐 저게 뭐냐 어떻게 만들었냐고 물어보았고, 아이들은 자신의 발명품에 대해 격앙된 목소리로 진지하게 원리를 설명했다.

그런데 아이들의 공연임을 감안하더라도 이 모든 것이 얼마나 어설픈지 모른다. 공연의 경우, 부모 등 다수의 관객을 초청했으면서 실수는 다반사이고, 대체 연습이나 제대로 했나 싶을 만큼 도중에 뚝뚝 끊기는 형편없는 피아노 연주를 선보이기도 했다. 물론 관객들은 큰 박수로 이 모든 공연에 화답하지만, 나는 늘 실망하며 돌아서곤 했다.

탐구생활 시간 때 만든 발명품도 마찬가지였다. 그런데 시답잖은 발명품을 앞에 놓고 이를 설명하는 아이들의 자세는 대기업 회장 앞에서 프레젠테이션하는 신입사원 같은 자신감에 가득 차 있다. 부모들은 과장 섞어 고개를 크게 끄덕이고, 앞으로 훌륭한 발명가가 되겠다며 칭찬을 아끼지 않는다.

그러나 나는 좀 정직한 편이다!

"에너지 절약형 집이라면서 창문이 너무 많지 않니? 추우면 에너지가 많이 소비되잖아."

"이 집과 저 집을 오갈 때 이렇게 거추장스러운 케이블카를 타는 것보다 자전거로 가는 게 더 빠르고 효율적이겠다. 안 그래?"

"이 믹서기 정말 훌륭한데, 과일은 갈아 먹지 못하겠구나. 밀가루나 반죽하면 딱 맞겠다."

나의 이런 안티적 발언은 아이들을 다소 긴장시키기도 하지만, 아이들은 여전히 발랄하다.

"창문에 커튼을 세 개씩 달아둘 거예요."

"케이블카를 타면 경치를 볼 수 있어요."

"여기에 날카로운 칼날을 하나 달면 과일주스도 만들 수 있어요!"

아이들의 작품들이 이렇게 허접한 이유는 간단하다. 어른들의 도움을 전혀 받지 않고 아이들이 혼자서 만들기 때문이다. 물론 선생님이 가이드라인을 제시하긴 하지만 나는 소풍날 도시락 싸는 것 이외에 우리 집 아이들이 내게 뭘 해달라는 말을 단 한 번도 들어본 적이 없다. 잘하든 못하든 아이들이 혼자서 하고, 누가 더 잘했는지 못했는지는 그리 큰 문제가 아니다. 아이들이 스스로 뭘 했다는 것이 중요하다.

이렇게 어른들이 아이들을 보는 눈이 편안하다. 왜 더 잘할 수 없을까를 생각하지 않고, 그냥 그대로 훌륭하다고 생각한다. 공부 못하는 아이를 두고 걱정하는 엄마도 보지 못했다. 물론 뛰어난 성적의 아들을 둔 엄마가 무척 흐뭇해하는 모습은 봤다. 아이들 친구의 형이 고등학교 졸업 성적을 거의 만점에 가깝게 받고, 현재 명문 중의 명문인 영국의 케임브리지 대학과 임페리얼 칼리지 두 곳의 입학 허가서를 기다리고 있다. 이 엄마는 아이들 학교 선생님이기도 한데, 얼마 전 학교 졸업식 때 만나서 잠깐 얘길 나누었다.

학교 연극 발표회 후, 어설프고 무질서하게 인사를 하는 아이들과 그 아이들의 모습을 사진 찍느라 여념이 없는 부모들.

"아들이 정말 자랑스러워!"

나도 나중에 이런 말을 할 수 있으면 얼마나 좋을까 생각하면서, 이번에 그 형과 같은 고등학교에 들어가는 쌍둥이들을 어떻게 열심히 공부시켜 볼까 전열을 가다듬었다.

그런데 이런 생각을 하며 전열을 가다듬는 엄마는 오로지 나뿐인 것 같았다. 모두 이번 여름휴가 계획에 대해 장황하게 떠들고, 여름 언저리 한 부분을 공유하게 된다면 함께 소풍 가자는 이야기만 늘어놓았다. 내가 여름 방학 때 아이들 공부는 어떻게 시킬 것인지 슬쩍 물어보았는데, "여름 방학인데 놀아야지, 공부는 무슨!" 이라고 한다. 뻘쭘해지지 않을 수 없었다.

그리고 스웨덴 학교에서는 어른의 도움이 필요한 어려운 숙제, 난이도 있는 과제들을 내주지 않는다. 엄마 아빠가 둘 다 일하기 때문에 바빠서 아이들 공부에 신경 쓸 겨를이 없다는 것을 선생님들이 잘 알고 있기 때문이다. 선생님이 알고 있는 것은 이뿐만이 아니다. 평소 열심히 일한 엄마 아빠가 휴가를 즐겨야 하기 때문에 아이들에게 어른의 도움이 필요한 방학 숙제도 결코 내주지 않는다. 아니, 스웨덴에서는 방학 숙제 자체가 없다!

그런데 나는 한국의 일간지에서 아이들 숙제가 곧 엄마 숙제라는 기사를 읽은 적이 있다. 솜씨가 좋은 엄마는 '수행의 여왕' 이란 별명도 얻는다고 한다. 아! 선생님들의 고민이 깊어지는 소리가 들린다. 어떻게 엄마들의 솜씨로 아이들의 과제를 평가한단 말인가? 스웨덴에서도 선생님들의 급여가 낮아서 교사의 처우를 개선해야 한다는 목소리가 높지만, 적어도 스웨덴 선생님들은 이런 고민을 하지는 않는다. 아이들의 학업성취도가 낮아 스웨덴의 미래가 어둡다면서 국회의원 선거 때마다 경쟁력 있는 교육제도로 고쳐 나가야 한다는 목소리가 높지만, 공부에 관한 한 선생님, 부모, 아이들 모두가 편안하다. 그러니 외국에서까지 아이를 입양해 키우는 게 아닐까? 그래도 스웨덴의 대학진학률은 50%가 채 안 되지만 다른 유럽 국가들에 비해 높은 편이다.

스웨덴에서는 실제로 아이가 좀 '더디게' 가도 딱히 이를 문제시하는 선생님도, 부모도 없다. 왜냐면 '더디게' 가는 아이들도 살 만한 사회 시스템이 갖추어져 있기 때문이다. 그래서 많은 사람들 앞에서 형편없는 공연을 하고, 박자 음정 다 틀리게 노래를 부르고, 뚝뚝 끊기는 피아노 연주를 해도 어느 누구도 괘념치 않는다. 그저 무대 위에 올라가본다는 경험만 높이 살 뿐이다!

'더디게' 가면 큰일 나는 줄 아는 사회에서 살다가 '더디게' 가도 괜찮다는 사회에 적응하는 것도 참 쉽지 않다. 오늘도 나는 스웨덴에서 자라는 쌍둥이들에게 방학하고 빈둥거린다며 도무지 먹히지도 않는 잔소리를 한 바가지나 퍼부었다. 스웨덴과 한국이 내 안에 동시에 들어 있기 때문이다. 아! 아이들과의 갈등의 골이 깊구나!

## 9. 16만 명의 새로운 사람들, 그들은 위험한가?
_ 스웨덴이 다문화 사회 문제에 대처하는 방법

    스웨덴은 서늘한 환경이라 벌레가 많지 않아 농산물에 농약을 별로 사용하지 않는다. 그래서 대체로 유기농을 선호하는 나도 스웨덴산 농산물은 유기농인지 꼼꼼히 확인하지 않는다. 그래서 8월부터 10월까지 나오는 스웨덴산 배추로 김장하는 기분으로 많은 양의 김치를 담근다. 배추 이외의 채소나 과일은 모두 전 세계 다양한 지역으로부터 수입된다.

    말뫼의 장터는 우범 지역이라 밤에는 가지 말아야 하는 광장에 서는데, 주로 중동계 및 터키 등 이민자들이 과일과 채소를 판다. 8월 즈음엔 굳이 가볼 만한 것이, 빈약하게나마 스웨덴산 푸른 채소가 많이 등장하기 때문이다. 날씨가 냉랭한 스웨덴에서 생산되는 농산물은 무척 제한적이다. 감자, 당근, 양파, 비트 등 몇 가지 뿌리채소와 양상추와 양배추, 오이, 부추, 그리고 사과와 배, 자두 정도의 과일이 재배된다. 그리고 늦봄부터 늦여름까지 딸기를 필두로 블루베리, 라즈베리, 링곤베리 등 여러 가지 베리가 순서대로 등장하여 진열대를 울긋불긋 화려하게 장식한다.

앞서 말한 대로 장이 서는 광장 주변은 우범 지역이다. 매년 「포쿠스(Fokus)」란 잡지가 스웨덴에서 살기 좋은 도시 순위를 매기는데 몇 년 전 말뫼는 290개 도시 중 거의 꼴찌에 가까운 284등이었다. 겨울엔 내내 밤이고 여름엔 내내 낮인 저 북극 도시 키루나(Kiruna)도 63위였는데, 스톡홀름과 예테보리에 이어 스웨덴에서 세 번째로 큰 도시인 말뫼가 얼음으로 덮인 북극의 마을보다 순위가 낮았던 것이다. 그런데 이 순위는 매년 크게 달라진다. 어느 해는 28위로 껑충 뛰어 오르기도 했다. 무엇이 이런 '오르락내리락'을 결정할까? 바로 스웨덴의 할렘가다! 스웨덴에서 가장 위험하다는 지역이 말뫼에 있기 때문이다. 장터에서 가까운 곳인데, 마약 거래가 이루어지는 범죄의 소굴로 값비싼 옷이나 카메라, 신발 등은 강탈당하기 일쑤여서 우편배달부도 들어가기 싫어하는 곳이라고 한다. 그러니 말뫼의 도시 순위가 낮아도 이해가 된다.

스웨덴은 땅은 넓고 인구는 적은 나라이다. 그래서 지금까지 스웨덴 정부가 수용한 이민자와 난민은 스웨덴 사회에 커다란 경제적 이득을 가져다주었다. 아마 이민자들이 모두 떠난다면 스웨덴은 '동작 그만' 사회가 되어버릴 것이다. 지금도 여전히 스웨덴은 땅은 넓고 인구는 적다. 그러나 인간이 동물처럼 동굴이나 나무 밑에서 잠도 자고 생활을 할 수 있으면 좋겠지만, 지붕이 있는 따뜻한 집에서 밥 먹고, 목욕하고, 교육받고, 일거리도 있어야 하는 존재들이라 상황은 간단치 않다. 그리고 스웨덴은 인권을 중시하는 나라이기 때문에 인간을 홀대하지 않는다. "천한 것들 주제에 이 정도만 해줘도 감지덕지해야지!" 하는 조선시대 양반이 노비 대하듯 하는 태도, 말하자면 '갑질'이 없는 사회인 것이다.

2015년 한 해 동안 난민 신청자 수가 16만 명이 넘었다. 이 많은 난민들을 모두 어디에 수용할까? 간이건물을 지을 것인가? 아니면 천막이라도 칠 것인가? 최근 말뫼 지역 아파트값이 꽤나 상승했는데, 그 이유가 지자체가 난민 수용을 위해 말뫼 전 지역에서 골고루 아파트를 사들였기 때문이라고 한다. 물론 모든 난민이 말뫼에서만 살지는 않지만 요즘 말뫼 여기저기에서 아파트 공사가 한창이다! 나는 정말 놀랐다! 대체 이들은 공적 자금을 얼마나 비축하고 있단 말인가?

며칠 전 말뫼시립도서관에서 SFI(Swedish For Immigrants, 이민자를 위한 스웨덴어)의 행사가 있었다. SFI는 말 그대로 스웨덴에 온 이민자들에게 스웨덴어를 기본으로 다른 언어학습도 무료로 제공하고 일자리의 기회로까지 연결시켜주는 기관이다. 행사의 주제는 이민자들의 '말뫼 사랑'이었다. 말뫼 관련 영상이 소개되었고, 노래도 부르고, 말뫼를 주제로 이민자들이 지은 시(詩)를 모형 나무에 걸어놓기도 했다. 새로운 삶의 터전이 된 말뫼에서의 삶의 의지를 다지는 그런 자리이다.

말뫼 시에서는 이렇게 난민맞이를 하고 있으나 유럽 대륙과 국경을 맞대고 있는 도시 말뫼는 난민 관련하여 위험한 도시로 낙인 찍혔다.

하지만 덴마크에서 스웨덴으로 건너오는 외레순 다리에서 검문검색이 강화되어 국경을 넘는 데 시간이 많이 걸렸던 점을 빼면 개인적으로 내가 크게 불편함을 느끼거나 신변의 위험을 느낀 적은 없다. 물론 그렇다고 아무 문제가 없는 것은 아니다. 집에 손님이 와서 며칠만 묵어 간다고 해도 청소하고 음식도 장만해야 해서 여간 신경 쓰이는 게 아닌데, 하물며 여러 명이 와서 함께 살겠다고 하면 더 큰 준비를 해야 할 것이다. 무엇을 준비해야 할까? 앞서 얘기했지만 잠자리와 음식만으론 불충분하다. 왜냐면 인간은 오늘보다 나은 내일, 즉 미래를 꿈꾸며 사는 존재이기 때문이다.

그런데 스웨덴이 아무리 복지가 훌륭한 나라라고 해도 생활을 위한 최저가 보장된다는 것일 뿐, 여느 나라와 마찬가지로 사람들 사이에는 당연히 계층이 있다. 부자와 빈자가 있고, 배운 자와 못 배운 자가 있다. 그러니 난민 배경의 젊은이들이 보통보다 열악한 삶의 여건에 처해 있음은 쉽게 생각할 수 있다. 게다가 2015년 시리아 사태로 난민이 갑자기 밀려들자, 거주지는 마련해줄지언정 부자나라 스웨덴에서도 당연히 난민 수용에 따른 사회적 비용 문제가 대두되었다. 수가 늘어났으니 난민 신청자가 받는 지원금이 줄었고, 난민 체류 허가를 제한하고 동반 가족의 입국을 제재하는 법안들도 통과되었다. 이에 따라 난민 출신 젊은이들은 가난과 실업으로부터 벗어나기 더욱 어려운 처지가 되었다.

사실, 중동이나 아프리카 지역의 전쟁으로 인한 난민 발생은 어제 오늘의 일이 아니다. 전쟁을 피해 죽을 고비를 넘기고 다행히 스웨덴까지 탈출해 왔지만, 스웨덴 정부의 배려에도 불구하고 이들은 스웨덴 사회에서 주류의 삶을 살기 어렵다. 이들의 자녀들 역시 스웨덴에서 자랐지만 현실적으로 넘기 어려운 장벽들이 많다. '스웨덴인도 아니고 아랍인도 아닌' 모호한 지점에서 배회하는 젊은이들! 그런데 스웨덴인도 아니고 독일인도 아닌 모호한 지점에서 방황하는 젊은이는 없다. 왜냐면 독일과 스웨덴은 같은 문화권이기 때문이다. 그러나 스웨덴과 아랍계 국가들은 종교, 가치 체계, 사회규범, 법질서 등 사회 자체가 완전히 다르다. 아랍계 난민들을 받아들인다는 것은 단지 그들이 머물 물리적인 공간을 내주는 것만 의미하는 것이 아니다. 오랜 세월 '사회민주주의'라는 이념적 가치를 지켜온 스웨덴 사회에 받아들이는 것이다.

스웨덴은 1920년대부터 거의 100년이 지난 오늘날까지 몇 번의 선거를 제외하고 사회민주당이 주도적으로 집권해온 '지극히 비종교적인 사회민주주의 국가'이다. 사회민주주의 국가 스웨덴은 일반적으로 종교의 자유와 언론의 자유가 최대한 보장되고, 다른 유럽 국가와 비교해서도 타문화에 가장 관대하며, 인종차별 금지와 그에 따라 고도로 보장된 인권과 평등주의, 구린 구석이 별로(!) 없는 투명성과 개방성, 혁신, 성평등, 서로에 대한 신뢰, 그리고 이를 바탕으로 성공적인 복지사회를 이루었다는 평가를 받는다.

현대 사회에서 흔히 생각할 수 있는 바람직한 '민주주의적 가치'들이 스웨덴에서는 비교적 잘 구현되어왔다. 그래서 스웨덴은 심지어 미국인들에게서조차 '좋은 나라'라는 평을 듣는다. 여러 가지 지표나 사

아름다운 도시 말뫼가 소개되는 영상을 보면서 자신들의 새로운 보금자리에 대한 사랑을 키우는 SFI 학생들. 도서관에서 이렇게 많은 사람들을 본 것은 처음이었다.

람들이 느끼는 만족감 정도로 봤을 때, 스웨덴식 사회민주주의가 현존하는 국가 시스템 중 가장 낫다는 결론에 도달하게 된다. 스웨덴식 사회민주주의 모델은 호주와 캐나다 등 이른바 살기 좋다는 여러 나라에서도 채택되어왔다.

그런데, '스웨덴과 아랍'이라는 이질적인 세계가 만나 어떻게 성공적인 '통합'을 이룰까? 여기에서 다문화 사회를 떠올리게 된다. 하나의 사회에 다양한 문화가 평등하게 공존하면서 차별과 편견이 없이 문화적 다양성을 인정하는 사회! 개념 자체는 훌륭하지만 성공적 실천은 무척 어려운 이상적인 사회이다. 마치 용광로처럼 해당 사회의 지배적인 주류 문화 안에 비주류 문화를 녹여버려 새로운 물질의 합금을 만들 것인가? 샐러드 볼 속의 샐러드처럼 섞여 있으되, 각각 고유의 재료 맛을 그대로 살려둘 것인가?

스웨덴은 유럽 국가 중에서 다문화주의를 공식적인 정책으로 채택한 최초의 국가이다. 사회민주당이 발의하여 1975년 5월 의회 만장일치로 통과된 이 새로운 정책의 주요 원칙은 '평등, 협력, 선택의 자유'였다. 하지만 그땐 이렇게 많은 이민자들이 몰려올 줄 몰랐으리라!

사실 다문화는 스웨덴만의 문제가 아니다. 유럽 내 이민자 수가 증가하면서 유럽 각국은 다문화정책을 실천해왔는데, 각국 정상들이 모두 문화정책의 실패를 선언할 정도로 이민자 사회통합에 어려움을 겪고 있다. 스웨덴에서 난민 청소년 도우미 프로그램에서 활동하는 한 전직 젊은 경찰관의 이야기를 들었다. 그는 자신이 무슬림이자 아프가니스탄 난민 출신이다.

2년 전, 16만 3,000명의 난민이 스웨덴에 들어왔는데, 그중 약 3만 5,000명이 부모 없이 들어온 청소년들이었다고 한다. 그는 아랍계 난민 청소년들에게 스웨덴의 사회민주주의가 어떤 것인지, 스웨덴 사회를 지탱하는 가치와 이념이 무엇인지 배워 알게 해야 한다고 말했다. 난민 청년들은 스웨덴 사회에 대해 호기심이 무척 많고 전반적으로 아주 긍정적인 자세인데, 사회규범이나 가치 체계가 달라지는 지점에 부딪히면 무척 혼란스러워 한다고 했다. 예를 들면 스웨덴에서는 동성애가 법으로도 사회통념으로도 받아들여지는 반면, 무슬림에게는 심각한 죄가 된다. 여자와 남자가 함께 수영장에 들어가는 것만도 이들에

SFI 학생들의 시(詩)들을 나무 모형에 걸어놓았다. 시 속에 담긴 이들의 소망이 나뭇잎처럼 파릇하게 싹을 내어 푸르게 자라나기 바란다.

게는 금지 사항이지만, 스웨덴의 경우에는 칼바드후스(Kallbadhus)라는 노천욕탕에서 남녀가 모두 벌거벗고 자연스러운 분위기에서 사우나를 즐기기도 한다. 사실 스웨덴은 남녀차별을 넘어 남녀구별도 없어져 가는 실정이다. 스웨덴에서는 남녀 학생이 축구장에서 서로 엉켜 축구를 하는 모습도 흔하게 본다. 무슬림들이 자신들의 종교적 신념에 어긋나는 스웨덴의 이런 자유로운 분위기를 받아들이기란 결코 쉽지 않을 것이다.

현재 난민과 이민자들의 수가 크게 증가하면서 스웨덴도 빠르게 다문화 사회가 되어가고 있지만, 다양한 문화가 평등하게 공존하게 될지는 미지수다. 유럽 각국 정상들이 이민자 사회통합정책이 실패했다고 토로하는 것은 이민자들을 자국의 문화에 동화되도록 제대로 교육시키지 못했다는 말에 다름 아니기 때문이다. 엄격히 따지자면, 이들은 다문화 정책이라기보다는 동화주의 정책에 더 가깝다. 정직하게 얘기해서, 난민 신분으로 들어와서 어떻게 차별과 편견 없이 성숙한 다문화사회에서 문화적 다양성을 인정받으며 살기를 바라겠는가? 법이 그렇다고 해도 현실은 다르다.

정치인들은 정당 지지율과 선거로 국민과 대화한다. 비록 사회민주당이 다문화주의를 유럽 국가 중 최초로 공식 정책으로 채택했고, 난민과 이민자들을 우호적으로 받는다 해도, 극우정당인 스웨덴민주당 지지율이 올라가는 현실을 외면하긴 어려울 것이다. 아마도 난민과 이민자들의 유입 제한, 사회통합 프로그램을 강화하여 이민 2, 3세대의 교육을 강화하는 방향으로 선회할 가능성이 높다.

난민 때문에 전 유럽이 몸살을 앓고 있는 모습을 보면서, 더 이상 나만 잘살 수 있는 시대는 지났다는 생각이 들었다. 이제 '그들만의 천국'도 '우리만의 천국'도 가능하지 않다. 중립이란 이름으로 두 차례의 세계대전을 피해갔던 스웨덴도 난민은 피할 수 없었다.

예전엔 바로 옆 나라에서 전쟁이 나도 구경꾼의 태도로 관망할 수 있었으나 지금은 전쟁이 지구 반대편에서 일어나도 영향을 받는다. 전쟁뿐이 아니다. 세상이 인터넷으로 촘촘히 연결되어 있으니 지구 위에서 발생하는 모든 일로부터 그 누구도 자유롭기 어렵다. 어쩌면 지구 전체가 다문화 사회가 돼버린 것 같다.

이민자들이 주로 사는 우범 지역에서 산 배추로 김치를 담그면서 재료들의 원산지를 살펴보았다. 스웨덴산 배추와 양파, 한국산 고춧가루와 멸치액젓, 네덜란드산 대파, 스페인산 마늘, 이탈리아산 사과와 쌀, 히말라야산 암염! 김치라는 이름의 다국적 음식이다. 이틀 동안 밖에 두어 발효를 시킨 뒤 냉장고에 넣었다. 누군가 그랬다. 김치는 익으면 다 맛있다고!

다문화 사회가 김치 같으면 좋겠다. 얼마의 시간이 지나 김치가 발효되는 것처럼 얼마의 시간이 지나 다문화 사회가 잘 숙성되면 좋겠다. 샐러드 볼의 샐러드 재료처럼 서로 섞여 있으되 고유의 맛이 하나하나 싱싱하게 살아 있는 그런 다문화 사회가 되었으면 좋겠다. 그야말로 어려운 숙제이기는 하지만 말이다.

# 10. 학생 한 명당 컴퓨터 한 대, 모두가 평등
_ '평등'과 '자율성'의 균형을 잡으려 애쓰는 스웨덴의 교육 철학

스웨덴에서 살면서 책을 한 권 냈더니 드물게 섭외 부탁을 받곤 한다. 얼마 전에 교직에 계시는 분들로부터 교육청 관계자와 학교 선생님, 그리고 학부모와의 인터뷰 섭외 요청을 받았다. 7월에 한 팀, 8월에 한 팀!

익히 알려진 대로 스웨덴의 7월은 전 국민의 휴가철이다. 이 시기에 누군가에게 인터뷰 요청을 하는 것은 무모한 짓이다! 그래서 섭외하기 무척 힘들었다. 교육청에 메일을 보냈으나 공식적으로 거절 통보를 받았다. 굴하지 않고 여러 차례 통사정 메일을 보냈더니 나를 가엾게 여긴 교육청 관계자 한 분이 개인적으로 연락을 해주셨다.

이런 일이 아니라면 나 역시 교육청을 방문할 기회가 없었을 것이다. 스웨덴에 와서 첫 여름을 보내면서 관공서 직원과 전화 통화할 일

이 있었는데, 그 직원의 전화 목소리 너머로 느껴졌던 '휴가철의 공허함'을 직접 공간 속에서 피부로 느낄 수 있었다. 정말로 사무실들이 텅텅 비어 있었다.

스웨덴에서는 자신을 소개할 때 직급이 아니라 업무로 한다. 인터뷰에 응한 나이 지긋한 헨릭 씨는 교육청 모든 부서를 총괄하는 일을 한다고 자신을 소개했다. 업무 내용을 들어보니 직급으로 치면 교육청에서 가장 높은 분인데, 아무도 없는 건물에 혼자 나와 당직을 서는, 그런 분위기였다.

헨릭 씨에 따르면 스웨덴 교육은 크게 두 단어, '평등'과 '자율성'에 의해 움직인다. 국회와 정부는 국가의 목표와 갖추어야 할 기본 요건들의 가이드라인을 정하고 해당기관들은 이를 교육법, 학교 커리큘럼과 그 이외의 규정들을 통해 실현한다. 스웨덴 교육법에 나타난 교육 관계자의 의무는 "국가의 목적에 부합하고, 의미 있고 고무적이며 안전하게 학업이 이루어지는 학교를 세우는 것이다." 초등학교 위원회의 가장 중요한 목적은 남학생 여학생 구별 없이 말뫼에 사는 모든 아이들이 '자신의 능력에 따라' 높은 성취를 이루도록 전 교육기관에 걸쳐 '평등'을 실현하는 것이다.

스웨덴에는 총 290개의 지방자치단체가 있고, 교육청은 지방자치단체 관할이다. 말뫼 시는 다시 교육행정구역을 5개로 나누어 관리한다. 교육청에서 어떤 지침을 제시하면 학교 교장 선생님은 지침을 따르기는 하되 학교가 처한 환경에 따라 알아서 자율적으로 운영한다. 헨릭 씨에 따르면 시시콜콜 학교에 간섭하는 일이 더 어렵다고 했다. 각각의 학교가 처한 환경이 다른데, 어떻게 획일적인 지시와 간섭을 할 수 있겠느냐며 교육청에서는 학교가 자체적으로 알아서 잘 운영하길 바란다고 말했다.

그도 그러하다! 특히 말뫼 시는 35만 명이 사는 그리 크지 않은 도시인데도, 구역에 따른 차이가 꽤 나는 편이다. 우범 지역도 있고, 보수적인 스웨덴 노인들이 사는 옛날 동네도 있다. 새로 조성된 주거 단지, 화려한 친환경 주거 단지도 있다. 동네마다 특성이 뚜렷한 편이라 그에 맞게 학교가 운영되는 게 합리적이다.

그렇다면 평등은 학교에서 어떻게 실현될까? 사실 평등은 교육뿐 아니라 스웨덴 사회 전반에 걸쳐 가장 중요하게 실현되는 가치 중 하나이다. 스웨덴은 1등을 우대하지 않고 튀는 엘리트를 좋아하지 않는, '적당한' 정도를 선호하는 라곰의 나라이다. 그러니 선생님은 학생들을 성적이나 능력 여부, 빈부에 따라 차별하지 않고 누구나 평등하게 대한다.

학교에서는 점심식사는 말할 것도 없고 노트와 연필 등 학교에서 사용하는 학습 재료도 공평하게 제공된다. 반 친구들 중에 나보다 더 좋은 학습도구를 사용하는 친구가 없고, 준비물을 마련해 오지 못해 쩔쩔매는 친구도 없다. 적어도 학교 수업을 받는 면에 있어서는 무척 평등하다.

일례로 무척 놀랍게도 학생들에게 컴퓨터가 일괄 지급된다. 수업과 과제 모두 컴퓨터로 진행되는데, 혹시라도 집에 컴퓨터가 없다면 그 학생은 학업 수행에 문제가 생기기 때문이다. 중학생이 되자 아이들이

견학을 마친 초등학교 전경. 보통 초등학교는 주택 단지에 있는데, 학교 건물들이 간판을 보지 않으면 모를 정도로 무척 다양하다.

초등학교 운동장. 개학하기 전날이라 아이들이 한 명도 보이지 않지만, 평소에는 신나게 뛰어노는 아이들로 붐빌 것이다.

최신형 맥북을 집에 들고 왔다. 학교를 졸업할 때 반납해야 하는데, 원하면 자신이 쓰던 컴퓨터를 중고 가격에 구입할 수 있다. 그러나 고등학생이 되면 학교에서 맥북을 또 받기 때문에 중학교 때 쓰던 맥북은 대부분 반납한다.

부자 나라 스웨덴은 이렇게 돈을 쓰는 것이다!

적어도 학습에 있어서는 누구나 평등하다. 그래서 등하굣길 학생들 가방 속에는 아이패드나 맥북이 하나씩 들어 있다. 스포츠나 악기 배울 땐 개인 레슨을 받기도 하지만, 따로 학습을 위해 사교육을 받는 경

학교 도서관에서 각자 맥북으로 숙제를 하고 있는 고등학교 아이들. 스웨덴의 교육 지침은 "누구는 있고 누구는 없는" 상황을 최대한 배제하는 것이다.

우는 없다. 학업 부담이 크지 않고 숙제는 부모의 도움 없이 할 수 있는 정도만 내준다. 애들도 부모도 참 편하게 산다.

  그리고 내게 가장 인상적이었던 점은 아주 중증이 아니면, 장애 아동도 일반 학교에 다닌다는 것이다. 이는 장애가 있어도 일반인과 더불어 살아가야 하기 때문이다. 장애 아동들도 일반 아동들과 함께 수업을 듣고, 수업 중 장애 아동에게 도움이 필요할 경우에는 특수 교사가 이를 담당한다. 장애 아동과 일반 아동의 자연스러운 통합교육이 일반 교실에서 이루어지고 있는 셈이다. 이 또한 넓은 의미에서 평등의 실현이라 생각한다.

　장애 아동과 일반 아동이 같은 교실에서 생활하는 것에 대해 장단점을 열거하며 때로 쟁점이 되기도 하는 모양인데, 문득 30여 년 전, 고등학교 시절 심한 소아마비 장애를 가진 우리 반 친구 한 명이 떠올랐다. 그 친구는 다행히도 아주 유복한 편이어서 자가용으로 통학을 했고 책가방을 들어다주고 업고 다니는 언니가 따로 있었다. 초등학교부터 고등학교 때까지 12년 동안, 그 친구가 내가 학교에서 만난 장애를 가진 유일한 친구였고, 거리에서도 장애인들을 만난 적이 별로 없었다.

　그런데 25년쯤 전에 처음 독일에 갔을 때, 거리에 장애인들이 많은 걸 보고 깜짝 놀랐다. 더 놀랐던 건 버스나 공공건물 등이 모두 장애인의 편의를 위해 디자인되어 있었다는 것이다. 이 잘산다는 나라에 도대체 왜 이토록 장애인이 많은 걸까? 얼마 뒤 나는 알게 되었다. 내가 길에서 장애인을 만나지 못했던 이유는 우리나라에 장애인이 없어서가 아니라 장애인들이 밖에 나오기가 너무나 어렵기 때문이라는 것을! 고등학교 때 우리 반의 그 친구가 유복한 가정에서 태어났다는 것은 정말로 엄청난 행운이었다는 것을!

　부끄러운 고백이지만, 그때 나는 그 친구가 태생적으로 느꼈을 마음의 상처에 관심을 가져본 적이 없었다. 그 친구는 유복했던 덕분에 우리들의 별다른 도움 없이 잘 지냈기 때문이었고, 나는 다른 장애인들도 빈부의 차이는 있을 수 있지만 가족의 보살핌 속에서 잘 살겠거니, 막연하게 생각했다. 고등학생씩이나 되었으면서도 공부하라는 닦달 속에서 그 정도 생각밖에 하지 못했던 것이다.

또, 결정적으로 내 가까운 주변에 어려운 장애인이 없었기 때문에 나는 그들의 삶이 어떠한지 어떤 어려움이 있는지 알지 못했다. 장애 아동은 운이 좋으면 특수학교에 다니거나 아니면 교육의 기회조차 가질 수 없다는 것을 나는 몰랐다. 나 같은 사람이 국회의원이라면 장애인을 위한 법안 하나 발의할 생각을 하겠는가? 학교는 단지 좋은 대학에 가기 위해 학습만 하는 곳이 아니어야 한다. 그런데 스웨덴 아이들은 장애를 가진 친구들과 함께 지내는 것에 익숙하고 그들이 어떤 어려움을 겪는지 어려서부터 자연스럽게 안다. 나는 평등이란 개념을 다시 생각하게 되었다. 장애인도 일반인과 똑같이 누리고 싶은 것을 최대한 누릴 수 있도록 돕는 게 평등이라고!

학교 교직원들 사이에서도 위계질서 없이 평등한 것은 마찬가지이다. 교장 선생님과 교감 선생님을 위시해서 층층이 주임 선생님들의 직책 앞에서, 아이들과 직접 생활하는 선생님들은 어떤 안건에서든 감히 반론을 제기하기가 어렵다고 들었는데, 스웨덴은 사람들의 관계가 믿기지 않을 만큼 수평적이다.

그런데 이것은 선생님과 학생 사이에도 그대로 적용되어 선생님과 학생 사이 역시 정말 믿기지 않을 만큼 수평적이다. 이 점은 내게 좀 낯설다. 처음 스웨덴에 와서 애들 학교에 갔을 때, 7살짜리 1학년 학생이 선생님을 "크리스티나"라고 이름으로 부르는 걸 듣고 기겁을 했던 순간이 아직도 생생하다. 내 마음속에는 '스승'이란 단어가 아직 귀하게 자리 잡고 있기 때문이기도 한데, 이것이 현대 사회에선 사어(死語)가 되어버린 '군사부일체'의 맥락에서 이해되는 구시대의 유물인지 지켜

초등학교 음악실. 장비가 무척 훌륭했다. 학교를 졸업하기까지 아이들은 학교에 비치되어 있는 모든 악기를 한 번씩 연주해볼 기회를 갖고, 그중 맘에 드는 악기가 있으면 문화학교나 개인교습을 더 받는다.

야 할 가치인지 잘 모르겠다. 몇 년 전에 이곳 시낭송회에서 고등학교 국어 교사 한 명을 알게 되었는데, 시를 쓰는 멋진 청년이다. 그는 학생들과 친구처럼 지낼 수 있어서 좋다고 말하면서도, 학생이 눈을 똑바로 뜨고 자기에게 대들 땐 좀 아연하다고 했다. 그가 학교 다닐 땐 그 정도까진 아니었다면서……. 그런데 그 청년 선생님이 고등학생이었던 게 불과 15년쯤 전인데, 그때나 지금이나 뭐 얼마나 달라졌을까 싶다. 입장에 따라 관점이 달라진 게 아닐까? 스웨덴에선 지위 또는 직급이 주는 권위는 전혀 없다.

학교에 비치되어 있는 개인 사물함. 초등학생들 사물함이 이렇게나 큰데, 작다고 불평하는 사람들도 있다고 한다.

교장 선생님을 소개받아 방문한 초등학교는 말뫼의 부촌 지역에 위치해 있었다. 주민들은 주로 토종(!) 스웨덴 사람들이고, 교육 수준과 수입도 말뫼에서 가장 높다. 우리가 방문한 날이 긴 여름방학 뒤의 개학 바로 전날이어서 학교가 꽤 분주할 줄 알았는데, 비교적 한가하고 차분했다. 교장 선생님은 40대 초반의 생각보다 무척 젊은 여성이었다. 교장 선생님이니 나는 60대 전후쯤으로 추측했었다. 그녀는 선생님 한 분에게 우리의 가이드를 부탁했고, 그 선생님은 우리에게 학교 이곳저곳을 아주 친절하게 안내해주었다.

초등학교 요리 실습실이 이렇게나 훌륭한데, 왜 스웨덴 음식은 맛이 없을까? 한 쪽 벽면에는 대형 냉장고가 세 대씩이나 즐비하게 늘어서 있었다.

    학생과 그토록 친구처럼 평등해도, 선생님들이 각자의 교실을 꾸며 놓은 걸 보니 선생님들의 자율성은 빛나 보였다 우리를 안내한 선생님은 자신의 교실 한 켠에 양탄자와 쿠션을 놓아 아이들의 휴식 공간을 따로 마련했다. 집처럼 무척 아늑해 보였다.
    이 자율성은 교실 치장에서만 빛나는 게 아니고, 학과 수업에서도 빛이 난다. 수업 지침의 큰 틀 안에서 수업 진행이 오로지 선생님의 재량에 맡겨지기 때문이다. 교과서가 있긴 하나 교과서가 선생님에 따라서는 심지어 옆 반과 다를 수도 있다. 선생님이 수업 자료를 직접 만들기도 하니, 이 자율성의 빛은 선생님의 노고를 연료 삼아 타오른다. 정해

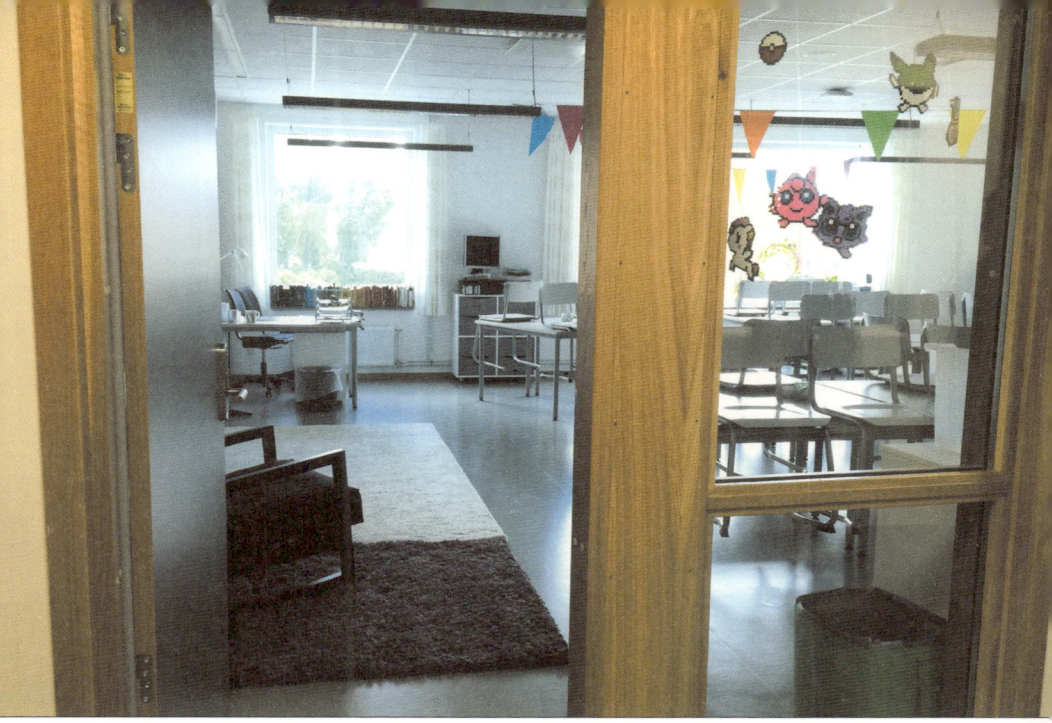

초등학교 4학년 교실. 아이들의 공간은 안전 때문에 전부 투명하고 공개적이다. 한 쪽에는 혹 휴식이 필요한 아이가 쉴 수 있도록 카펫과 쿠션으로 꾸며놓아 마치 아늑한 거실 같은 분위기이다.

진 교과서가 있고 진도에 따라 수업을 진행한다면 수업 준비가 그리 부담스럽지 않을 텐데 "마음대로 해보세요!"라는 말 뒤에 버티고 있는 책임감과 부담감이라니! 학교 선생님들이 입을 모아 얘기하는 애로사항이다. 그래서 새내기 선생님들은 경험 있는 선생님들의 도움을 많이 받는다.

그런데 교사란 직업이 과중한 업무에 비해 보수가 적은 편이라 그다지 인기 직종이 아니고, 교사가 되는 것도 그다지 어렵지 않다. 이게 문제점으로 지적되어 근래 들어 교사의 임금이 상당히 높아졌으나 여전히 교사 희망자는 많지 않다. 이 점은 스웨덴 학생들의 학업성취도가

개학을 앞두고 가지런히 정리되어 있는 봉제 도구들! 세금을 걷어 이렇게 사용하면 세금이 높아도 불만 없을 것 같다. 이렇게 모든 학습자료가 학교에서 제공된다. 물론 점심식사도!

날로 떨어지는 중요한 이유로 거론되기도 한다. 스웨덴 학생들의 학업 성취도는 OECD 국가들의 평균을 한참 밑돈다.

  스웨덴에서는 교사 이외에 국회의원이 엄청나게 많은 업무량에 비해 보수는 적은 편이라 비인기 직종이라는 말을 들은 적이 있다. 국회의원으로서의 특권의식도 상대적으로 낮다. 그런데, 그런 국회의원들이 학교에는 많은 돈을 지원하는 법안을 발의하는 모양이다. 학교를 견학하면서 나는 공예수업 교실이 너무 훌륭해서 깜짝 놀랐다.

  그런데, 우리 애들이 다니는 학교와 비교해서 너무 훌륭하지 않은가? 교육에 있어 '평등'을 가장 중요하게 생각한다면서 이래도 되는

거의 전문가 수준의 장비가 갖추어져 있는 초등학교 공예수업교실. 초등학생은 위험하니 손대지 말라는 주의사항이 붙어 있을 것 같다.

것인가? 평등이 삐걱거리지 않는가? 스웨덴 교육의 특징 중 하나는 공예수업이다. 의무교육기간(중학교 과정까지) 중에 받는 수업인데 목재, 나무, 천, 종이 등을 사용하여 실제 물건을 만든다. 스웨덴의 공예수업은 역사도 깊다. 스웨덴의 노벨 문학상 수상 작가인 셀마 라겔뢰프가 쓴『닐스의 신기한 여행』에 스웨덴의 첫 공예학교인 슬로이드(Sloyd) 학교 이야기가 나온다. 세계 첫 공예학교는 1876년 핀란드에서 세워졌고, 스웨덴에서는 1870년대에 남서부의 네스(Nääs)라는 자그마한 도시에 세워졌다.

『닐스의 신기한 여행』에서 셀마는 이 공예학교를 세운 설립자를 "노

115

신사(gamle herrn)와 "젊은 신사(unge herrn)"라고 말하는데, 여기서 '젊은 신사'는 머리만 쓰는 정적인 일반 학습에서 몸을 사용하는 동적인 학습을 도입하고 체계화시켜 전 세계의 공예 수업에 지대한 영향을 미친 스웨덴의 교육학자 오토 살로몬(Otto Salomon, 1849~1907)이다.

어느 차가운 봄날 네스에 있는 슬로이드 학교를 방문했었는데, 대학생들이 뜰에 앉아 나무를 깎아 공예품을 만드는 모습이 무척 인상적이었다. 우리가 필요로 하는 모든 것이 공장에서 만들어져 상점 진열대 위에 오르는 이 시대에, 공예수업의 전통은 오늘날에도 스웨덴에서 이어져 내려오고 있다. 스웨덴 교육 관계자들은 이 수업에 큰 의미를 부여하며 아주 비중 있게 다루는데, 아마도 『닐스의 신기한 여행』에 나오는 다음과 같은 말에 동의하고 있기 때문인 듯하다.

"옛날에 사람들은 직접 옷을 짓고 살림살이를 만들어 내느라 열심히 손을 놀려야 했다. 그런데…… 지금에 와서는 그런 일들이 집안에서 사라져버렸다. 그런데 젊은 신사는 그런 가내 수공이 사라진 집에서는 가정의 기쁨과 평화와 행복이 함께 사라진다고 믿었다."

사실 스웨덴 사람들은 웬만한 목수일은 직접 한다. 나는 부엌의 낡은 싱크대를 뜯어내 새 것으로 교체하고 지붕까지 수리한 교수를 알고 있다. 자신이 만든 의자라고, 이케아 제품과는 비교할 수 없다며 앉아보라는 사람도 있고, 새로 태어날 아이의 작은 침대를 직접 만드는 아

네스에 자리 잡고 있는 슬로이드 공예 학교 전경. 오래된 건물임에도 낡았다는 느낌은 전혀 없고, 내부의 많은 부분이 목재로 되어 있다. 예전에는 이 슬로이드 학교에 스웨덴 전국의 교사들이 공예수업 연수를 받으러 왔었다.

빠도 있다. 나는 이 모든 것이 슬로이드 학교의 전통 덕분이라고 굳게 믿는다. 견학을 간 학교의 공예수업 교실은 거의 전문가 수준의 공구와 장비가 갖추어져 있었다. 재봉 교실에 갔더니 양장점 같았고, 목재 실습실에 갔더니 웬만한 가재도구는 다 만들 수 있을 것 같았다.

그런데 우리 아이들 학교와 이 학교가 시설 면에서 불평등을 느낄 만큼 차이가 나는 이유는 무엇일까? 지방자치단체 및 학교 별로 교육 예산이 다르기 때문이다. 교육 예산은 지방의 세금 수입에 따라 달라지기 때문에 임금이 높은 사람들이 많이 사는 부유한 지역은 세금을 많이 낼 테니 예산이 많이 책정되고, 가난한 지역은 예산이 그렇게 많지 않다. 지역에 따라 교사들의 임금까지 달라지니, 실제 교육 현실에서는 '평등'이 삐걱대는 소리가 들리지 않을 수 없다. 중앙 정부의 효율적인 내치를 위해 지방자치단체의 권한과 자율권을 확대한 결과 학교들 사이에 불평등이 야기된 것이다. 이런 불평등은 단지 시설에서만이 아니라 여러 가지 측면에서 나타난다.

스웨덴 교육 시스템을 슬쩍 들여다 보고나니, 스웨덴 교육을 움직인다는 두 단어 즉, '평등'과 '자율성'이 현실적으로는 양립 공존하기가 무척 어렵다는 사실을 알게 되었다. 지방자치단체에 따라 달라지는 예산 때문에 학교끼리의 평등이 어렵고, 또한 수업이 완전히 교사에 의존해 있기 때문에 교사의 역량에 따라 바로 옆방 학생들과도 배움에 차등이 생길 수 있다. 이렇게 교사의 자율성은 아이들이 평등한 교육을 받기 어렵게 만드는 요인으로 작용한다. 우리와는 무척 다른 스웨덴 교육의 내밀한 부분이다. 아무리 좋은 가치라고 해도 실천에 따른 부작용은 항상 존재한다.

교육청의 헨릭 씨도 스웨덴 교육에 대해 여러 가지 고민이 많았다. 정년퇴직할 날이 얼마 남지 않았지만, 점점 교육 환경에 도전적인 상황이 발생하기 때문이다. '라곰이 미래에도 계속 미덕으로 남을 수 있을까?' '치열한 경쟁 사회인 다른 나라에 비해 앞으로는 스웨덴이 뒤처지게 되는 건 아닐까?' 하는 미래에 대한 우려에서부터, 최근 몇 년 사이 이민자와 난민의 유입으로 학생들 수가 갑자기 늘어나서 부족해진 학교와 교원 충원 문제에 이르기까지, 그리고 '그 안에서 교육의 질

슬로이드 공예학교에서 대학생들이 나무를 깎아 공예품을 만들고 있다. 공예에는 문외한인 내가 공예의 세계를 잠깐 들여다본 시간이었다.

을 어떻게 유지할 것인가?' 등등 고민거리들이 무척 많았다. 아! 이런저런 문제에 대해 이들이 얼마나 많은 회의를 할까? 휴가 기간이 끝나면 헨릭 씨와는 아마 전화 통화하기 어려울 것이다. 헨릭 씨는 스웨덴의 저력을 믿는다고 말하며 빙그레 웃었다.

나는 라곰이 언제까지나 아름다운 미덕으로 지켜지길 바란다. 그리고 라곰이 전 세계 사람들의 미덕으로도 발전할 수 있으면 좋겠다! 모두가 경쟁적으로 살지 않으면 되는 거 아닌가? 모두 좀 덜 배우고, 천천히 발전하고, 무엇인가를 이루려고 혈안이 되지 말고, 누군가의 '성공신화'는 좀 그만 보고……. 모두 다 끌어안고 천천히 가는 세상이 되면 좋겠다! 이것이 바로 스웨덴의 사회민주주의가 추구하는 바다.

# 11. 스웨덴에는 '전업 주부'가 없다?
_ 여성의 사회 활동을 이렇게 지원하라

잠시 한국에 들어왔던 2015년 12월 31일, 나는 안치환 공연에 혼자 갔다. 한국의 지인들은 모두 너무 바빠서 한 해 마지막 순간을 나와 함께 보낼 사람이 없었다. 다소 처량했으나 안치환 공연은 몇 년에 한 번 내가 나에게 주는 호사스러운 선물이다!

정확히 1년 뒤인 2016년 12월 31일에, 나는 스웨덴에서 사는 한가한 남편과 막둥이와 함께 말뫼시립교향악단의 신년음악회에 갔다. 썩 훌륭했고 재미있었다. 관객의 평균 연령대는 65살, 그것도 관객 중 유일한 어린 아이였던 10살짜리 우리 막둥이가 나이 평균을 한참 깎아내렸기 때문이다.

신년음악회답게 베르디와 슈트라우스, 바그너, 라흐마니노프, 푸치니 등 귀에 익은 곡들을 연주했는데, 지휘자는 내가 본 지휘자들 중에 가장 멋졌다. 젬마 뉴(Gemma New)라는 무척 젊고 아름다운 여성이었다. 요즘엔 정계나 재계에서 수장이 된 여성들이 많다. 영국의 테레사 메이 총리, 독일의 앙겔라 메르켈 총리, 그리고 아메리카 대륙에 광풍(狂風)만 불지 않았더라도 도널드 트럼프 대신 미국의 대통령이 되었을 힐러리 클린턴 등. 모두들 그 위상과 카리스마가 정계 수장으로서 남성들에 비해 손색이 없다. 재계의 여성 대표들은 너무 많아 일일이 나열하기도 어렵다!

그런데 유독 오케스트라 음악감독 중에서는 여성의 이름을 찾기가 쉽지 않다. 나는 볼티모어 심포니오케스트라 지휘자로 워낙 유명한 마린 알솝(Marin Alsop)만 안다. 생각해보니 클래식 작곡가 중에서도 내가 아는 여성 작곡가는 클라라 슈만 정도뿐이다. 여성들은 태생적으로 음악적 감각이 남성들보다 현저히 떨어지는 것일까? 그렇지 않다는 것쯤은 누구나 알 것이다. 시몬 드 보부아르(1908~1986)의, 너무나도 유명해서 너무나도 진부해진 "여자는 태어나는 것이 아니라 만들어지는 것이다."란 말을 굳이 꺼내지 않더라도 말이다. 지구상에 인간의 종류가 여럿 있는 것도 아니고 딱 두 종, 그러니까 여성과 남성뿐인데 어찌 이리도 평등하게 살아오지 못했을까?

여성이 지휘하는 공연을 처음 본 나는 무척 감동했다. 그렇게 드문 여성 지휘자가 스웨덴에, 그것도 말뫼에 있었구나! 역시 스웨덴은 모든 분야에서 선두를 달리는 멋진 나라구나 싶었는데, 소개하는 말을 들어 보니 뉴질랜드 태생으로 미국 뉴욕에서 활동하는 지휘자였다. 좀 살펴보니 뜻밖에도 스웨덴에는 이렇다 할 여성 지휘자가 없었다. 어느

말뫼시립교향악단 신년 음악회의 여성 지휘자 젬마 뉴. 여성들의 진출이 더딘 분야에서 고군분투하고 있는 그녀에게 경의를 표한다.

분야에서든 스웨덴은 여성들의 활동이 눈부신데 말이다. 여기서 '눈부시다'는 말은 몇몇 두드러진 똘똘한 여성을 의미하는 것이 아니라 '대부분의 보통 스웨덴 여성들이 사회 각 분야에서 눈부시게 활동한다'는 뜻이다.

스웨덴에는 전업주부가 거의 없다. 젊었을 때 직장 생활을 하지 않고, 늙어서 기초 연금(직업의 유무와 상관없이 스웨덴 시민이라면 퇴직 나이 이후에 무조건 받는 연금)만 받는다면 결코 풍족한 노후 생활을 누릴 수 없기 때문이다. 직장에 다니면 '소득에 따른 연금'과 '투자형 프리미엄 연금'이 생기는데, 이 연금이 크다. 부부가 '소득에 따른 연금'을 각각 받아야 풍족한 노후를 생각할 수 있기 때문에 스웨덴 사람들은 기본적으로 남녀 구분 없이 모두가 일하는 걸 당연하게 생각한다. 그리고 스웨덴 여성들은 전반적으로 튼튼해 보여서 남성과 비교해서 못하는 일도 별로 없어 보인다.

스웨덴에 왔을 때, 내가 척박한 땅 스웨덴에서 뭘 먹고 살 지 걱정이 많으셨던 친정 엄마께서는 자주 항공편을 이용해서 김치 등 여러 가지 먹거리를 보내주셨는데, 그 무거운 걸 엘리베이터도 없는 3층까지 불끈 들어다주었던 소포 배달부가 여성이었다. 그 뒤로 나는 보도블록을 깨는 일을 하는 여성도 보았고, 아스팔트 보수 작업을 하는 여성도 보았다. 나도 테니스 등 팔을 쓰는 운동을 한 탓에 한국에선 힘깨나 쓴다는 소릴 들었는데, 여기선 명함도 내밀지 못한다. 이른 아침에 조깅복을 입고 여기저기 뛰어다니는 사람들을 많이 보는데, 내가 보기엔 다 체력을 길러 직업을 얻고 돈을 벌어 연금을 부으려고 그러는 거다. 신년음악회를 즐기러 온 사람들의 평균 연령을 보라!

그런데 스웨덴은 어떻게 "남녀 구분 없이 모두가 일하는 게 당연한" 나라가 되었을까? 여성의 힘이 세서 거친 노동도 할 수 있기 때문일까? 그러나 연약한 남성도 일한다!

인류가 멸종되지 않으려면 남성과 여성이 결혼을 해서 출산과 육아의 과정을 거쳐야 한다. 인간의 아기도 송아지나 망아지처럼 태어나서 몇 개월 뒤에 깡충깡충 뛰어 다니며 저 혼자 모든 일을 해결하면 좋으련만, 인간의 아기는 자라서 어디 교육기관에라도 들어가려면 최소 7년은 걸린다. 그러니 이 과정을 오로지 부모가 개인적으로 감당해야

스웨덴 여성들은 거친 노동도 거뜬히 해낸다. 나는 무거운 맨홀 뚜껑을 여는 여성도 보았다.

한다면 부모 중 한 명은 꽤 오랜 시간 육아에 전념해야 한다. 이 일은 거의 대부분 여성들이 해왔고, 여전히 그렇게 하도록 기대되고 있다.

　2016년 통계에 따르면 한국의 출산율은 OECD 기준 최하위에 해당되는 1.17명 수준으로 떨어졌다. 그리고 여성들, 특히 고학력 여성들은 결혼 자체를 기피하는 경향이 있는데 그 이유는 출산과 육아 부담에 따른 직장에서의 경력 단절에 대한 우려 때문이라는 지적이다. 자녀를 양육한 다음에 복귀하는 일자리는 결혼 전보다 그 여건이 좋지 않다. 이런 이유로 예쁜 아기를 낳고도 한국에서는 산후우울증에 걸리는 여성들이 많다.

그런데 나는 스웨덴에서 출산 이후 "몸매가 망가져서 또는 밤에 아기가 너무 울어 잠이 부족해서" 등의 개인적인 이유로 생긴 우울증이 아니라면, 출산 후 직장으로의 복귀가 어려워서 산후우울증을 앓았다는 사람을 보지 못했다.

스웨덴에선 출산은 엄마가 하지만 육아는 아빠와 공평히 분담한다. 엄마는 출산 뒤 직장 복귀가 완벽하게 보장되고, 특히 육아는 최대한 공공 영역으로 끌어내 정부와 기업이 함께 부담한다. 엄마 아빠 모두 기간을 자유롭게 선택하여 사용할 수 있는 16개월의 유급 출산 휴가, 국가에서 운영하는 안전한 보육 시설 등을 생각하면 직장을 그만두고 싶어도 그만둘 수가 없다. 게다가 스웨덴에서는 아이가 아프면 부모 자신의 병가처럼 처리된다. 즉, 아이가 아파 회사에 가지 못한 첫날은 무급 휴가이고, 둘째 날부터는 월급의 80%를 받게 된다. 그래서 스웨덴은 유럽에서 여성의 사회 활동 비율과 출산율이 가장 높은 나라 중 하나이다.

출산과 육아는 지극히 사적인 문제처럼 보이지만, 사실은 가장 공적인 문제이고 그 사회의 건강함을 가늠하는 척도이다. 사실 출산율이 최하위라 함은 그 나라의 미래가 가장 어둡다는 말이다. 그러니 이것은 개인이 풀어야 할 문제가 아니고 국가와 기업이 풀어야 할 문제이다. 스웨덴은 이미 오래전부터 '성평등', '여성복지'와 관련하여 모범적인 국가로 잘 알려져 있다. 2006년도 세계경제포럼에 의해 도입된 세계 성차별 보고서(Global Gender Gap Report)는 매년 경제, 정치, 교육, 건강 등의 분야에서 성평등 실현 정도를 수치로 나타내는데, 스웨덴은 항상 최상위 국가이다.

특히 1971년에 실시된 '개인별 세금 부과 제도'는 부부합산 소득에 세금을 부과하던 것을 개인별로 세금을 부과함으로써 여성의 노동가치를 높였다. 이로써 여성들이 더욱 활발하게 경제 활동을 하게 되었는데, 이는 후에 개별 복지 개념으로 발전하여 여성이 독립적으로 설 수 있는 기반이 되었다.

스웨덴에서 성평등이 가장 뚜렷하게 실천되고 있는 곳은 교육기관이다. 학교 교육은 전통적인 성의 패턴과 성 역할에 대한 고정관념을 깨는 방식으로 이루어진다. 스웨덴에서는 여학생 남학생 마구 엉켜서 운동 경기하는 모습을 심심치 않게 볼 수 있다. 내가 사는 말뫼의 '말뫼 FF 여성 축구팀'이 세계 최강이라고 한다. 성평등교육이 잘 이루어지고 있기 때문이 아닐까?

성평등교육이 잘 이루어지고 있어 그런지 학업성취도는 여학생들이 남학생들보다 뛰어나서 몇 십 년 전까지만 해도 남학생들이 지배하는 영역이었던 대학이 현재는 대학 졸업생 3분의 2가 여학생이다. 그 이상 석박사 과정 학생들의 비율은 여학생 남학생 반반이다.

학업성취도 뛰어난 똑똑한 스웨덴 여학생들은 대학에도 진학하지만 국회에도 많이 진출한다. 2014년 선거에서 스웨덴 총 의석수 349명 중 152석이 여성으로 그 비율은 43.5%이다. 어쩌면 그래서 스웨덴에 다음과 같은 법률들이 많이 제정되는지도 모른다. 남녀차별 법규에 회사의 고용인으로 하여금 '남녀평등을 증진시키는 특별한 목표를 세우라'는 조항을 추가했고, 2017년에는 직장에서 양성평등을 포함하여 개인의 성적 취향, 인종, 종교 및 기타의 믿음, 장애, 나이 등 모든 면에서 차별을 금지, 예방하고 평등을 추구하는 법을 확대 제정하였다.

법적으로 스웨덴은 임신 18주까지 낙태 여부를 전적으로 여성이 결정하는데, 이 법률에 대해 2013년에 스웨덴 최초의 여성 대주교가 된 안트에 약켈렌(Antje Jackelén, 1955~)은 뭐라고 생각할지 모르겠다. 종교적인 입장에서 반대할지, 아니면 진보적인 여성의 입장에서 찬성할지! 그런데 아마도 1999년 도입된 성매수를 금지하는 법률에는 찬성할 것 같다. 한국을 포함한 대부분의 나라에서 성매매 사실이 발각될 경우 성매수자와 성매도자의 쌍방을 처벌하는데, 스웨덴은 성매수자만 처벌한다. 이 법률은 성매도자는 사회적 약자라는 인식과 함께 여성들을 판매나 대여 가능한 상품이 아니라 인간으로서 존엄성을 지닌 존재임을 명확히 드러내고 있다!

스웨덴 의원들은 성매매는 돈을 벌어야 한다는 압박을 받고 있는 사람이 원하지 않는 상태에서 강요당하는 성행위이고 이는 성폭력에 해당하며 이러한 강제된 성행위를 자행하는 자는 처벌받아 마땅하다고 보았다. '진짜 신사는 성(sex)을 사지 않아요!'란 로고를 어디선가 본 기억이 난다. 남성이 이런 성폭력을 저지르는 비율이 압도적으로 많기 때문이다. 심한 반대에 부딪혔던 법이었는데, 실제로 이 법의 도입 후 성매매가 현저히 줄었고, 노르웨이, 핀란드 등 이웃 북유럽 국가에서도 이 법을 따르고 있다.

스웨덴은 여성만을 대상으로 하는 여성정책을 뛰어넘어, 모든 분야 모든 단계의 의사결정 과정 또는 정책 결정 과정에 성평등이 통합될 수 있는 최상의 조건을 만드는 것을 목표로 한, 이른바 '성주류화(Gender Streaming)'라는 정치적 전략에도 적극적이다. 성주류화는 남성과 여성에게 공평하게 유익함을 주고 불평등을 영속화시키지 않기 위해 탄생한 전략이다. 이는 '여성과 남성이 사회와 자신의 삶을 형성하는 데 있어 동일한 권력을 갖는 것'을 전제로 정치, 경제, 사회 등 모든 영역에서 어떤 정책 및 프로그램을 실시하고 평가할 때 남성과 여성 그리고 다른 성정체성을 지닌 사람들의 관심과 경험을 모두 통합하여 정책에 반영하는 것이다. 여기에는 성평등이 분리된 개별적인 이슈가 아니라 통합적이고도 지속적인 과정이란 뜻이 들어 있다.

스웨덴은 '성주류화'를 1994년에 기존의 성평등정책을 보완하는 공식 전략으로 채택했고, 2007년 이래로 지방자치단체부터 시작하여 2013년에는 정부기관들, 그리고 2016년에는 상위교육기관에 이르기까지 스웨덴 정부기관에서부터 선도적으로 채택, 시행하고 있다.

스웨덴 정부가 성평등을 위해 이렇게 정책적인 노력을 기울이고 있음에도 불구하고 직장 내 남녀 임금의 격차가 여전히 벌어져 있고, 민간 부문에서의 최고위직에는 여성이 드물다는 지적이 있다. 여성임금은 남성임금의 87% 정도이고 가장 임금 차이가 적게 나는 직업이 생산노동직이다. 2014년 통계에 따르면 상위 1,050개 회사에서 여성 CEO는 10%, 이사급 간부는 30%였다. 이사회 회장직은 5%, 이사회 회원은 24%이다. 전반적으로 매니저급 이상은 35.6%가 여성인데, 공공 기관에서의 여성의 지위가 상대적으로 높다. 2015년 정부가 지명한 공공기관의 국장급에는 여성 82명, 남성이 90명이었다.

스웨덴 사회민주당 정부의 적극적이고도 다양한 노력으로 스웨덴의 성평등은 과거에 비해 혁혁한 진보가 이루어졌고, 다른 나라에 비해서도 월등하다는 평가를 받지만, 그럼에도 불구하고 스웨덴 사람들의 의식이나 태도 속에는 여전히 불평등이 존재한다. 수백 년, 아니 어쩌면 수천 년 동안 내려온 잔재가 정책 좀 바뀌었다고 몇 십 년 만에 손바닥 뒤집듯 바뀔 리가 없다.

회사 내에서 여성들은 훨씬 분투해야 남성과 같거나 비슷한 것을 획득할 수 있다고 한다. 면접을 볼 때 여성일 경우에는 아이를 낳을 계획이 있는지 먼저 묻고, 낳을 계획이 있다고 솔직하게 얘기하면 면접에서 떨어지는 경우도 있다고 했다. 사실 떨어뜨릴 목적이 아니라면 임신 계획에 대해 왜 묻겠는가?

작은 제약회사의 연구실에 다니는 친구 말이, 지금 당장 사람이 필요해서 뽑았는데 아이를 낳아 육아휴직에 들어가면 회사로서는 난감하기 때문에 어쩔 수 없다는 것이다. 자신이 임신한 줄 모르고 이 친구의 실험실에 지원을 해서 뽑았는데, 한 달 뒤에 임신 사실을 밝힌 경우도 있었다고 했다. 입사 당시에는 왜 몰랐느냐고 나무랄 수도 없고, 임신을 이유로 해고할 수는 더더욱 없기 때문에 회사로선 큰 손해였지만, 그냥 크게 축하해주었다고 했다. 국가정책이 아무리 훌륭하다 해도 여성에겐 이런 현실적인 어려움이 있다.

내 이웃인 한나의 집에 저녁식사 초대를 받아간 적이 있는데, 메뉴는 닭고기와 채소를 번갈아 꼬치에 꽂은 뒤 양념을 해서 그릴에 굽는 요리였다. 한나는 우리와 이야기를 나누었고, 그 사이에 한나의 남편이 저녁을 준비했다. 그가 꼬치를 가져다가 그릴 위에 올려놓고, 감자를 삶고 냉장고에 있는 샐러드도 꺼냈다. 그 모든 일을 한나의 남편이 하고 한나는 나와 수다를 떨었다.

남편만 저녁식사를 준비하다니 너무 불평등하지 않은가? 그래서 내가 한나에게 남편을 좀 도와야 하지 않겠느냐고 했더니, 꼬치를 준비하고, 샐러드를 만든 것은 한나 자신이었다고 말했다. 남편들은 눈에 드러나는 일을 해서 생색이 나지만, 아내들은 보이지 않는 곳에서 훨씬 더 많은 일을 한다며 한나는 나보고 그렇지 않느냐고 동의를 구했다. 나는 동의하는 의미의 쓴웃음을 짓지 않을 수 없었다. 스웨덴 가정의 속사정에도 이런 서글픈 구석이 있구나! 그러나 내가 아는 한, 스웨덴 남자들은 가사노동에 무척 적극적이다. 그렇지 않을 경우 이혼당할 거라고 유력 언론들이 떠들기 때문이다. 혹시 그래서 스웨덴에 이혼한 사람들이 이렇게 많은가?

모든 의사결정에 치열한 토론을 거쳐 사회적 합의를 이끌어내는 스웨덴은 성평등 역시 사회 구성원들의 합의의 산물이라 성평등 정책에 대한 국민적 공감대가 튼튼한 편이지만, 성평등의 깃발을 가장 높이 들고 정책적으로 앞서 나가는 스웨덴도 현실적으로 꼼꼼한 점에서까지 성평등이 이루어지기란 결코 쉬운 일이 아니다.

스웨덴은 2013년에 유럽양성평등지수 100점 만점에 최고 점수인 75점을 획득해서 '성평등 1등 국가'로 선정되었다. 1등인데도 여전히 25점이나 부족한 형편이다. 이 부족한 25점을 어떻게 채워나갈 것인가? 정부의 노력에 더해 사회 구성원들의 실제적인 노력이 필요하다. 여성이 회사에 입사 지원을 하면서 출산 계획에 대한 질문을 받는다니 25점이 부족한 이유를 알 수 있겠다. 성평등 1등 국가도 이러한데, 다른 나라들의 상황은 어떨까?

## 12. 정자은행 고객의 절반이 스웨덴 여성
_ 스웨덴식 사랑의 끝은 무엇일까

초인종 소리가 울렸다. 창밖을 내다보니 빨간색 배달 자동차가 도착해 있고, 역시 빨간색 점퍼를 입은 배달원이 박스 한 개를 들고 있다. 여자는 문을 열고 박스를 받은 뒤 카드로 결제했다. 박스를 열자 그 안에 드라이아이스 취급 방법과 제품 사용설명서가 들어 있었다.

"1. 드라이아이스에 싸여 있으니 반드시 보호 장갑을 끼고 꺼내 십시오. 2. 꺼낸 것을 손의 체온으로 살짝 눌러 녹인 뒤 20분 안에 사용하십시오."

처음 산 물건인 듯 여자는 사용설명서를 꼼꼼히 읽고 지시에 충실히 따른다. 여자는 이 제품의 구입 여부에 갈등하면서 1년을 보냈지만 어느 누구와도 상의하지는 않았다. 그녀는 무엇이든 자신이 스스로 결정하기 때문이다.

그녀는 지금까지 2명의 남자친구를 사귀었다. 첫 번째 남자친구와 함께 살 땐 애완견 페리가 있었다. 남자친구가 자신이 키우던 강아지를 데리고 온 것인데, 1년쯤 뒤에 페리가 죽었다. 남자친구는 대성통곡했고 그녀도 함께 눈물을 흘리며 슬퍼했다. 그런데 그가 페리의 죽음을 그녀의 탓으로 돌리는 데에는 좀 어이가 없었다. 그 뒤로 그들은 자주 싸웠고, 굳이 함께 살 이유가 없어져서 헤어졌다.

두 번째 남자친구는 함께 일하는 직장동료였다. 총명하고 유머감각이 뛰어난 매력적인 남자였으나, 함께 살아보니 그녀와 라이프스타일이 너무나 달랐다. 그는 그녀가 요리한 음식을 좋아했지만, 그는 그녀를 위해서는 요리하지 않았다. 그녀는 적당히 어질러진 걸 좋아하는데, 그는 집안이 어질러져 있다고 잔소리를 해댔다. 잔소리하지 않고 그냥 좀 치우면 안 되나? 내가 해주는 음식은 먹으면서? 남자와 여자 사이는 아들과 엄마 사이가 아니므로 항상 이런 마음이 내재해 있다. "난 네게 이렇게 해주는데, 넌 나한테 뭘 해주니?" 그녀는 그와 함께 살기 위해 더 애쓰고 싶지 않았다. 그녀와 헤어진 그는 마치 기다렸다는 듯 다른 여자를 사귀었고, 그녀는 남자들에 대해 큰 관심이 없어졌다.

그런데 그녀는 아기를 갖고 싶었다. "난 네게 이렇게 해주지만, 넌 내게 아무것도 안 해줘도 돼!"라고 말할, 그런 절대적인 사랑을 줄 존재를 갖고 싶었다. 인간의 본능일지도 모른다. 처음엔 입양을 생각했는데 생각보다 비용이 무척 비쌌고 시간도 많이 걸렸다. 또 결혼하지 않은 상태라 입양 절차가 훨씬 더 까다로웠다. 왜 아이를 가지려면 남자가 필요한 걸까? 그녀에게 필요한 것은 남자가 아니라 남자의 몸에서 나오는 정액이었다.

그래서 이틀 전에 주문했고 오늘 빨간 점퍼를 입은 배달원이 가져다 주었다. 그녀에게 필요한 남자의 정액을!

주문은 간단했다. 인터넷에 접속하여 정자은행회사 웹사이트를 열고 정자를 기증한 남자들의 인종, 나이, 국적, 직업, 키, 몸무게, 눈동자와 머리카락 색깔 등의 옵션을 선택한다. 자신을 소개하는 남자들의 목소리도 들을 수 있다. 정자은행회사에 따르면 여성들이 대체로 자신과 비슷한 외모의 남성을 선호한다는데, 그녀 역시 예외는 아니다. 그녀는 그녀와 비슷한 갈색 머리에 잿빛 눈동자를 선택했다. 원래 북유럽 지역, 특히 덴마크 남자를 선택하려고 했는데 폴란드 출신으로 덴마크의 모 대학에서 인공지능을 공부하는 대학원생으로 마음을 바꿨다. 그녀는 인공지능에 관심이 높다. 왜냐면 지금은 남자의 정액을 주문하는 수준의 시대이지만, 인공지능은 앞으로 인간의 미래를 어떻게 바꿀지 모르기 때문이다.

여자는 계속해서 제품설명서대로 움직였다.

"3. 정액을 주사기로 빼내십시오. 4. 긴장을 풀고 편안한 자세로 누운 다음 다리를 올려 벽에 대십시오. 5. 엉덩이를 살짝 올린 뒤 주사기를 질 속에 삽입하고 천천히 피스톤을 눌러 정액을 주입하십시오. 6. 그대로 30분 정도 누워 계십시오. 7. 가능하다면 자

남자를 사귀기는 귀찮으나 아이는 갖고 싶은 여성이 임신 프로그램 매뉴얼을 따르고 있다.

위를 하여 오르가슴에 도달할 것을 권합니다. 성적 쾌감으로 인한 떨림이 수정 가능성을 높일 수 있습니다."

상상하기 어려운 일이지만, 북유럽에서는 현재 일어나고 있는 일이다. 세계에서 가장 큰 정자은행회사가 덴마크에 있고, 약 170리터의 정자가 배달되길 기다리고 있다. 고객은 꾸준히 늘어나고 있고, 이 회사 고객의 반 이상이 스웨덴 여성들이라고 한다.

"그럼 미래에 남자들이 설 자리는?"

남자인 정자은행회사 사장은 이 물음에 답을 하지 못했다. 그러나 자기가 하고 있는 일의 정당성을 다음과 같이 설명했다.

"출산을 하지 않으면 이 공동체는 무너지게 된다. 아니면 해외 다른 문화권의 사람들을 '수입'해야 하는데, 그로부터 여러 가지 문제들이 생겨나게 될 거다. 우리는 이 문제에 대처해야 하고, 혼자 사는 여성들이 아이를 낳도록 독려하는 방법을 연구해야 한다. 나는 바로 이 지점을 파고든 것이다. 나는 내 여성고객들이 가상현실 속에서 정자공여자와 함께 아름다운 데이트를 즐기는 것을 상상해봤다. 중요한 것은 아이를 낳는 여성이 어떻게 느끼느냐이다. 신체적 접촉만 없을 뿐 모든 것을 실제처럼 느끼게 하는 것! 우리 공동체가 멸절당하지 않고 살아남으려면 나는 개인적으로 가상현실 기기들이 많이 발전되어야 한다고 본다!"

그해 겨울, 그들은 이런 세상이 오리라 상상이나 했을까? 지금으로부터 40여 년 전인 1972년 겨울, 올로프 팔메 총리를 포함한 일군의 사회민주주의 정치가들이 모여서 스웨덴의 미래를 위해 혁명적인 비전을 제시했다. 그 매니페스토는 '미래의 가족(Familjen i Framtid)'이었다.

서로에게 의존하며 기대고 사는 낡고 오래된 전통적인 가족의 구조로부터 벗어나자!

남편으로부터 아내를, 자녀로부터 노부모를, 부모로부터 청소년들을 자유롭게 하자!

그래서 서로에게 의존하지 않는, 자유롭고 독립적인 개인들이 사는 사회를 만들어보자!

삶의 한 단계 도약을 이루어내자!

그때부터 모두가 모두로부터 자유로워졌고 독립적인 존재가 되었다. 정부의 본격적인 지원으로 여성들의 경제활동은 당연시되었고 눈부시게 활발해졌다. 진정한 독립과 자유는 경제적 자립에서 비롯되기 때문이다. 여성들도 남성들과 똑같은 교육의 기회를 제공받았고, 세금 부과 방식을 개인별 부과로 바꾸어 여성도 일해야 복지 혜택을 받을 수 있게 하는 등 모든 정책을 양성평등의 기조로 전환했다. 경제적인 능력이 없는 노인들과 아이들은 복지를 늘려 최대한 국가가 책임지는 시스템을 구상했다.

노부모를 부양하고 아이들의 양육비를 부담하고 의료비를 걱정해야 하는 사람들은 가족끼리 서로 사랑할 여유가 없다. 노부모는 부담스러울 테고, 수입의 많은 부분이 아이들 양육비로 나가야 한다면 아이들을 독립적인 인격체로 보기보다는 아이들을 통제하고 자신의 맘에 들게 키우려 할 것이다. 심지어 결혼하는 자녀들에게 경제적인 도움까지 주어야 한다면 부모는 자녀의 인생을 간섭하려 들 것이고, 비록 경제적인 도움은 받더라도 자신의 인생을 간섭하려는 부모에게 자녀는 반발심을 갖게 될 테니 그래서야 부모 자식 간의 사랑이 온전할 수 있겠는가?

부부 사이도 마찬가지다. 경제적인 능력이 없는 여자는 남편에게 부당한 대우를 받아도 당당할 수 없고 사랑이 식어도 억지로 살아야 한다. 그 반대의 경우도 마찬가지이다. 두 사람이 기본적으로 각각 경제적인 독립이 이루어질 때에만 순수하고 지고한 진짜 사랑을 할 수 있다! 부부가 함께 사는 이유가 서로 사랑하기 때문이 아니라 자식에 대한 의무감이나 어떤 다른 이유 때문이라면 그들은 행복하지 않을 것이다. 사랑하는 사람과 행복하게만 살아도 짧은 인생이다! 비록 가족 사이라도 국가는 국민들이 '자유롭고 자발적인 사랑'을 하며 살 수 있도록 도와야 한다. 이것이 바로 '스웨덴식 사랑의 이론(Swedish Theory of Love)'이다. 자유와 독립에 바탕을 둔 자발적인 사랑!

그 후 45년이 흘렀다. 그래서 "스웨덴 사람들은 모두 자발적인 사랑을 하며 행복한 삶을 사는가?" 이탈리아인과 스웨덴인의 피가 반씩 섞인 다큐멘터리 감독 에릭 간디니(Erik Gandini)가 2015년에 제작한 다큐멘터리 영화 「스웨덴식 사랑의 이론(Swedish Theory of Love)」 속에는 이 질문에 대한 무척 어둡고 부정적인 대답이 들어 있다.

영화는 복지사회 스웨덴의 아름다운 모습을 뒤흔들었다. 독립과 자유를 추구하며 다다른 곳에는 자발적인 사랑이 아니라 '지독한 외로움'이 기다리고 있었다. 영화는 몇 개의 연관성 없는 개별적인 이야기로 이루어져 있는데, 이야기를 관통하는 주제는 독립적인 삶으로부터 극대화된 개인주의가 사람과 사람 사이에 거리를 만들었고, 그래서 모두 외롭고 소외된 삶을 살아간다는 것이다.

앞서 소개한 정자를 배달시킨 여자는 이 다큐멘터리 영화 맨 처음 이야기의 주인공이다. 정자공여자들은 모두 자신이 하는 일에 큰 보람을 느끼고 있었다.

"처음엔 돈을 벌려고 시작했는데, 사람을 돕는 대단히 가치 있는 길임을 깨달았어요."

그들은 화면으로 섹시한 여성들과 만나서 정자를 배출한 뒤 이를 컵에 담아 회사 관계자에게 넘겨주었다. 나는 무척 서늘했는데, 이 모든 일들은 담담하게 이루어졌다.

현재 스웨덴의 이혼율은 세계 최고이다. 실제로 내 주변의 중년 부부 중 이혼하지 않은 부부가 거의 없다. 이혼도 한 번이 아니고 두 번, 세 번 하는 경우도 꽤 있고 사실혼 관계의 삼보 커플들의 만남과 헤어짐까지 생각한다면 이혼율은 아마 100%도 넘을 것 같다. 이곳 사람들에게 이혼 자체는 큰 이슈가 아니고 크게 불행한 일도 아니다. 문제는 많은 이들이 결국 혼자 남는다는 것이다! 스웨덴 전국에 '나 홀로' 가구가 50%가 넘고, 스톡홀름 지역은 60%가 넘는다. 공원에서 평화롭고 다정하게 산책하는 80살 이상 노부부들은 대체로 경제적으로 의존관계였고, 초혼을 유지해온 분들이 많다. 젊었을 땐 이혼하네 마네 여러 차례 위기를 넘겼으리라!

스웨덴에선 25%의 국민이 홀로 죽는다는 통계가 나와 있고, 이를 전담하는 정부 부서가 따로 있을 정도. 영화에는 자신의 아파트에서 자살한 노인이 2년 동안 발견되지 못했다는 충격적인 이야기도 있다. 이는 2년 동안 그를 찾는 사람이 단 한 명도 없었다는 뜻이기도 하다. 그런데 그는 시스템 속에서는 살아 있었다. 매월 따박따박 통장으로 들어오는 연금에서 모든 비용이 자동이체 처리되었기 때문이다. 서로에게 의존하지 않는 정도가 아니라 가족 사이에도 서로를 필요로 하지 않고 서로를 찾지도 않게 된 것이다.

영화는 가장 현대적이고 가장 개인적인 사회인 스웨덴과 극명히 대비를 이루는 아프리카의 에티오피아의 작은 도시 웰리가 사람들의 삶을 보여준다. 그곳은 스웨덴인 의사인 에릭슨 박사가 터를 잡고 의술을 펼치는 곳인데, 기자재 부족의 정도가 상상하기 어려울 만큼 열악하다. 그럼에도 불구하고 사람들은 기적처럼 살아난다. 그들은 태어나면서 죽을 때까지 함께 떼로 몰려다니며 산다. 사람들이 사람들 속에서 산다. 그곳에는 외로움이란 단어는 존재조차 없는 것 같다. 에릭슨 박사는 그곳 사람들의 삶의 방식을 경외한다고 말했다.

에릭 간디니는 인터뷰에서 영화를 만든 이유에 대해 다음과 같이 언급했다.

"나는 스무 살 때부터 스웨덴에서 살았고, 스웨덴을 사랑했다. 난 스웨덴의 복지시스템 덕분에 절망적인 상황에 부딪힌 적 없이 스스로를 부양할 수 있었고 독립적인 삶을 살 수 있었다. 사실 스웨덴에선 행복할 이유는 참 많다. 성평등, 친환경 정책, 관대한 난민 정책 등등……. 스웨덴은 전 세계가 나아가야 할 방향을 제시했고, 그저 생존을 위해 살아가던 사람들에게 국가적 차원에서 자아실현의 가치를 깨닫게 해주었다. 그러나 개인의 독립과 자유를 추구하면서 우리가 뭔가 잃어버리고 있다는 것을 느꼈다. 그게 뭔지 보여주고 싶었다. 북유럽 국가들은 행복지수가 무척 높은데 반해, 개인당 항우울제 소비량도 가장 높다. 외로움은 현대의 유행병이고 이 병이 가장 지독하게 퍼져 있는 나라가 스웨덴이다. 나는 사람들의 관계 맺는 방식을 바꿔야 한다고 본다……. 2년 간 방치된 노인의 시체가 있었던 아파트를 따라가보는 것은 정말 괴기스러웠다. 내 최후가 저렇게 된다고 생각하는 건 완전 악몽이다. 우리는 에티오피아 사람들을 미개하게 보고 우리 스스로를 우월하게 생각할지 몰라도, 어쩌면 우리는 빠르게 현대화되면서 아주 간단하지만 정말 중요한 인간의 속성을 잊고 사는지 모른다. 인간은 사회적인 동물이다!"

키에르케고르는 "죽음에 이르는 병이 절망"이라고 말했지만, 스웨덴에선 복지제도가 절망으로부터는 사람을 구해주었으나, 그 절망의 자리에 외로움이 들어섰다는 것이다. 스웨덴에는 스웨덴을 보는 이런 시각도 있다.

1972년 겨울, 스웨덴의 미래를 위해 혁명적인 비전을 제시했던 일군의 사회민주주의 정치가들이 '인간은 사회적 동물'이라는 명제를 부정할 의도는 없었을 것이다. 그저 국민들이 자유와 자립을 바탕으로 자발적이고 순수한 진짜 사랑을 하며 행복하게 살기를 바랐을 것이다. 그런데 왜 이렇게 흘러갔을까?

나는 꽤 많은 사람들에게 이 영화에 대해 물었다. 그런데 그 반응이 외국인이냐 스웨덴인이냐에 따라 2가지로 나뉘는 게 재미있었다. 스웨덴에서 사는 외국인 친구들은 마치 스웨덴 사회가 지금까지 꽁꽁 숨겨온 치부라도 발견한 양 호들갑을 떨었다.

"맞아, 맞아! 스웨덴 사람들이 저렇게 외롭고 저렇게 소외된 삶을 살지. 저게 바로 스웨덴의 진짜 모습이야!"

그런데 정작 스웨덴 친구들은 크게 관심 없어했다. 사실 생각해보면, '독립'과 '자유'라는, 스웨덴 사회가 가장 자랑스럽게 생각하는 장점에 대한 신랄한 비판이라 스웨덴 사회로서는 무척 충격적인 내용이었고, 사회민주주의 시스템에 대한 도널드 트럼프 대통령 유의 악의적인 우려가 아닌, 내부의 목소리이기 때문에 그 파장이 클 것이라 예상되었으나 그만큼 크게 주목받지 못했다. 스웨덴 공영방송 SVT에서 방영하기까지 했는데, 아예 모르는 사람들도 꽤 있었다. 이유가 뭘까?

이유는 간단하다. 스웨덴 사람들에게 이 영화가 그리 새롭지 않기 때문이다. 이미 알고 있는 사실을 영화답게 더 어둡고 충격적으로 묘사한 것뿐이다. 영화를 보지 못했다는 스웨덴 친구들에게 영화의 내용을 설명해주었는데, 시큰둥한 반응을 보이며 오히려 내게 "너, 놀랐구나?"라며 되물었다.

영화를 보고 극장에서 나오는 스웨덴 사람들의 인터뷰 영상을 봤다. 모두 밝게 웃으면서 이렇게 말했다.

"짐작은 하고 있었지만 영화 보는 내내 역겹고 두려웠어요. 하지만 우리가 꼭 알아야 할 슬픈 현실이죠……."

"모든 것에는 흑백이 존재한다고 생각해요. 하지만 이 영화는 스웨덴을 너무 부정적으로만 보고, 에티오피아는 너무 긍정적으로만 보고 있어요."

"영화의 내용은 일면 사실이지만, 스웨덴에 꼭 이런 면만 있는 건 아니에요. 사람들이 스웨덴을 어떻게 볼까 걱정이네요. 스웨덴 사람들은 말도 붙이지 못할 족속으로 생각하지 않을까 몰라……, 호호호."

부정적이고 충격적인 영화에 대한 반응치고는 너무 건강하고 합리적인 반응이 아닌가? 받아들일 것은 받아들이고, 부정할 것은 부정하고, 걱정거리에 대해서는 걱정을 하고 있으니 말이다. 그런데 한 가지 의문이 생긴다. "당신은 에티오피아와 스웨덴 중 어떤 나라에 가서 살고 싶은가?"라는 질문에 사람들은 어떤 대답을 할까?

내가 가끔 만나 점심을 함께 먹는 젊은 고등학교 국어 선생님이 있다. 가끔 시를 써서 발표도 하는 시인이기도 한데, 그가 재미있는 이야기를 하나 들려주었다. 커다란 수족관에서 떼를 지어 다니는 물고기 무리와 혼자 한가롭게 유영하는 물고기를 보면서 스웨덴 아이와 일본인 아이에게 각각 물어보았다.

"어떤 물고기가 더 행복해 보이니?"

일본 아이는 떼를 지어 다니는 물고기라고 대답했고, 스웨덴 아이는 혼자 유영하는 물고기라고 대답했다고 한다. 그 이유를 국어 선생님은 스웨덴 아이들이 사회적으로는 연대하며 살도록 배우지만, 어려서부터 혼자 독립적으로 사는 법을 배우기 때문이라고 말했다.

영화의 말미에 사회학자 지그문트 바우만(Zygmunt Bauman, 1925~2017) 교수가 등장하여 독립은 사회성을 발전시킬 능력을 박탈하고, 독립의 끝은 공허와 무의미함과 상상하기 어려울 정도의 지루함이 있다고 경고한다. 1972년 스웨덴의 사회민주주의 정치가들이 '미래의 가족'이란 매니페스토가 도달하리라 생각했던 지점과는 전혀 다른 곳이다.

그런데 외로움이 어찌 스웨덴만의 문제일까? 비굴하다 싶게 의존적인 삶을 사는 사람들이 오히려 더 외롭지 않을까? 나는 국어 선생님이 다음과 같이 덧붙인 말에 고개를 끄덕였다.

"전 독립적인 삶을 가능하게 한 복지제도에 감사해요. 외로움은 개인이 극복해야 할 문제 아닌가요?"

지그문트 바우만 교수 역시 이 점을 지적한다.

"삶에 필요한 물질적인 것은 외부에서 주어질 수 있다. 그러나 사람들 속에 들어가는 것, 사람들과 함께 하는 것은 내가 해야만 하는 것이다."

예전엔 세계가 자유세계와 공산세계, 둘로 나뉘었는데, 지그문트 바우만 교수는 현대를 온라인 세상과 오프라인 세상으로 구분한다. 예전엔 존재하지도 않았던 온라인 세상이 점점 더 많은 사람들을 끌어들이고 있다. 현대 사회의 외로움이 깊어지는 이유는 독립적인 삶을 추구하기 때문이 아니라, 만나지 않고도 많은 일이 가능한 편리한 온라인 세상이 도래했기 때문이라는 생각이 든다. 2년 동안이나 죽음이 방치되었던 노인이 만약 아파트 관리비를 꼬박꼬박 은행에 가서 지불해야 했고, 신문배달 소년이 아침마다 노인의 현관 앞을 다녀갔더라면 아마 그 지경까지는 가지 않았을 것이다. 온라인은 어떤 형태로든 사람들의 오프라인 만남을 방해하니, 둘은 마치 적대적인 관계처럼 보인다.

온라인과 오프라인 사이에 냉전시대가 온다면 어떤 형태로 오게 될까? 두 진영은 냉전 시대를 뛰어넘어 화합의 시대를 만들어낼까? 스웨덴 사회가 세상 사람들이 아직 한 번도 내딛지 않은 길을 먼저 걷고 있다는 생각이 문득 들었다.

　1972년에 이어 또 한 번 도약해야 할 시기가 온 것이 아닐까? 온라인 세상을 없앨 수는 없으니, 온라인 세상과 오프라인 세상을 적절히 드나들며, 독립적인 삶을 추구하는 한편 행복하게 상호의존적으로 사는 방법을 찾아야 한다. 어쨌거나 우리는 서로 쓰다듬고 온기를 나누며 살아야 행복을 느끼는 존재이기 때문이다. 나는 사람들과 포옹하고 볼을 부비며 살고 싶다!

　아, 적어도 우리의 아이는 너와 내가 사랑하는 가운데 태어나야 하지 않을까? 이혼할 때 이혼하더라도 말이다!

# 13. "그냥 내 아이란 생각뿐이지요"
_ 한국인 입양아를 키우는 말뫼 시 부시장을 만나다

내가 스웨덴에 왔던 9년 전만 해도 싸이의 '강남 스타일'이 나오기 전이었고, K-pop도 그다지 알려지지 않았었다. 그리고 전 세계의 이목을 집중시키고 있는 북핵 문제도 없었던 때라 스웨덴 사람들은 한국에 대해 아는 게 별로 없었는데 딱 한 가지! 한국은 입양아 수출국으로 유명했다. 한두 다리 건너면 한국인 입양인과 연관이 없는 사람은 없어 보였다. 정말이다! 서양에는 "여섯 다리만 건너면 지구 위에 사는 사람들은 모두 아는 사이다(Six Degrees of Separation)."라는 말이 있는데, 여기선 딱 두 다리만 건너면 한국인 입양인과 연결이 될 수 있다.

내가 이곳에서 처음 입양인을 만난 곳은 말뫼 지역 한국인들의 추석 모임에서였다. 한국 유학생이 길에서 우연히 만나 알게 된 청년이었는데, 추석 모임에 초대했던 것이다. 나는 오래전에 봤던 영화 「수잔 브링크의 아리랑」을 떠올리며 겉으로는 내색하지 않았지만 그에게 내심 미안함과 안쓰러운 마음을 가졌었다. 그런데 그는 아주 밝았고, 입양되었다는 사실을 큰 슬픔으로 생각하지 않았다. 그래서 속으로 좀 쁠쭘했지만 그렇게 밝아서 무척 기뻤다.

나는 이곳에서 꽤 여러 명의 한국인 입양인들과 알고 지낸다. 모두 착하게 잘 성장했고, 성공한 사람들도 많다. 미국 소재 다국적 회사 매니저, 변호사, 연구원, IT 전문가, 선생님 등……. 혹자는 그런 사람만 알고 있는 게 아니냐고 물을 수 있고, 입양인이기 때문에 받게 되는 설움, 차별 또는 불이익을 살펴보라고 말할 수 있다. 그러나 그건 자국에서 사는 사람들도 마찬가지 아닌가? 어디나 부당한 설움, 차별 또는 불이익을 받는 사람들은 있다. 아니, 생각보다 많다! 그렇다고 내가 입양을 권장하는 것은 결코 아니다. 입양은 근본적으로 무척 가슴 아픈 일이고, 이런 슬픈 일은 없어야 한다.

그런데 나는 한국인 입양인만 알고 있지 그들을 입양한 부모는 아는 사람이 없었다. 그들은 어떤 마음으로 멀고 먼 타국에서 인종도 다른 아이들을 입양해 왔을까? 얼마 전에 나는 한국 아이를 입양해 키우는 엄마를 한 명 알게 되었다. 그녀는 첫째에 이어 둘째 아이도 입양을 결정했고, 얼마 뒤에 한국에 가서 아이를 데려올 예정이라고 했다. 왜 입양을 하느냐고 물었더니 그녀는 몸에 문제가 생겨 아이를 낳을 수 없게 됐다고 대답했다.

내가 스웨덴에 관한 책을 썼다는 사실을 알게 된 이 엄마는 나를 만나고 싶어 했는데, 이유는 둘째 아이를 돌보고 있는 분에게 내 책을 선물하고 싶기 때문이었다. 잠깐이나마 자기 아이를 돌보고 있는 고마운 분에게 아이가 자라게 될 스웨덴이 어떤 나라인지 알려주고 싶다고 했다. 나는 몹시 바쁜 그녀를 배려해서 책을 들고 그녀의 사무실을 방문했다. 그녀에게는 회의가 연달아 있었는데, 회의와 회의 사이 자투리 약 1시간 동안 나는 그녀의 행복한 아들 자랑을 즐거운 마음으로 들었다. 우리의 대화가 오고 가는 사이사이 그녀는 첫째 아이와 함께 찍은 사진들과 한국에서 보내왔다며 이제 막 돌이 지난 둘째가 될 아이의 사진도 보여주었다. 사진을 보는 이 엄마의 얼굴 표정은 뭐라 설명하기 어려울 만큼 행복해 보였다. 나는 코끝이 찡하고 가슴이 먹먹했다. 직접 본 적도 없는 아이를 이렇게 사랑하다니!

들어보니 입양 절차도 무척 복잡했고, 비용도 많이 들었다. 이번에 이 엄마는 아이를 데려오기 위해 한국에서 6주를 머물 예정인데, 6주 동안의 숙박비도 만만찮고 운이 나쁘면 절차가 길어져 더 머무르게 되는 경우도 있다고 했다. 그러나 이 모든 수고와 비용은 예쁜 아기를 만나는 기쁨에 비하면 아무것도 아니라고 했다.

나는 특별히 한국 아이를 선택한 이유가 있는지 물어보았다. 이런 질문은 아주 조심스럽다. 왜냐면 친부모에겐 운명처럼 주어지는 아이와의 만남이 입양부모에겐 선택의 문제가 되어 그 인연의 의미를 약화시키는 듯한 인상을 줄 수 있기 때문이다. 그러나 그녀는 아주 솔직하고 밝게 얘기했다.

"한국 이외에도 여러 가지 옵션이 있었어요. 남아프리카공화국, 태국, 필리핀, 콜롬비아 등……. 남아프리카공화국 같은 경우엔 아주 독

단란한 프리다 트롤미르 가족의 모습.

실한 크리스천이어야 해요. 매일 교회를 다니고 있다는 증명서도 내야 하고요. 그런데 우린 교회에 다니지 않거든요. 태국 같은 경우엔 입양 시스템이 좀 불안정해요. 입양 신청을 하고 얼마나 기다려야 할 지 아무도 몰라요. 6개월 걸리는 경우도 있고 어떤 경우엔 3년 아니면 5년씩 기다려야 하는 경우도 있고요. 그리고 아이가 너무 커서 오게 돼요. 한국은 입양 비용은 비싸지만 시스템이 아주 안정적이에요. 모든 과정이 예측 가능하죠. 특히 좋은 건 위탁모제도에요. 아이가 제게 올 때까지 가정에서 안정적으로 보살핌을 받는다는 게 정말 좋아요."

"인종이 다른 아이를 키우는 데에 부담은 없나요? 국내 입양의 기회는요?"

"내 아이라고 딱 받아 안는 순간부터 인종이 다르다는 생각은 한 번도 해본 적이 없어요. 그냥 내 아이란 생각뿐이지요. 국내 입양의 기회는 거의 없어요. 아이를 낳으면 낳은 부모가 키우거든요. 만약 부모가 알코올중독자거나 기타 아이를 양육하기에 부적절한 사람일 경우엔 관청에서 위탁부모에게 맡기도록 조치를 취해요. 그런데 그런 경우엔 아이가 결국 자기 부모에게 돌아가는 경우가 많아서 위탁부모가 마음 시린 경험을 많이 한다고 하더라고요."

스웨덴에선 미혼모라고 해도 아이를 키울 수 없는 상황에 처하지는 않는다. 교육비, 의료비 등 아이에게 들어가는 비용이 몽땅 복지로 충당되고, 미혼모에 대한 사회의 시선이 나쁘지도 않다. 실제로 스웨덴에는 편모 편부가 아주 많다! 국가가 정책적으로 어떤 상황에서든 부모가 아이를 키울 수 있는 여건을 만들어야 한다.

그녀는 한국에 대해 내게 여러 가지를 물어보았다. 먼저 한국인으로서 한국 입양아를 보는 마음이 어떠한지 물었다. 예쁜 아기를 갖게 되어 자신은 너무나 감사하고 행복하지만, 입양을 보내는 입장에선 슬플 것 같다고 했다. 나는 정직하게 슬프다고 대답했다.

그녀는 또 물어보았다. '한국은 이제 잘사는 나라가 되었는데, 왜 아직도 외국으로 보내는 입양아들이 많은지?' 예전에는 중국에서도 입양아들이 많이 왔는데, 지금은 자국 입양이 늘어나서 중국인 입양아를 맞이하려면 7년 이상 걸린다는 말을 덧붙였다. 나는 내가 아는 한 또 정직하게 대답했다. 한국은 잘살긴 해도 경쟁이 심해서 아이를 키우기가 정말 힘든 나라이고, 또 한국 사람들은 핏줄을, 그것도 남자 핏줄을 중요하게 생각한다고! 그래서 집안의 대를 잇고 조상에게 제사 지낼 아들을 낳기 위해 여자들이 발버둥을 치며 살던 험난한 시대도 있었다고! 지금은 그렇지는 않지만, 아이 키우기가 힘들어서 아이를 낳기는커녕 결혼 자체도 어려워하는 젊은이들이 많다고!

그녀의 단순한 질문에 정직하게 대답하다가 우울한 한국 상황까지 언급하고 말았다. 그러나 해외 입양이 여전히 빈번하게 일어나는 이 상황을 아름답게 둘러댈 말이 없었다. 그녀는 이처럼 예쁜 아이들이 친부모를 떠나야 하는 상황을 가슴 아프게 생각한다면서도 자신은 너무나 행복하다고 말했다. 마음이 무척 복잡하고 착잡했다.

내 마음을 읽었는지 그녀의 표정도 좀 어두워지면서 그녀의 속마음을 얘기했다.

"내게 가장 두려운 일은 우리 애가 자라서 왜 나를 입양했냐고 따져 물으면 어떻게 하나 하는 거예요. 생각만 해도 악몽이에요!"

해외 입양 결사반대의 큰 목소리가 있음을 알고 있기 때문이다.

나는 그녀에게 아이의 친부모에 대해 아느냐고 물어보았다. 공장에서 함께 일했던 젊은 동거 커플의 아이인데, 남자가 임신 사실을 알자마자 바로 떠났다고 했다. 혼자 남은 여자는 낙태를 하려고 했는데, 상황이 여의치 않아 아이를 낳게 되었고, 혼자 키울 방도가 없어서 입양기관에 의뢰한 경우라고 말했다. 너무나 뻔해서 듣지 않고도 알 수 있

스웨덴에서 살아가기 위해 가장 필요한 일을 가르쳐 주는 엄마 아빠의 사랑이 느껴진다. "내가 먹은 밥그릇은 내가 치운다!"

는 그런 이야기였다. 그녀는 서로 사랑해서 함께 살았을 텐데, 아이가 생겼다고 남자가 왜 떠났는지 이해하기 어렵다고 했다. 사랑이 식었기 때문일까 하고 추측도 했다. 왜냐면 스웨덴에선 남녀의 만남과 헤어짐에 아이는 별 영향을 주지 않기 때문이다.

나는 이해하기 어렵다는 그녀도 이해하고, 임신 사실을 알자마자 떠난 무책임하고 무기력한 그 남자도 이해한다. 그래서 무척 속상했다.

그녀는 한국은 낙태 금지 국가냐고도 물어보았다. 스웨덴에서 낙태는 임신 18주 이전까지는 전적으로 여성의 의지에 달려 있다.

입양을 통해 한국과 특별한 인연을 맺게 된 그녀의 이름은 프리다 트롤미르(Frida Trollmyr). 말뫼 시의 부시장으로, 사회민주당 소속 정치인이다. 무척 드문 우연인데, 말뫼의 부시장 총 6명 가운데 3명이 한국인 입양아를 키우고 있다고 했다. 그녀는 세 입양아들이 등장한 잡지도 내게 보여 주었다. 그녀와 대화를 나누고 여러 차례 메시지를 주고받으면서 나는 '자유, 정의, 연대'라는 사회민주주의의 기본 가치들이 그녀 속에 녹아 있음을 느낄 수 있었다. 그녀는 사회민주주의 국가에서 나고 자란 '사회민주주의형 인간'이다!

나는 그녀가 입양 관련해서 내게 했던 질문들과 그에 대한 내 답변들을 생각해보았다. 자국 입양이 왜 안 되는지에 대해서 나는 핏줄 운운했고, 아이 키우기 어려운 환경을 얘기했다.

스웨덴 복지를 대변하는 '인민의 집(Folkhemmet)'이란 개념 속에는 '내 핏줄'에 대한 연연함이 없다. 대신 '우리 집'에 함께 사는 사람들에 대한 담백한 사랑과 이들과 더불어 살아간다는 연대의식이 있다. '인민의 집'이란 개념을 진보적이고 실천적으로 발전시켜 스웨덴을 세계 최고의 복지국가로 발전시켜온 사회민주당 당원인 말뫼의 부시장에게 "핏줄" 운운했던 내가 스스로 너무 답답하고 보수적인 듯 여겨졌다. 난 원래 진보적인 사회민주주의형 인간을 좋아하는데!

양성평등 또한 사회민주주의의 핵심 가치인데, 남자 핏줄을 잇기 위해 여자들이 발버둥 치며 살았던 험난한 시절이 있었다는 말도 부끄러웠다. 어떤 집에서는 딸이어서 입양을 보냈다는 얘기도 들었던 기억이 있다. 한국에는 여전히 양성불평등이 사회 곳곳에 뱀처럼 똬리를 틀고 앉아 있다는 걸 알고 있지만, 나는 이제 한국은 무척 진보한 민주주의 국가라서 그런 일은 결코 일어나지 않는 산뜻한 나라라고 밝게 웃으며 대답했다.

하지만 아이가 생겨서 남자가 떠났다는 사실은 어떻게 설명해야 할지 참 난감했다. 아이 키우기가 그렇게 힘들다니, 도대체 한국의 미래에 대해 뭐라고 생각할 것인가? 아이들은 결국 그 사회의 미래가 아닌가? 나는 그저 경쟁이 심한 사회라 그렇다고 대답하면서, 그런 경쟁적인 노력이 전쟁 후 70년 만에 이렇게 눈부신 경제 발전을 이룩한 원동력이었다고 말했다. 그러나 이젠 우리도 잘사는 나라가 되었으니 좀 편안한 사회로 바꾸려고 노력 중이고, 그래서 우리는 스웨덴 등 북유럽 복지 시스템에 관심이 많다고 얘기했다. 그러면 해외로 입양되는 아이들의 수도 줄어들 것이라고! 그저 내 바람일 뿐이지만, 내가 마치 정책 실행자라도 되는 양 확신하듯 얘기했다.

그러나 난 차마 결코 할 수 없는 말이 있었다. 해외 입양이 수익사업이라는 사실을! 그녀도 알고 있을까? 모르진 않겠지! 하지만 우린 서로 모른 척했다. 어떻게 아는 척을 한단 말인가? 젊고 아름답고 상냥한 부시장과의 대화는 즐겁고 따뜻했지만, 한편으론 부끄럽고 속상했다. 한국의 가치와 스웨덴의 가치가 명료히 대비되는 것을 느꼈기 때문이다. 한국에선 얼마의 돈으로 가치가 매겨졌던 아이가 그녀가 스웨덴으로 데려오면서 돈 가치로는 결코 환산될 수 없는 소중하고 귀한 아들이 되었으니 말이다.

그녀는 한국 사람과 대화를 나누어본 적이 없다면서 호기심 가득한 얼굴로 내 이야기를 들었다. '해외 입양'이란 한 가지 현상 속에 이렇듯 다양한 사회 이야기가 담겨 있어서 그녀의 질문에 간단히 대답하기 어려웠다. 나는 현실과 소망을 반씩 섞어 대답했다. 물론 '헬조선'이라 불리는 현실보다는 소망에 더 큰 무게를 실었다! 지금까지 이룩해 온 걸 보면 한국은 세계에서 가장 많은 잠재력과 가능성을 지닌 나라라고! 그런 한국에서 태어난 당신의 아이들도 누구보다 멋지고 훌륭하게 잘 자랄 것이라고! 그녀는 아주 즐거워했고, 3년 전 첫 아이 입양 때 처음 방문했던 한국이 생각보다 무척 발전한 나라여서 깜짝 놀랐다고 말했다. 그리고 최근 한국의 괄목할 만한 민주주의의 발전도 무척 인상적이라고 말했다. 촛불혁명과 박근혜 전 대통령 탄핵을 두고 하는 말이다!

다시 아들과 함께 찍은 사진을 맑은 눈동자로 들여다보는 프리다를 보면서 떠오르는 생각!

유럽 국가들은 이미 오래전부터 다양한 인종들이 살아왔고, 스웨덴 역시 마찬가지이다. 반도라고는 하나 섬나라와 다름없는 우리나라는 오랫동안 단일민족을 이루고 살아왔으나 이제 다인종 시대에 접어들었고, 다문화에 대해서도 활발하게 논의되고 있다. 그런데 우리는 서양의 백인들과 동남아시아인들, 그리고 흑인들 등 다양한 인종 다양한 국적의 사람들을 어떤 마음으로 대하는가?

스웨덴은 1921년, 좌우파 가리지 않고 세계 최초로 인종생물학연구소 설립을 승인하고, 스웨덴인의 순수 혈통을 찾아 인종적 우수성을 입증하고자 했던 나라이다. 심지어 20세기 중반까지 정신장애자들이나 부랑자, 유전적 결함이 있는 사람들에게 유럽에서 가장 강압적으로 가장 큰 규모로 불임시술까지 시행한 '흑역사'가 있다. 당시 각 언론들이 쏟아냈던 인종주의적 발언들을 생각해볼 때, 현재 스웨덴이 이민자와 난민들에 대해 가장 우호적인 정책을 내놓고 있다는 사실이 좀 놀랍고 기특(!)하기도 하다.

나는 바로 이 지점에서 스웨덴의 국가 이념인 사회민주주의 가치가 진화 발전하면서 스웨덴 사람들의 사고방식을 어떻게 틀 지웠는지 깨달았다. 앞서도 언급했지만, 사회민주주의의 핵심가치는 '자유, 정의, 그리고 연대'이다. 이 3가지 가치를 실현하기 위해 정책들이 입안되고 실행되었다. 공권력과 사회의 의도적인 간섭으로부터의 자유! 사회 경제적 여건이 뒷받침된 진정한 의미의 자유! 모든 인간이 평등한 존엄성을 갖고 있음을 전제로 한 정의! 그리고 다함께 가자는 연대감! 이런 사회민주주의 가치들이 사회 구성원 사이에서 무르익을 때 전 세계 다양한 인종과 민족에 대해서도 열린 마음을 갖게 되리라 믿는다.

나는 우리나라에서 외국인 노동자들이 차별과 부당한 대우를 받고 있다는 보도는 자주 접하는데, 동남아 지역이나 아프리카 지역에서 아이를 입양해 키운다는 한국인은 아직 보지 못했다. 국내 입양도 드문 시점에서 내가 너무 앞서가는 것일까?

## 14. 육아 휴직, 그 달콤한 이름
_ 스웨덴의 '라테 대디'를 아시나요?

특별한 일이 없으면 주로 말뫼시립도서관에 간다. 책 대출이 가능한 공식 개관 시간은 10시부터지만, 잡지나 신문 등이 있는 간이 열람실은 8시 30분에 문을 연다. 아이들을 학교에 데려다주고 도서관에 도착하는 시간이 8시 35분. 드문드문 부지런한 할머니 할아버지들의 모습이 보인다. 나는 최근에 새로 단장한 구내식당의 음식 냄새와 커피 향, 그리고 책들 냄새가 오묘하게 섞여 있는 이 도서관 냄새가 좋다.

도서관에는 다양한 사람들이 온다. 신문을 읽으러 오는 할아버지들, 소설책을 대출해 가는 할머니들, 공부하러 오는 학생들, 엄마 손 잡고 책 보러 오는 아이들, 도서관 견학하는 유치원생들, 어떤 때는 도서관 직원의 안내를 받아 오는 떠들썩한 이민자 단체도 있다. 도서관에서 만나는 이렇게 다양한 사람들 중, 내 눈에 가장 아름답게 보이는 사람

도서관 앞에서 만난, 100일 된 아기를 돌보는 새내기 라테 대디. 그도 곧 라테 대디의 깊고도 심오한 세계를 경험하게 될 것이다.

들이 있으니 바로 '라테 대디(Latte Daddy)'들이다.

 이들은 직장 일을 멈추고 집에서 아이를 돌보며, 유모차를 끌고 다니다 오후에는 이웃의 라테 대디들과 달콤한 라테를 즐기는 육아 휴직 중인 아빠들이다. 스웨덴은 유급 육아 휴직 기간이 총 480일인데, 이를 엄마 아빠가 공평히 나눠 쓴다. 말이 공평이지 여러 가지 여건상 엄마의 육아 휴직 기간이 대체로 훨씬 더 길다. 이에 몇 년 전에, 스웨덴 정부는 아빠가 반드시 육아 휴직을 60일 이상 사용해야 한다는 새로운 규정을 만들었고, 최근에는 이를 90일로 늘렸다.

 점심시간, 도서관 구내식당에서 나는 반드시 서너 명의 라테 대디들

도서관에 신설된 유아코너에는 아기 음식을 데우는 전자레인지가 구비되어 있다. 아기의 음식을 꺼내 데운 뒤 너무나 익숙하고 자연스러운 모습으로 아기를 어르며 음식을 먹이는 라테 대디들.

을 만난다. 따뜻한 음식 한 개 주문하고 집에서 싸온 아이의 음식을 내놓고 먹이는 모습에 서툰 구석은 하나도 없다. 2살 된 첫 아이를 데리고 있건만 한 10년은 아이를 키워본 사람 같다.

 라테 대디들이 도서관을 선호하는 이유는 분명하다. 2층에는 유아들 책이 즐비한 쉼터가 있고, 도서관 바로 옆에는 그 이름도 예쁜 '무지개 놀이터'가 있어서 한 장소에 금세 싫증내는 유아들을 데리고 여기 갔다 저기 갔다 하기에 도서관만한 장소가 없기 때문이다. 도서관 앞에는 커다란 잔디밭을 갖추고 있는 공원도 있어서 공놀이도 할 수 있

놀이터의 라테 대디들. 서로 안면을 트면 각자의 육아 이야기며 아이와 관련된 정보를 나누는 등 수다의 꽃을 피운다.

다. 라테 대디들에게 이렇게 좋은 장소이니 다른 라테 대디들을 만나 그들만의 수다를 떨 수 있는 가장 좋은 곳도 도서관이다. 도서관에 출근하다시피 하는 나는 가끔 라테 대디들의 수다에 끼어들어 아들 쌍둥이를 키웠던 나의 '빡센' 육아 경험을 풀어놓아 그들의 심금을 울리기도 한다.

얼마 전에는 도서관 앞에서 태어난 지 100일된 아기를 돌보는 라테 대디를 만났다. 아빠는 육아휴직을 해도 모유 수유를 할 수 없다는 결정적인 결함(!)이 있기 때문에, 보통 아빠들의 육아 휴직은 아기가 젖

한가롭게 유모차를 밀고 가는 라테 대디.

뗄 무렵부터 시작된다. 일반적으로 아기는 분유와 모유를 동시에 잘 먹는 경우가 별로 없고 둘 중에 하나를 선택하는데, 어제 만난 아기는 드물게도 분유 모유 가리지 않고 잘 먹기 때문에 아빠가 일찍 육아 휴직을 시작할 수 있었다.

 라테 대디로서의 삶이 어떤지 묻는 내게, 그는 하루 종일 아기를 돌보는 일이 힘들기도 하지만, 매일매일 아기에 대한 사랑이 더 많이 솟아난다고 대답했다. 자신은 아버지와의 관계가 별로 좋지 않았는데, 그 이유를 아버지가 너무 일만 하고 자신과 함께 시간을 보내지 않았고, 그래서 서로를 잘 모르고 이해하지 못했던 탓으로 돌렸다. 지금도 아버지와의 관계가 그다지 부드럽지 않다면서 자신은 아이와 친한 좋은 아빠가 되기 위해 노력할 것이라고 내게 다짐하듯 말했다. 라테 대디가 된 지 이제 겨우 1주일! 풋풋한 새내기 라테 대디인 그는 지난 1주일 동안 아기와 더욱 친밀해졌고, 아내를 더 잘 이해할 수 있게 되어 행복하다는, 지극히 교과서적인 장점들을 내게 얘기해주었다.

그런데 새내기 라테 대디가 아직 모르는 게 하나 있다, 나는 알지만! 이것은 내가 가끔 라테 대디들의 수다에 동참했기 때문에 알게 된 것이다.

그들은 육아 휴직이 직장 일에 늘 팽팽했던 정신을 이완시키고 직장을 떠나 있는 자신의 다른 모습을 볼 수 있는 좋은 기회라 했다. 실제로, 직장에서 다람쥐 쳇바퀴 돌듯 계속 해오던 일만 하다가 그 쳇바퀴에서 놓일 수 있었던 육아 휴직 기간 후 자신이 뭘 좋아하는지 알게 되어 직업을 바꾼 사람들도 더러 있다고 한다. 그리고 자신의 모든 일정을 아이에게 맞추며 아이의 눈높이로 세상을 바라볼 수 있는 보물 같은 시간이라고 입을 모아 얘기했다. 이제 아장아장 걷기 시작하는 아이의 걸음을 따라가며 아이 없이 지금까지 살아온 삶을 반추하고, 아이와 더불어 살아갈 소망스러운 세상을 꿈꾼다고도 했다.

육아 휴직은 집에서 아이를 돌본다는 단순한 차원을 뛰어넘는다. 아이를 위하는 일이 직장에 나가 돈을 벌어오는 것에 머물지 않아야 한다. 아이의 눈을 들여다보고, 아이가 보는 것을 보면서 아빠도 미래를 꿈꾼다. 아이의 시선이 닿고 아이가 손가락으로 가리키는 곳에 아빠의

다정하고 세심한 아빠의 손길에 마냥 행복한 아이.

미래가 있기 때문이다. 잠시라도 일을 쉬면 경쟁에서 뒤처질까, 혹시 사무실에서 내 책상이 사라지는 것은 아닐까 하는 걱정이나 우려 없이 모든 부모는 육아 휴직을 반드시 가져야 한다. 왜냐면 육아 휴직 기간은 '아이와 더불어 살아갈 소망스러운 세상을 꿈꾸는 시간'이기 때문이다.

정책의 힘이 이렇게나 크다. 아이는 엄마가 돌보는 것이 자연스럽고 아빠가 돌보는 모습은 낯설었는데, 저렇게 자연스럽게 만든 것이 다 정책 덕분이다. 아이들 관련해서 처음 스웨덴에 왔을 때 무척 낯설고 놀라웠는데 이젠 익숙해진 것들이 꽤 많다. 국가에서 1년에 한 번씩 무료로 치과 검진을 받게 하여 아이들의 치아를 돌보고, 아이들의 학용품을 지원하고, 학교에서 점심을 제공하고, 아이들이 아프면 무료로 치료해주고, 아이에게 들어가는 비용이 있으면 국가에서 15만 원 정도를 보조해주고, 대학원 석사 과정까지 무료로 공부하게 해주고, 박사 과정에 들어가면 공부를 직업으로 삼았다고 해서 월급을 지급하는 것 등등…….

물론 국가가 정책적으로 지원하는 이 모든 것 가운데 단연 최고는 아빠들의 90일 의무 육아 휴직 기간이라고 생각한다. 돌아보면 아쉽기만 한, 다시 돌아오지 못할 아이의 어린 시절 한순간을 오롯이 아이와 함께 보낼 수 있다는 것은 부모에겐 다시없는 선물이다. 이 의무 육아 휴직 기간은 국가가 국민에게 주는 최고의 선물이자, 스웨덴을 아름답게 발전시키는 원동력이라 아니 할 수 없다. 나는 라테를 마시며 수다를 떠는 라테 대디들의 모습에서 스웨덴의 밝은 미래를 본다.

## 15. 당당한 황혼은 아름다워
_스웨덴의 실버층을 지원하는 탄탄한 인프라

　175센티미터 가량의 훤칠한 키에 나이키 운동화, 멋진 등산모, 청바지, 그리고 토끼 열쇠고리가 달린 자그마한 등산 배낭에 등산용 지팡이! 버스를 기다리는 어떤 여성의 뒷모습이었다. 당시 스웨덴에 온 지 석 달이 채 되지 않았던 나는 뭐든 물어보는 게 일이었다. 근처에 장이 선다고 들었는데, 그게 어디냐고 그 여성에게 다가가 물어보았다. 화사하게 웃으며 뒤돌아보는데, 아! 정말 깜짝 놀랐다. 얼굴이 하회탈이었다. 알고 보니 86살이나 된 할머니 아닌가? 그런데 낼 모레면 구순인 할머니 허리가 어찌 저리도 꼿꼿하단 말인가?

　스웨덴에는 노인 패션이 따로 없다. 아니, 이 점은 다른 유럽 나라들도 비슷한 것 같다. 아주 오래전 대학원 다니던 시절 독일에서 1년 어학연수를 한 적이 있었는데, 그때 가장 놀라웠던 점은 나이 비슷한 우

자전거를 타는 87살 할머니. 스웨덴에서 아주 흔하게 마주치는 풍경 가운데 하나다. 이 할머니께서 자신의 건강 비결이 자전거라고 말씀하셨다.

리 할머니와 독일 할머니의 스타일이 너무 달랐다는 것이다.

우리 할머니는 상당히 멋쟁이였다. 늘 뽀얗게 화장을 하고 고운 색깔 치마저고리에, 낭자한 머리에는 비녀를 꽂고 계셨다. 머리를 파마한 이웃집 신식 할머니들은 대개 잔잔한 무늬의 카디건에 옥색 치마 등을 입었다. 그러나 아무리 멋을 내려 했다고 해도 거기서 거기인 노인 패션이었다. 한국에는 중년 부인 이상 노인 옷을 파는 매장이 따로 있다. 이곳에서 옷을 사기 시작하면 겉모양새는 노인임을 스스로 인정하는 것이 된다.

그런데, 독일에서 이웃에 살던 73살 할머니는 바퀴 커다란 자전거에

167

엉덩이도 안장에 붙이지 않고 페달을 힘차게 밟으며 도로를 질주하고 다녔다. 처음에는 입을 다물 수가 없었다. 가장 부러웠던 것은 건강이었고, 그다음으로 부러웠던 것은 스스로를 노인 취급 하지 않는 패션이었다. 청바지에 맨투맨 티셔츠! 이곳 스웨덴에는 긴 생머리를 늘어뜨린 일흔 넘은 할머니들도 많다. 한국에서라면 '주책'이라고 뒤에서 쑥덕거리지 않을까? 우연히 의류 매장에서 옷을 고르는 70대 노부부를 만났는데, 자신은 젊은 시절부터 입었던 똑같은 디자인의 옷을 고른다고 말씀하셨다. 과연 할아버지는 청바지에 녹색 재킷을 입고 있었는데, 정말 멋쟁이 노신사였다!

그런데 이 '주책'은 패션에만 머물지 않는다.

나에겐 74살의 아름다운 할머니 친구가 있다. 멀리 스톡홀름에 사는데, 가끔 스톡홀름에 출장 갈 일이 있으면 만난다. 그런데 아, 이 할머니가 사랑에 빠졌다! 재작년 여름 스톡홀름에 갔을 때, 사랑에 빠진 할머니 친구는 정말 소녀 같았다. 이케아에서 카트를 밀고 당기는 그렇고 그런 뻔한 우연으로 만나서 함께 차를 마시고, 향초가 놓인 아름다운 식탁에서 저녁 식사를 하고, 영화도 함께 보고, 손을 잡고 산책도 하고……, 이런 이야기를 늘어놓으시는데, 정말 주름진 뺨이 발그레하게 물드는 것을 나는 보고 말았다! 주름진 피부 너머 결코 늙지 않는 부분을! 할머니께서는 남자친구의 사진을 보여주며 눈을 동그랗게 뜨고 내게 물었다.

"잘생기지 않았어?"

나의 할머니 친구가 너무나 아름다워서 눈물까지 핑 돌았었다.

지난봄에 만났을 땐, 할머니의 오래전 남자친구였던 멋진 노신사를 소개받았다. 그분은 스톡홀름 구 시가지인 감라스탄(Gamlastan)에 있는 500년 된 건물의 아파트에서 살고 계셨다. 혼자 사느냐고 여쭈었더니 지금은 혼자 살지만 브뤼셀에 '걸프렌드'가 있다고 하셨다. 3층에서 사는 할아버지가 꼭 보여주고 싶은 게 있으니 4층으로 올라가자고 하셨다. 할아버지 일흔여섯, 걸프렌드 일흔둘! 할아버지는 두 분의 신접살림을 위해 4층에 조금 넓은 집을 구입했고 한창 리모델링 중이었다. 페인트칠이나 마룻바닥 니스칠 같은 특별한 기술이 필요하지 않는 일은 직접 하고 계셨다. 침실이 될 방의 벽을 은은하게 아이보리 색깔로 했는데 괜찮냐고 물어보셔서 나와 할머니는 크게 고개를 끄덕였다. 할머니는 이외에도 욕실 타일 등 옛 애인의 신접살림집 리모델링에 대해 이것저것 아름다운 조언을 아끼지 않았다.

스웨덴에는 우리나라 사람들 사이에서 흔하게 쓰는 "주책스럽게 이 나이에 무슨!"이란 말이 없다. 또한 이 '주책'은 사랑에만 머물지 않는다. 회사에서도 나이 많은 사람들이 젊은이들에게 일자리를 양보해야 함에도 불구하고 '주책'스럽게 대체로 65살 정년까지 오래오래 자리를 지킨다. 자기보다 나이 어린 사람이 자신의 보스가 되어도 아랑곳하지 않는다. 이는 나이나 지위에 따라 서열이 나뉘지 않기 때문일 것이다. 스웨덴 사람들은 그들이 어떤 사회적 관계에 놓여 있다 해도(사장과 비서, 교수와 학생 등) 서로를 부를 때 직함 대신 간단히 이름을 부르는데, 이런 문화가 반영된 게 아닌가 싶다.

보통 '주책'이란 말은 나이에 맞지 않는 행동을 하는 사람에게 쓰는 표현이다. 그런데 나이를 묻지도 따지지도 않는 스웨덴에 와서 살다보니, '주책'의 개념에 혼란이 생겼다. 나이에 맞게 산다는 게 뭘까?

사람들은 누구나 나이를 먹고 늙는다. 다른 건 몰라도 이것은 참 공평하다. 그런데 마흔 줄에 접어들어 보니 나이만큼 마음은 늙지 않는다는 것을 깨달았다. 할머니들이 "내가 마음은 청춘이여……."라는 말씀을 곧잘 하시는데, 스웨덴 할머니들의 패션을 보고, 노인들이 사랑하는 모습을 보니 그 청춘의 마음을 그대로 읽을 수 있었다.

스웨덴 사람들은 나이가 아니라 몸집에 따라 옷을 입는다. 사랑을 할 때도 나이 때문에 주저하지 않는다. 일도 회사가 문을 닫지 않는 한, 정년까지는 나이 때문에 그만두지 않는다. 나이가 들어도 긴 생머리에 나풀거리는 블라우스를 입고 싶다면 그 욕망대로, 내일 죽더라도 오늘 사랑하겠다면 그 열정대로, 정년을 꿋꿋이 지키는 당당함으로 산다면, 누가 주책이라고 흉을 좀 보더라도 즐거운 노인이 될 듯하다.

그런데 노인이 이렇게 '주책'을 부리며 살 수 있는 전제 조건은 무엇일까? 여유, 특히 경제적 여유이다. 이러한 스웨덴 노인들의 여유는 자신의 호주머니에서 나오지 않고, 국가의 복지정책에서 나온다. 정년인 65살까지 약 40년 정도 성실히 일한 사람은 국가에서 나오는 연금으로 노후를 여유 있게 즐기며 살 수 있다. 스웨덴 사람들이 자신이 스웨덴 국민임을 가장 고맙게 생각하는 날이 바로 첫 연금이 통장에 들어온 날이라고 하는데, 크게 고개가 끄덕여졌다.

나는 이곳에서 2개 단체의 회원인데, 그중 한 단체에는 할머니 회원들이 많다. 대개 젊은 시절 직장 생활을 한 덕분에 넉넉한 연금을 받는

힐러리 할머니께서 우간다 여성 돕기 운동에 우리의 동참을 호소했다. 우간다 여성들이 만든 액세서리를 팔았는데, 나는 팔찌를 몇 개 샀다.

분들이다. 이 여유 있는 분들은 어떻게 시간을 보낼까?

 왕성한 활동만을 놓고 본다면 결코 '은퇴'했다고 할 만한 분들이 아니다. 한 달에 세 번 정도 정기 모임이 있는데, 얼마 전에는 오전에 모여 간단한 아침식사를 함께 하는 커피모닝 모임에서 모임의 보드멤버인 73살 힐러리 할머니가 자신이 주관하는 프로젝트를 소개하고 우리에게 동참을 호소하였다. 힐러리 할머니는 우간다에서 "희망을 심는" 프로젝트를 실시하고 있는데, 매년 1월부터 3월까지 두 달간 우간다에 가서 봉사활동을 하고, 우간다 여성들이 만든 액세서리와 가방 따위를 스웨덴에 가져다 팔아서 그 수익금을 전액 우간다 여성들에게 보낸다. 그야말로 나이는 숫자에 불과한 '젊고 아름다운' 노후 생활이 아닐 수 없다. 나도 팔찌를 몇 개 샀다.

스웨덴의 노인 정책은 다른 유럽 국가에 비해서도 월등하다는 평가를 받는데, 그 이유는 노인 문제를 사회복지 정책이 논의되던 19세기 말부터 가족 문제가 아니라 사회 문제로 다루었기 때문이다. 19세기 말, 산업화가 진행되면서 사람들이 농촌에서 도시로 이주하였고, 핵가족화되어 가족이 해체되면서 혼자 살게 된 빈곤한 노인이 생겨났고, "경제적 능력이 없는 노인을 누가 돌볼 것인가?"라는 문제가 대두되었다. 노인 빈곤 문제를 해결하기 위해 일찌감치 1913년에 노령연금제도를 도입했는데, 이는 국가가 모든 노인을 지원한다는 의미에서 최초의 보편적 복지제도였다. 그 후 시대 변화에 따라 몇 차례 큰 개혁이 단행되었다.

스웨덴 할머니 할아버지들이 받는 기초연금은 스웨덴에서 40년 이상 살고 65살 이상이 되면, 혼자 살 경우 한 달에 약 100만 원, 결혼해서 둘이 살 경우 약 90만 원 정도를 받는데, 여기서 세금을 떼면 실제 수령액은 각각 70만원, 63만 원 정도이다. 이 연금은 소득에 상관없이 스웨덴 국민이라면 누구나 받는다. 스웨덴에서 40년가량 평범한 직장 생활을 했다면 소득 연금과 투자형 프리미엄 연금을 받게 되어 노후 생활에 큰 불편함 없이 살 수 있다. 가장 불행한 경우는 외부적인 경제 활동을 하지 않은 가정주부로 살다가 이혼을 한 경우이다. 그럴 경우 기초연금만 받게 되는데, 국가는 이런 경우 주거비를 보조해준다. 그러나 살기에 빠듯해서 자녀나 친척 등의 도움을 받기도 한다고 들었다.

내가 스웨덴 친구에게 이곳에선 빈곤해 보이는 노인을 별로 보지 못했다고 했더니, 노인들이 자존심이 강해서 결코 빈한한 티를 내지 않는다고 말했다. 하지만 빈한한 티를 내지 않을 수 있는 여유가 있다는 것만도 어디인가?

이제 우리나라도 초고령사회 진입을 눈앞에 두고 있다. 그런데 점심 한 끼를 공짜로 해결하기 위해 길게 찬바람을 맞으며 몇 시간씩 줄을 서고, 굽은 허리로 폐지를 줍고 비틀거리며 리어카를 끌고 가는 노인들의 처참한 모습을 보면 우리가 지금까지 이룩한 경제 발전이라는 게 대체 무엇인가 자괴감을 느끼게 된다.

우리는 누구나 노인이 된다. 그러니 노인 돌봄 정책은 미래의 나를 돌보는 일이 된다. 나는 젊은 사람들이 주책이라고 흉보는, 그런 삶을 사는 노인이 되고 싶다.

## 16. 100가지 음식이 차려지는 날
_ 스웨덴의 크리스마스 상차림 '율보드' 와 스웨덴 음식 이야기

요즘은 인터넷 검색을 하면 세계 어느 나라의 음식이건 모두 구경할 수 있고, 음식 기행 프로그램도 많아서 음식에 관한 정보가 차고도 넘친다. 특히 스웨덴 음식은 한국 이케아에서 레스토랑을 운영하면서 소개하고 있으니 더욱 낯설지 않을 것 같다.

하늘과 땅과 바다가 내어주는 식재료야 크게 다르지 않지만 기후와 풍토가 달라 그런지 이들의 음식은 우리나라 음식과 너무나 다르다. 감자를 삶고 튀겨놓은 것 이외에 어째 조리 방식이 이렇게나 다른지 모르겠다. 스웨덴 음식과 한국 음식이 얼마나 다른지 극명하게 보여주는 예가 있으니, 바로 '율보드(Julbord)' 라 불리는 크리스마스 뷔페 상차림이다. 매년 11월 말부터 크리스마스 전까지 약 4주간 몇몇 레스토랑에서 특별히 제공한다.

19세기 경 중산층 가정의 율보드 파티 장면.

　내가 율보드를 처음 경험한 곳은 이케아에서였다. 선뜻 가기 망설여질 만큼 일반 레스토랑의 율보드 가격은 높은 편인데, '저렴과 실속'이라는 이케아 콘셉트가 율보드에도 적용되어 발걸음 가볍게 갈 수 있었다. 보통 어른 1인 가격 3만 원, 회원 가격 2만 원! 그런데 스웨덴에 사는 사람치고 이케아 회원 아닌 사람이 없으니 2만 원이라 해야 옳다. 13살 미만 아이는 5,000원!
　'적당히 알맞게'라는 뜻의 라곰이 통하지 않는 곳이 있다면 아마 뷔

16세기 건축 양식이 그대로 보존되어 있는 시청사 지하 레스토랑. 사람들은 각자 좋아하는 율보드 음식을 고르느라 눈을 반짝이고 있다. 100가지 음식 앞에서 무얼 먹을까, 행복한 고민 중이다.

페 레스토랑이 아닐까 한다. 대체로 뷔페 레스토랑에 가는 사람들의 자세는 '맘껏 과식하자!' 아닌가? 특히 율보드는 100가지 음식이 테이블 위에 오르기 때문에 모든 음식을 조금씩 맛만 봐도 그 양이 상당하다는 말을 들었다.

1년 중 내가 저녁을 차리지 않는 날이 손가락에 꼽을 정도이니, 그날은 저녁 준비를 하지 않아도 된다는 생각에 하루 종일 가뿐한 마음으로 지냈다. 금요일 저녁, 남편이 퇴근하고 우리는 모두 이케아에 갔다. 식사 시간 즈음에 이케아 레스토랑은 항상 붐비는데 그날도 그랬다.

어떤 음식들이 펼쳐져 있을까 정말 궁금했는데, 아! 선뜻 손이 가는 음식이 없었다. 특히 우리 아이들이 먹을 만한 게 별로 없어서 서둘러 집에 돌아와 아이들에게 저녁을 다시 차려줘야 했다.

나는 한 차원 높은 율보드를 만나고 싶었다. 이케아 가구로 전체 스웨덴 가구의 품질을 평가할 수 없듯이 율보드 또한 그러할 것이기 때문이다. 나는 율보드 뷔페를 제공하는 한 유명 레스토랑인 〈시청사 지하(Rådhuskällarens Julbord)〉를 예약하고, 음식의 질을 까다롭게 따지며 이케아 레스토랑에는 절대 가지 않는 스웨덴인 친구 한 명을 초대했다. 뷔페 레스토랑에 혼자 가는 것보다 더 처량해 보이는 일은 없을 테니! 최고의 식재료만을 고집스럽게 사용하는 것으로 유명한 이 시청사 지하 레스토랑의 뷔페 가격은 점심 425크로나(약 6만 원), 저녁 525크로나(약 7만 3,000원)! 다른 레스토랑에 비해 그리 비싼 가격이 아니다. 이케아 레스토랑은 왁자지껄 어수선했으나 이 레스토랑은 차분하고 한산했고 음식도 훨씬 정갈했다.

이런 식의 뷔페 상차림을 스웨덴어로 오픈 샌드위치라는 뜻의 '스뫼르고스보드(Smörgåsbord)'라 부르는데, 크리스마스날 특별히 차린 스뫼르고스보드를 '율보드'라 한다. 스뫼르고스보드는 16세기 부유한 상인들이 즐겼던 '브랜빈스보드(brännvinsbord)'라는 술상에서 유래했다. 스웨덴 상류층 신사들은 식사 전에 서서 몇 종류의 술과 전채를 즐겼는데, 전채의 수가 증가하면서 스뫼르고스보드로 발전했다.

스웨덴어로 '스뫼르(Smör)'는 버터, '고스(gås)'는 거위를 뜻한다. 우유를 마구 휘저어 버터를 만들던 시절, 우유에서 분리되어 나온 기름

방울들이 표면에 둥둥 떠다니는 것이 마치 물 위에 떠 있는 거위같이 보인다고 해서 붙여진 이름이다. 이 작은 버터조각들의 크기가 빵 위에 올리기 안성맞춤이었고, 그때부터 스뫼르고스는 '오픈 샌드위치'가 되었다.

레스토랑 문을 열고 들어서자 사과를 입에 물고 있는 멧돼지 머리가 보였다. 이런 장면을 보면 크리스마스가 과연 예수의 탄생을 기리는 그리스도교의 축제인가 의심이 든다. 북유럽 신화에 등장하는 오딘이나 토르, 프레야 같은 신들은 그리스도교가 들어오면서 이단으로 몰려 제단에서 축출당했는데, 사과를 입에 물고 있는 멧돼지는 아름다움과 풍요의 여신인 프레야에게 새해의 풍년을 비느라 바치는 제물이었다. 그런데 옛 스웨덴 전설에는 어찌하여 성경에 나오는 순교한 성자 스데반이 말을 타고 이 돼지머리를 크리스마스 잔치에 가져왔다고 하는지 이해할 수가 없다. 그리스도교 안에서 이교도가 살아남은 방식인 듯한데, 인간의 편리에 따라 신들이 움직이는 걸 보면 인간이 신을 지배하는 것 같다. 크리스마스햄 또한 동짓날 프레야 신에게 바치던 멧돼지 제물이었다.

나의 까다로운 스웨덴 친구는 크리스마스 뷔페는 전통적으로 음식을 먹는 순서가 있으니 그대로 따라보자고 했다. 원래 전통을 따르자면 이 뷔페는 5시간을 먹어야 하는데, 다행히 그 전통까지 따라보자고 하진 않았다. 물론 순서든 시간이든 이런 전통을 따르는 사람은 한 명도 없지만, 나는 그녀의 말을 얌전히 따랐다.

첫 번째 순서는 청어피클을 포함한 해산물 요리, 연어와 장어, 그리

크리스마스 상차림과 사과를 입에 물고 있는 멧돼지머리는 '적과의 동침'을 의미한다. 사과를 입에 물고 있는 멧돼지는 원래 그리스도교가 쫓아낸 북유럽 신들 가운데 프레야 여신에게 풍요를 기원하며 바친 제물이었기 때문이다. 인간의 편의에 따라 그리스도교 안에서 이교도가 살아남는 방식인 듯한데, 이를 보면 인간이 신을 지배하고 있다는 느낌을 지울 수 없다.

고 어패류다. 특히 청어피클은 허브의 일종인 딜(Dill), 겨자, 마늘, 양파, 링곤베리, 오렌지, 그리고 블루베리까지 다양한 향으로 새콤달콤하게 절인 것이다. 날생선살이 물컹하게 씹히는데, 내 입맛에는 겨자에 절여진 게 향이 강해서 그나마 먹을 만했다. 이걸 빵과 함께 먹다니……. 한국의 조개젓이나 명란젓, 창란젓 등은 밥에 올려 먹으면 얼마나 맛있는가?

두 번째 순서는 크리스마스햄, 팬에 구운 쇠고기나 칠면조 고기이다. 여기에 크리스마스치즈가 곁들여지고, 다양한 북유럽 향의 빵을 먹는다. 여기서 '북유럽 향'이라 함은 정향, 계피, 생강, 카르다몸 향 등인데 겨울이 되면 이들 빵 냄새가 무척 진해진다. 햄은 우리에게도 익숙하고 구운 쇠고기 등도 낯설지는 않지만 불고기 등 양념 맛이 강한 우리나라 고기요리와는 다르다. 우린 생고기를 구워도 쌈장과 함께 먹으니까.

세 번째 순서는 뜨거운 음식이다. 스웨덴 국민음식으로 '쇳불라(köttbullar)'라 불리는 미트볼, 비엔나 소시지를 닮은 프린스코르브(prinskorv)를 데쳐놓은 것, 붉은 양배추볶음, 삶은 감자, 말린 대구 등의 흰살 생선을 맹물 속에 넣고 끓인 밍밍한 맛의 '루트피스크(lutefisk)', 감자 크림 그라탕(Janssons frestelse), 비트 샐러드 등이다. 그런데 이곳은 추운 지역이라 따뜻한 음식이 많을 것 같은데, 차가운 음식이 훨씬 더 많다.

쌀을 우유로 끓여 죽처럼 만든 푸딩(Risgrynsgröt)이 후식으로 제공되는데, 어떤 곳에서는 후식이 아니라 크리스마스 전날 아침에 먹기도 한다. 여기에 우유나 설탕, 시나몬 또는 아몬드를 넣는데, 이 때 아몬드가 들어간 죽을 받는 사람은 1년 내내 행운이 오고 1년이 가기 전에 결혼을 하게 된다고 한다.

시대가 변하고 지역간의 교류가 활발해지면서 음식 보관법 또한 발달하자 율보드에 올라가는 음식도 종류가 다양해졌다. 20세기 초부터 달걀과 생선요리가 더해졌고, 미트볼은 1970년대에 율보드에 등장했다. 현재 보편적으로 율보드에 항상 등장하는 음식들은 여러 가지 소

간소시지(왼쪽)와 '악손의 유혹'이라는 감자 크림 그라탕(오른쪽).

삶은 달걀 위의 새우(왼쪽)와 치즈 파이(오른쪽).

절인 연어인 그라브락스(왼쪽)와 크리스마스소시지(오른쪽).

스에 절여진 다양한 청어피클, 그라브락스(Gravlax)라 불리는 절인 연어, 루트피스크, 크리스마스햄, 여러 가지 소시지, 젤리 타입의 송아지 요리, 양념한 쇠고기를 훈제하여 차게 식힌 것, 갖가지 잼, 붉은 비트 샐러드, 감자 크림 그라탕, 미트볼, 쌀푸딩, 구운 갈비, 찌거나 구운 감자, 다양한 양배추 요리, 호밀빵 등이다. 그리고 크리스마스 시즌에만 등장하는 콜라 비슷한 음료인 '율무스트'와 크리스마스 맥주 등이 있다. 과거 이 식단의 목적은 단백질 섭취에 있었기 때문에 감자와 채소는 구석진 곳에 놓았다고 한다.

물론 내가 갔던 레스토랑에는 이보다 훨씬 더 다양한 율보드 음식들이 있었다. 나는 친구와 함께 순서대로 조금씩 덜어와 가급적이면 모든 것을 맛보려 했으나, 블루베리 향이 나는 청어피클과 간으로 만든 파이, 훈제한 뱀장어, 머리고기햄 등에는 결코 손이 가지 않았다. 까다로운 친구 역시 그 모든 음식을 다 맛본 것은 아니었다. 이건 뭐고 저건 뭐고 나에게 설명을 해주면서 자신의 호불호도 명확히 말했다. 그런데 그녀는 모든 종류의 청어피클과 훈제한 뱀장어를 거의 반 토막이나 잘라왔다. '내가 대접하는 점심이지만 네가 본전을 제대로 뽑는구나' 싶었다. 사람들은 최소한 네 번 또는 다섯 번 정도의 접시는 비운다고 하는데, 난 세 번으로 족했다. 레스토랑에서 율보드를 즐기게 된 것은 제1차 세계대전 이후였고, 1970년부터는 회사 직원들에게 크리스마스 회식 장소로 인기가 높았다.

삶은 달걀 위에 삶은 새우를 얹어놓은 것과 후식으로 제공되는 초콜릿케이크 등을 빼면 율보드 음식들 중 한국인인 나에게는 뭐 하나 익

루트피스크(왼쪽)와 쌀푸딩(오른쪽).

크리스마스햄(왼쪽)과 페타 치즈 샐러드(오른쪽).

따뜻하게 훈제된 연어(왼쪽)와 여러 가지 청어피클들(오른쪽).

숙한 맛이 없었다. 그나마 익숙한 미트볼에도 살짝 낯선 향이 들어 있고 심지어 새콤달콤한 링곤베리잼을 곁들여 먹는다. 링곤베리잼은 어떤 스웨덴 음식 옆에 두어도 어색하지 않다. 마치 한국 밥상 위의 김치 같은데, 야생에서만 자라는 링곤베리는 아주 오래전부터 스웨덴 사람들이 어둡고 긴 북유럽 겨울을 잘 견뎌내게 하는 비타민의 보고로, 건강지킴이였다.

그런데 비록 율보드에는 오르지 않지만, 낯선 스웨덴 음식들 중 내게 무척 신선하고 맛있는 것이 하나 있으니 바로 '스뫼르고스토르타(Smörgåstårta)'이다. 샌드위치 케이크인데, 내가 이것을 처음 맛본 것은 아파트 주민모임 때였다. 1년에 한 번 5월 무렵에 25가구가 모여 여러 가지 아파트 관련 현안들을 얘기하는데 모임이 저녁식사 즈음이라 이를 준비한 것이다. 겉보기엔 달콤한 생크림처럼 생겼는데, 토핑을 보면 비릿하다. 크림치즈와 크림버터, 마요네즈와 생크림 등으로 만든 꽤 짭짤하고 다소 느끼하면서 어쩌면 고소한 진한 크림을 몇 개의 호밀 빵에 잔뜩 바른 뒤 켜켜이 달걀과 새우, 훈제 연어, 고기, 올리브, 햄, 캐비어, 토마토, 오이, 레몬조각, 치즈 등을 취향에 맞게 넣어 쌓은 케이크이다.

내가 이웃에게 무척 맛있다고 했더니, 이건 산 것이라 별로인데 자기 할머니는 정말 맛있게 만드신다고 말했다. 한국 할머니들만 손맛이 있는 게 아니다. 내가 우리 할머니의 장아찌와 콩나물잡채 맛을 그리워하듯 이들도 자기 할머니의 스뫼르고스토르타의 맛을 그리워하는 것이다. 그러나 지금은 저녁 식사 준비에 30분 이상을 쓰지 않는 시대

이케아에서 구입한 소박한 스뫼르고 스토르타.

이다. 스뫼르고스토르타를 집에서 만들던 시대는 할머니 세대에서 끝이 났으니, 나나 내 이웃이나 할머니 손맛을 느끼지 못하는 건 마찬가지이다.

스뫼르고스토르타는 화려한 장식이 가능할 뿐 아니라 조각으로 나누어 먹을 수 있는 케이크 형태이기 때문에 가족모임이나 생일, 결혼식 또는 장례식, 회사모임 등 정확히 참석자 수를 알지 못할 때 마련되는 대표적인 행사음식이기도 하다. 차갑게 냉장고에 보관해야 하는데, 열량이 높아 다이어트를 위해서는 경계해야 하고 할머니 손맛으로 만들어진 것은 아닐지라도 마트에 가면 나는 그 주변을 자주 얼쩡거리다 온다. 이쯤 특이한 음식을 좋아한다면, 저 위에 열거한 율보드 음식들도 내 입맛에 그리 맞지 않을 이유가 없으련만, 모든 것을 먹어보지 않았다는 것이 조금 후회스럽다. 누가 날 초대한다면 모를까 내 돈을 내고 또 가고 싶진 않기 때문이다.

또 하나 내가 좋아하는 메뉴가 있으니 생선수프이다. 여긴 도시마다

'살루할렌(Salluhallen)'이란 먹거리 집합소가 있는데, 다양한 레스토랑이 있고, 가게에서는 생선이나 육류, 치즈, 햄 등을 판다. 나는 이곳 레스토랑에서 파는 생선 수프를 좋아한다. 대구류의 흰살 생선이 약간 시큼한 토마토소스 국물 속에 잠겨 있는데 묘하게 매력적인 맛이다. 함께 갔던 친구 말이, "스웨덴 어촌의 맛"이라고 한다. 우리나라 국물 요리 그 어떤 맛과도 비슷하지 않다. 생선을 다 먹은 뒤, 그 국물에 겉은 딱딱하고 속은 질깃하게 부드러운 빵을 찍어 먹으면 몹시 포만감이 느껴져서 저녁은 먹지 않아야겠다는 생각을 하게 된다.

스웨덴에는 왕의 목숨을 빼앗아 간 빵도 하나 있다. 스웨덴에도 특별한 날 특별하게 챙겨먹는 음식들이 있는데, 만물이 소생하기 전 먹거리가 부족한 이른 봄, 지방 섭취가 특별히 중요해지는 이때 스웨덴 사람들은 '셈로(Semlor)'라는 하얀 크림이 듬뿍 들어간 빵을 먹는다. 종교적인 구색도 맞추느라 예수의 고난주간이 시작되기 직전 화요일을 그날로 정해 '지방을 섭취하는 화요일(Fettisdagen)' 또는 '셈로의 날(Semlordag)'이라 부른다. 이 빵을 먹고 유명을 달리한 스웨덴의 왕은 아돌프 프레데릭(Adolf Frederick, 1710~1771)이다. 평소 대식가인 그는 그날 밤 거한 저녁식사를 마친 뒤 후식으로 셈로를 자그마치 14개나 먹고 따뜻한 우유에 샴페인까지 쭉 들이켠 뒤 기분 좋은 저녁을 보내다가 갑자기 복통을 일으켜 급사했다.

사망 원인을 반드시 셈로에 두긴 어렵겠지만 유명한 이야기라 사람들이 먹기 꺼릴 것 같은데, 셈로는 이른 봄뿐 아니라 사시사철 어느 때나 빵집 진열대 위에 자리를 차지한다. 이제 먹거리가 풍부한 시대가

왕을 살해한(?) 빵, 셈로빵. 그러나 그런 혐의에도 불구하고 이 하얀 크림이 듬뿍 들어간 빵은 변함없이 많은 사랑을 받으며 진열대에 늘어서 있다.

도래해서 오히려 지방 섭취를 줄여야 하는 마당에도 사람들이 많이 먹는다는 뜻이다. 죽을 때 죽더라도 맛있는 거 먹고 보잔 얘기인가?

물론 엄격한 다이어트를 하는 사람도 많다. 소금이 전혀 가미되지 않는 음식만 먹는다는 친구가 한 명 있는데, 그 친구는 결코 내 식사 초대를 받지 못할 것이다. 내게는 자신을 소년이라 생각하는 소녀 친구가 한 명 있는데, 그 친구는 살아 움직이는 그 어떤 것도 먹지 않는다. 스웨덴에는 채식주의자들이 무척 많아서 어느 레스토랑이건 반드시 채식 식단이 있어야 하고, 어느 마트에건 큼지막한 채식 코너가 따로 있다. 스웨덴 전체 인구의 10% 이상이 채식주의자라는데 점점 늘어나는 추세이다.

나도 고기를 좋아하지 않지만, 고기 단백질이 풍부한 율보드는 내게 한 번의 유의미한 경험이었다. 율보드를 보고 마트를 둘러봤더니, 예전에는 그저 스쳐 지났을 뿐이었던 다양한 맛의 청어피클과 많은 종류의 햄과 소시지, 샐러드, 버터, 치즈 등이 한꺼번에 눈에 들어왔다. 집에서 요리 하나 하지 않고도 50가지 이상의 음식들로 율보드를 뚝딱 차려낼 수 있을 것 같았다. 아! 말린 대구살을 밍밍하게 맹물에 삶고, 우유에 쌀을 넣고 끓여 쌀푸딩만 만든다면 말이다.

스웨덴 사람들은 요리하는 데 결코 많은 시간을 사용하지 않는다. 남녀 모두 일을 하기 때문에 저녁에 집에 와서 이것저것 장만하여 거한 저녁상을 차릴 수가 없다. 대부분의 스웨덴 사람들은 저녁 식사 준비에 30분 이상을 사용하지 않는다고 한다. 나는 저녁 찬거리가 늘 걱정이라 아이들 친구 엄마한테 오늘 저녁엔 뭐 해먹을 거냐고 자주 묻는데, 대체로 파스타 아니면 간단한 오븐 요리였.

예를 들면 이들의 저녁 식사란 이미 다듬어진 냉동 생선에 시판용 소스를 뿌린 뒤 오븐에 넣어 굽고, 감자를 삶고 몇 가지 채소로 샐러드를 만들면 준비 끝이다. 아니면 거의 인스턴트 요리에 가까운 방식으로 스파게티를 해먹는다. 냉동 피자를 구워 먹는 경우도 있고, 양념된 닭고기를 사다가 그대로 오븐에 굽고, 감자 샐러드 한 팩과 채소 샐러드 한 봉지를 뜯어 접시에 담고 그 옆에 와인 한 잔을 놓으면 너무나 훌륭한 저녁 식사가 된다. 이렇게 저녁을 준비하는 데 걸리는 시간은 채 10분도 안 된다. 그래서 마트에 가면 냉동식품 코너만 자꾸 커진다. 더욱 간단하게는 두툼한 샌드위치와 커피로 한 끼를 해결하는 것이다. 신드

크리스마스 시즌에만 파는 음료 율무스트. 콜라 비슷한 맛이 나는 탄산음료지만 독특한 향이 있다. 율무스트는 12월 한 달만 팔며, 그 때문에 그 기간에 스웨덴에서는 콜라 판매량이 급감한다.

롬까지 불러일으키며 전 세계적으로 베스트셀러가 된 스웨덴의 범죄소설 『밀레니엄』 시리즈의 주인공은 맨날 커피와 샌드위치만 먹고 사는 듯 그려진다.

점점 많은 사람들이 제대로 요리를 하는 대신 냉동 음식이나 라면 등으로 아무렇게나 한 끼 때우는 삶을 사는 것 같다. 모두들 먹자고 하는 짓이라면서 요즘은 동서양을 막론하고 먹는 것이 참 소홀해지는 것 같다. 아마도 혼자 사는 사람들이 늘어나서 그런 게 아닐까. 하지만 나는 사람들과 함께 나누어서 가장 좋은 것이 음식이라고 생각한다. 아무리 맛있는 음식이라도 혼자 먹는다면 그게 무슨 맛인가? 라면도 남의 그릇에서 한 젓가락 뺏어먹는 게 가장 맛있다. 스웨덴의 율보드는 처음부터 '함께' 모여 먹는다는 것을 전제한 상차림이다. 조금씩 각자가 원하는 음식을 접시에 덜어와 사람들과 이야기하면서 즐기는 성찬이었으니까! 지금까지 이 크리스마스의 전통은 그대로 지켜져서 사람들은 율보드를 준비하고 친지를 불러 함께 크리스마스를 즐긴다.

여기에 더해 스웨덴에는 율보드의 음식을 즐기기 전에, 1960년대부터 내려오는 한 가지 특이한 전통이 있다. 크리스마스 전날 오후 3시가 되면 모든 스웨덴 사람들은 텔레비전 앞에 앉아 약 1시간 동안 미국 디즈니 사의 만화영화「도널드 덕」을 본다. 제목은「도널드 덕과 그의 친구들이 크리스마스를 축하한다(Kalle Anka och hans vanner onskar God Jul)」인데 매년 똑같은 내용의 만화영화이다. 내용이 훌륭해서가 아니라 가족들이 따뜻한 난로 주변에 모이듯 도널드 덕 앞에 모여 앉아 있다는 데 의미가 있다고 한다. 스웨덴에 텔레비전이 보급되면서 생긴, 무려 50여 년 된 전통이다.

율보드의 음식과 한국의 차례상에 올라가는 음식은 달라도 너무 다르지만, 명절날 음식을 가운데 두고 사람들이 모이는 것은 똑같다. 무엇을 먹으면 어떠랴! 오랜만에 부모님과 떨어져 사는 가족들을 만나는 데 말이다.

# 17. 커피 타는 회장님, 복사하는 회장님
_스웨덴 회사에서 '갑질' 없는 갑의 모습을 목격하다

　스웨덴에 대해 가끔 놀라는 점이, 세계 최첨단 기술을 보유하고 있는 회사가 꽤 많다는 사실이다. 사람들이 무척 느슨하게 일하는 스웨덴에 그런 기술력을 가진 회사들이 꽤 많다니, 어디 몰래 꽁꽁 숨어서 밤새도록 연구하고 일하는 요정 집단이 따로 있는 건 아닐까?
　그런 회사 중 한 곳을 다녀온 적이 있다. 급속냉동기회사인데, 가격은 좀 비싸지만 콤팩트한 사이즈와 성능이 타사 제품과 비교하기 어려울 정도로 뛰어나다고 한다. 그래서 한국의 한 냉동식품회사 공장장이 이 냉동기를 구입하러 왔고, 나는 통역을 부탁받았다.
　한국에서 날아온 손님은 전날 밤늦게 코펜하겐 공항에 도착한 관계로 공항 바로 앞에 있는 숙소에서 묵었다. 그래서 급속냉동기회사 측은 호텔까지 가서 손님을 모셔왔다. 회의실에는 간단한 아침 식사가 준비되어 있었고, 냉동기회사 창립자인 회장과 한국에서 온 공장장의 다소 긴장된 대화가 시작되었다. 현재 회사를 실제로 운영하는 회사 대표는 회장의 아들이라는데, 왜 회장이 나왔는지는 알 수 없었다. 공장장은 아침에 넉 잔의 커피를 마시며 하루를 시작한다며 커피를 세 번 부탁했는데, 독한 스웨덴 커피를 우유도 타지 않고 그냥 마셨다. 회의 중에 자료가 더 필요했고, 그 자료들을 몇 번이나 복사해야 했다. 그리고 기계에 대해 설명할 것도 무척 많았다. 장비를 고안해서 만드는 일은 어렵지만, 그 작동법을 익히는 일이 뭐 그리 어려운가 싶었는데, 비싼 장비인 만큼 다른 회사 제품과 가격 대비 장단점을 꼼꼼히 따져보느라 공장장은 질문거리가 많았고, 냉동기회사 측에서는 예상치 못했던 자료들을 더 구비하고 설명하느라 오전이 훌쩍 지나갔다.

점심시간이 되어 시내에 있는 스웨덴 레스토랑에 가서 스웨덴 음식을 먹었다. 공장장 입맛에는 전혀 맞지 않을 스웨덴 음식이었으나, 다행히 심하게 눈살을 찌푸리진 않았다. 그래도 레스토랑은 훌륭해서, 냉동기회사 측에서 나름 꽤나 배려한 대접이었음을 알 수 있었다.

점심 식사 후 회사로 돌아온 공장장은 미니버스 크기의 기계 속에 직접 들어가서 이것저것 샅샅이 살펴보았고, 덩달아 나도 기계 속에 들어갔다. 그 기계 안에서 딸기나 만두 같은 것들이 위 아래로 춤을 추며 탈수된 뒤 서로 엉겨 붙지 않고 딱딱하게 냉동되어 레일을 타고 내려와 봉지에 담기는 것이다. 브라질에 있는 한 냉동식품 공장에서 기계가 실제 사용되는 모습을 자료 화면을 통해 보았는데, 아주 재미있었다. 아! 나도 어떤 통 속에 들어가 내 속에 들어 있는 나쁜 불순물들이다 탈수되어 빠져 나가고, 좀 단단한 냉동 인간이 되어 다시 태어나면 좋겠다!

점심 식사 후 좀 나른해진 공장장은 커피를 더 부탁했고, 곧 그의 앞에 독한 스웨덴 커피가 놓였다. 이후로도 기계 관련 질문이 이어졌고, 더 많은 자료들이 복사되었으며, 냉동기 벽면의 일부를 떼어 샘플로 가져가고 싶다는 공장장의 바람도 이루어졌다. 가격 흥정 줄다리기도 있었다. 나는 두 분의 의사소통을 위해 저녁 식사까지 함께해야 했다.

긴 하루 동안 가장 인상적이었던 부분은, 공장장의 모든 필요를 돌본 것이 바로 일흔의 회장이었다는 것이다. 아침에 코펜하겐 공항 앞 호텔까지 운전해 가서 공장장을 픽업한 것도, 오전에 공장장에게 커피를 세 번 갖다준 것도, 부족한 자료를 찾아 복사해 온 것도, 기계 원리와 작동법을 설명한 것도, 점심 식사를 위해 레스토랑에 우리를 데리고 간 것도, 점심 식사 후 또 한 번의 커피 심부름을 한 것도, 설명을 위해 미니버스처럼 생긴 기계 속에 우리와 함께 들어간 것도, 저녁 식사를 위해 레스토랑에 우리를 데리고 간 것도, 저녁 식사를 마친 뒤 공장장을 다시 호텔까지 데려다준 것도, 모두모두 회장 혼자 해냈다!

우리가 회사에서 왔다 갔다 하는 걸 본 직원들은 어쩌다 눈이 마주치면 우리에게 고개 인사를 하거나, 좀 가깝게 있었다면 악수를 했고, 어떤 사람은 아예 우리 쪽을 쳐다보지도 않았다. 회장이 공장장의 요구 사항을 들어주느라 혼자 동분서주하는데도, 정말이지 직원들은 거들떠보지도 않았다.

회사는 조용했고, 작업장은 누가 일하나 싶을 만큼 빈자리가 많았으

피카를 즐기는 직원들! 매일 만나 매일 피카를 하는데, 무슨 얘길 나눌까? 직원들에게는 열심히 일하다가 한 박자 쉬어가는 이 피카 시간이 참 고마울 것 같다.

며, 언제 일하나 싶을 만큼 한가했다. 그런데 근무 시간 중 커피 마시며 동료들과 수다를 떠는, 스웨덴의 그 유명한 피카(Fika) 시간이 되자 어디 숨어서 일을 하고 있었는지 작업복 차림의 사람들이 웅성웅성 몰려와 열댓 명이 되었다.

한국 조직사회의 위계질서를 생각한다면 무척 놀라운 일이었다! 젊은 직원이 할 것으로 예상되는 커피 심부름이나 자료 복사까지 모두 나이 많고 지위 높은 회장이 직접 했다. 조직 내 상하 개념이 없다는 게 바로 이런 것인가? 저녁 식사 도중에 회장이 화장실에 간 사이, 공장장이 의아하다는 듯이 내게 물은 것도 바로 그것이었다!

"회장님은 비서 없어요? 회사 규모로 봐서는 비서를 2명은 두어도 될 것 같은데……."

스웨덴에서는 지위의 높낮이, 부의 유무에 따라 사람들의 생활 태도가 그리 큰 차이가 나지 않는다. 나는 이곳의 한 여성단체 회원인데, 그 회원 중에는 나의 남편이 몇 달 전까지 다녔던 회사의 회장 부인이 있다. 남편 회사의 회장 부인임에도 우리는 같은 단체의 동등한 회원으로 서로를 이름으로만 부른다.

오히려 남편이 말하기를, 그런 적 없었는데 회장이 멀리서 손을 한번 흔들더라는 것이다. "내 아내와 자네 부인이 같은 단체 회원이라더군!" 하는 표현이었다. 남편이 회사를 옮긴 지금도, 나와 회장 부인의 관계는 옛날과 전혀 다름이 없다. 회장 부인도 일흔 가까운 나이인데, 나는 그녀가 버스를 타기 위해 짐을 들고 뛰어가는 모습을 여러 번 목격했다.

그녀는 스웨덴의 축구 영웅 즐라탄 이브라히모비치를 이웃으로 둔, 그야말로 말뫼의 부촌 지역에 위치한 아주 멋진 저택에서 사는데, 그런 부자가 모임이 끝나면 슬슬 내 눈치를 본다. 올 때 버스를 타고 왔으니 돌아갈 때는 가는 길이므로 내 차를 얻어 타고 갈 수 있지 않을까 싶어서이다. 나는 그분과는 비교도 안 되는 가난뱅이지만, 시간에 쫓기며 살기 때문에 자동차로 다닌다.

지위의 고하와 상관없이 스웨덴 사람들은 무척 평등하고 부의 유무와 상관없이 스웨덴 사람들의 절약하는 태도는 크게 다르지 않다. 지위가 높다고 누군가에게 군림하려 들고 부자라고 호기롭게 돈을 막 쓰지 않는다.

갑자기 '길라임'이 등장하는 한국 드라마가 생각났다. 내가 스웨덴에 와서 본 유일한 드라마인데, 20회 전부를 하루 반 만에 다 봤었다. 달달한 사랑 이야기에 더해 우리나라 부자들이 부를 즐기는 방식이 대단히 극적으로 나타나 이 또한 아주 흥미로웠다. 초특급 백화점의 젊은 사장 김주원이 백화점에 들어서면 전 직원이 허리를 반으로 굽히고 머리를 조아리는 장면이 압권이었는데, 이외에도 이른바 지위 높은 사람 앞에서 꼼짝 못하고 설설 기는 장면이 많이 나온다. 있는 자의 갑질이 그렇게 센가 보다. 드라마라서 더 극적으로 표현한 것일까? 아니면 현실이 정말 저러한 것일까?

'억울하면 출세하라'는 말이 있는 걸 보면 현실이 정말 저런 게 아닐까 싶은데, 이 '억울하면 출세하라'는 말만큼 무서운 말도 없다. 그 말에는 출세한 자, 그러니까 돈이나 권력을 쥐고 있는 자가 군림하는 걸 용인해주겠다는 뜻이 들어 있기 때문이다.

대한민국 사회지도층이라 자부하는 김주원은 가난한 스턴트우먼인 길라임에게 이런 말을 한다. "백화점에서 1년에 1억 이상을 쓰고 얻는 VVIP 회원권을 가진 사람들이 원하는 게 뭔지 알아? 불평등과 차별이야! …… 나와 그쪽은 이렇게 달라!"

"나와 그쪽"은 대체 뭐가 그렇게 다를까? 오로지 돈의 있고 없음이 다르다! 김주원의 말 속에는 나, 이런 사람이니 내가 널 좋아하는 걸 감지덕지 생각하라는 뉘앙스가 담겨 있다. 김주원이 길라임에게 보이는 무시무시한 힘은 모두 돈에서 나온다. 돈이 마술을 부리고, 모든 문제

계약서에 사인을 하고 있는 회장의 모습. 저 옆에 놓인 커피잔도 분명히 직접 가져왔을 것이다.

의 해결책이다. 물론 드라마 관객인 우리가 감동하는 부분은 아름다운 두 주인공이 보여주는 사랑에 대한 순수한 열정이지만!

그런데 스웨덴 부자들은 제아무리 사랑하는 사람이 원한다 해도 헬기까지 동원해서 그의 꿈을 이루어줄 것 같지는 않다. 아마도 비용이 싸고 합리적인 다른 방법을 찾아낼 것이다. 아흔 살이 다 되어가는 세계 부자 서열 4위인 이케아 창업주는 지금도 비행기 이코노미 좌석을 이용한다고 비난을 받는다.

한 사회가 그 가치를 어디에 두느냐에 따라 사람들 개개인의 삶은 크게 달라진다. 스웨덴 사회에서 가장 중요한 가치 가운데 하나가 '평등'인데, 이 가치는 사회 구석구석에서 실현되고 있다. 급속냉동기회사 회장이 비서도 두지 않고 그 어떤 사소한 일조차 직원에게 시키지 않는 것이 한국인 공장장 눈에는 아주 낯설게 비쳤겠지만, 이것이 스웨덴에서는 지극히 일상적인 모습이다.

## 18. 여보세요, 나랑 이야기 좀 나눌래요?
_ 견공을 가족으로 둔 두 사람의 '진한 고독'

스웨덴의 6월은 밤 11시가 되어도 하늘이 푸르스름하고 쾌적하게 선선해서 밤 산책하기 더없이 좋다. 처음엔 밤에 혼자 나오는 게 무섭기도 했는데, 견공의 산책을 위해 밤에 나오는 이웃들이 많아서 다닐 만하다. 매일 비슷한 시간에 나오기 때문에 몇몇 이웃과는 알게 되어 서로 인사도 하며 지낸다. 물론 나는 운동하는 중이므로 고개만 까딱하는 정도로 그들 옆을 빠르게 지나간다. 하지만 그들은 서로의 견공들을 사귀게 하며 한참 서서 이야기를 나눈다.

귀에 이어폰을 꼽고 노래를 흥얼거리며 빠르게 동네를 돌고 있는 나를 어떤 아줌마가 불러 세우더니, 강아지를 키우냐고 물었다. 처음 있는 일이고, 처음 보는 아줌마다.

"아뇨! 전 그냥 운동 중인데요."

조그만 까만 강아지 한 마리가 아줌마 주변을 빙빙 돌며 킁킁거렸는데, 술 냄새가 확 풍겼다. 아!! 이 아줌마가 나를 붙들고 주정을 하기 시작했다.

"아시아 사람들은 개를 먹죠? 일본 사람만 빼고! 난 중국인이 정말 싫어요. 중국인 개 먹는 거 알죠? 한국 사람들도 개를 먹나요? 그런데 북한은 왜 저 모양이에요? 북한 사람들은 야만인들이라 아마 개를 먹을 거야……. 혹시 북한 사람이에요? 아, 참! 남한 사람이라고 했지. 한국에 대해 내가 뭘 알더라? 아! 맞다. 기아……. 그거 한국차 맞죠? 내 친구가 얼마 전에 기아를 샀다고 했어요. 그거 이외에는 아는 게 별로 없네……. (까만 개를 가리키며) 얜 나의 모든 것이에요……. 스웨덴에 어떻게 오게 됐나요? 스웨덴 좋죠? 아주 행운이군요. 개를 먹는 야만스런 아시아에서 탈출을 했으니……. 아! 일본은 빼고! 스웨덴이랑 한국이랑 어떻게 달라요? 뭐라고요? 여름휴가가 일주일뿐이라고? 말도 안 돼. 내가 살다보니 한국 사람이랑 말을 다 해보네. 입양아는 몇 명 봤지. 삼성이라고? 그게 한국 거예요? 아! 난 일본에 가는 게 꿈이에요. 뭐라고요? 일본에서 산 적도 있다고요? 부럽네, 부러워……. 참! 개는 안 먹죠? 남한 사람이라고 했으니 개는 안 먹을 거야. 개 지능이 얼마나 높은지 알아요? 어떻게 개를 먹어, 개를……. 개를 먹는 건 사람을 먹는 거나 똑같아요."

견공들을 산책시키는 훈련요원. 내가 사진을 좀 찍어도 되겠느냐고 물었더니 사진은 찍어도 되지만, 자신은 걷는 것을 멈출 수 없으니 알아서 찍으라고 했다. 이 많은 견공들이 걷던 속도를 놓치고 날뛰기 시작하면 혼자 감당할 수 없을 것임이 분명해 보였다.

    뭐, 대충 이런 정도의 이야기를 혀가 살짝 꼬부라진 발음으로 20분 정도 주절주절 떠들었다. 이런 상태에서도 개를 산책시키겠다고 밤중에 나왔으니 대단한 견공 사랑이 아닐 수 없다. 물론 나는 개를 먹지 않는다고 대답했다. 난 먹어본 적도 없고 앞으로도 먹을 생각이 전혀 없으므로! 나한테 물었지 다른 한국 사람들에 대해서 물어본 게 아니니 난 거짓말을 한 것이 아니다.

그런데 이 정도의 이야기가 평균적인 스웨덴 사람들이 한국에 대해 알고 있는 것이 아닐까 싶다. 내가 만나왔고 가깝게 알고 지내는 스웨덴 사람들이 대체로 대졸 이상 교육 수준이 높은 편이라 한국에 대해서도 많이 알고 있는 것이리라. 사실 한국은 스웨덴에서 참으로 먼 나라이다.

그때, 맥주캔을 손에 든 청년 한 명이 바로 옆에 있던 아파트 건물에서 커다란 흰 개를 데리고 나왔다. 그가 아는 척을 하며 우리에게 다가왔는데, 그에게서도 술 냄새가 풍겼다. 잘됐다! 이 둘을 묶어두고 나는 내 갈 길을 가야겠다고 생각했는데, 그 청년은 주로 나를 대상으로 수다를 떨기 시작했다. 술 취한 사람은 술 취한 사람을 좋아하지 않는다.

그러자 아줌마가 살짝 비틀거리며 이런 말을 중얼거리면서 자리를 떠났다.

> "나중에 한국이랑 스웨덴이랑 어떻게 다른지 꼭 얘기해줘요 개를 먹다니, 개를 먹는 야만인은 감옥에 보내야 해……. 난 중국인이 싫어."

난 이 아줌마를 다시 만나지 않을 것이다. 분명히 맨 정신으로 개에 관한 얘길 물어볼 텐데, 한국인들이 개를 먹는다는 말을 어떻게 하겠는가? 난 먹진 않지만. 그나저나 난 망했다! 보통은 동네를 네 번은 돌아야 운동이 되는데, 이제 겨우 한 바퀴 반밖에 못 돌았는데…….

이 청년은 유치원 교사인데, 애들이랑 놀면서 돈을 받으니 세상에 이렇게 좋은 직업이 어디에 있겠느냐면서 무척 행복해했다. 유치원 교사가 되기 위해 3년 반 동안 교육을 받았고, 이제 일 시작한 지 석 달 되었다고 했다! 그리고 이사 온 지 딱 사흘 됐는데, 이 동네 개 산책 코스가 좋아 무척 맘에 든다며 이곳에서 렌트를 구한 것이 얼마나 큰 행운이었는지 주절주절 떠들었다. 개가 아니었다면 나는 훨씬 더 오랫동안 붙들려 있어야 했을 것이다. 산책하러 나왔다가 주인이 서서 수다만 떨고 있으니 개가 잠자코 있겠는가?

나는 즐거운 이야기를 들려주어 고맙다고 인사했다. 그런데 한편으론 정말 그러했다. 20대 중반으로 보이는 청년이, 유치원 교사를 하면서 이렇게 행복해하는 모습을 보다니……. 그와 함께 노는 아이들은 또 얼마나 행복할 것인가?

그러나 이웃집 아줌마와 20대 청년의 공통점을 나는 알고 있었다. 어찌할 수 없는 짙은 고독. 두 사람의 공통점은……, 오직 견공만이 가족이라는 것! 그런 사람들이 스웨덴에는 그야말로 발에 채일 정도로 많이 있다.

## 19. 여성의 이름으로 손을 잡다
_ 얄라 트라판 이야기

나는 한 여성단체의 회원이다. 1930년, 당시로서는 미국에서도 극히 드물었던 일군의 전문직 여성들이 일터에서의 성평등과 당시 형편없는 여성의 사회적 지위 향상을 위해 설립한 국제여성단체인데, 영어 이름은 '비즈니스 프로페셔널 위민(Business & Professional Women)', 한국 이름은 '전문직 여성 클럽 연맹'이다. 그런데 나는 개인적으로 "돈 버느라 일하며 서로 격려하는 여성들의 모임"이라 부른다. 우리는 한 달에 한 번 꼴로 정기적인 모임을 갖고, 유명인사를 초청해서 강연을 듣거나 볼 만하고 의미 있는 곳에 견학을 가고 함께 식사를 하면서 친목과 우의를 다지고 연대를 다짐한다.

나는 스웨덴의 말뫼지부 회원인데, 얼마 전에 이 단체의 스웨덴 전국대회를 말뫼지부에서 개최했다. 2박 3일 동안 열린 이 대회에 각 지역에서 지부 대표들이 참석했고 우리는 다양한 프로그램을 준비했다.

아파트 건물 1층의 얄라 트라판 입구. 모처럼 해가 얼굴을 내민 덕분에 바람이 차가운데도 바깥에서 식사를 하는 사람이 있었다.

그 프로그램들 중에 한 여성의 강연이 있었다.

아! 그 강연의 연사는 내가 스웨덴에서 만난 가장 아름답고 멋진 여성이었다!

말뫼의 로젠고드(Rosengåd) 지역은 중동계 난민과 이민자들이 주로 사는 비교적 가난하고 초라한 곳이다. 험상궂은 일들도 많이 발생하여 우범 지역이기도 하다. 스웨덴 땅에서 함께 살지만 이슬람계 이민자들의 삶은 스웨덴 사람들의 삶과 아주 다르다. 이슬람계 사람들은 그들의 문화를 고수하며 살기 때문이다. 다문화에 관대한 스웨덴에서는 로마에 가면 로마법에 따르라는 말의 효력이 약해 보인다.

작년 초에 우리 단체에서 젊은 이라크 출신 여성 시멧 사거(Simet Sager)를 초청해서 강연을 들었다. 그녀는 1988년생으로, 7살이었던 1995년에 사담 후세인을 피해 가족과 함께 이라크를 탈출해서 스웨덴에 정착한 난민이었다. 28살, 젊다 못해 어린 여성인데 씩씩하기가 이루 말할 수 없었고 굴곡진 연륜이 느껴지는 40대처럼 보였다. 연륜이란 그저 단순한 나이가 아니고 그가 '살아온 삶'인 것이다.

그녀는 스웨덴에 와서 지금까지 학생, 간호사, 아랍어-스웨덴어 통역사, 상품 개발자로 살아온 삶의 여정을 학교에서 왕따 당한 기억을 포함하여 상당히 격앙된 목소리로 들려주었다. 그리고 현재는 여성할례철폐운동을 이끌고 있는 '이민자 여성을 위한 스웨덴연맹' 비서관으로 UN의 여러 국제 컨퍼런스에 참여하여 정치, 경제, 문화 등 다양한 분야에서 이민자 여성들의 권익을 위해 활발한 활동을 벌이고 있다. 시멧의 개인사를 들어보면, 이슬람 세계 여성의 지위는 상황을 감안해서 들더라도 민주주의적 관점에서 그리 좋은 편은 아닌 것 같다.

말뫼에는 이슬람 세계에서 온 난민과 이민자들이 무척 많은데, 안타깝게도 내게는 아직 이슬람교도 친구가 없다. 그래서 나는 그들의 삶이 구체적으로 어떠한지 잘 모른다. 아는 것이라고는 이슬람교라 해도 나라에 따라 관습이나 의식 등이 아주 다르다는 것, 그리고 공통점은 종교적 신념이 대단히 강해서 서구식 생활 방식과는 다른 삶을 산다는 것 정도뿐이다.

알라 트라판 가족들. 이들은 서로에게 얼마나 필요한 존재들일까? 서로 연대함으로써 공간과 일거리가 생겼고, 자신감과 삶의 활력이 생겼으니 말이다.

또 하나의 공통점은 난민으로 온 여성들은 전반적으로 교육 수준이 낮고, 사회 활동을 하기에는 여러 가지로 부족한 점이 많다는 사실이다. 시멧은 어린 시절에 와서 이곳에서 교육을 받을 수 있었지만, 본국에서 제대로 교육받지 못하고 집에서 살림만 하고 살았던 가정주부의 경우, 즉 시멧의 어머니의 경우에는 스웨덴 사회에 통합되어 사회 구성원으로서 제대로 한몫을 하며 살기란 거의 불가능하다. 개인적으로 외롭고 사회적으로 아무 힘도 없는 이들은 인간으로서의 자존감은커녕 존재감도 느끼기 어려운 열악한 환경에 처해 있다. 그들은 집에서

알라 트라판 가족들과 이들을 지원하는 사람들.

가사를 돌보는 것 이외에는 할 수 있는 일이 없어 그저 하루하루 연명하는 듯한 삶을 산다.

   그런데, 스웨덴은 어떤 나라인가? 세계에서 성평등 최상위 국가로 여성들의 사회 참여가 가장 활발하고 여성들의 정치·사회적 목소리 또한 아주 큰 나라가 아닌가! 성평등은 복지국가 스웨덴을 지탱하는 주요 가치 중 하나이고, 스웨덴 정부는 남녀에게 균등한 교육과 사회 활동 기회를 보장하기 위해 다양한 정책을 실시한다. 즉, 부부가 공평하게 함께하는 보육정책을 실시하고, 임금정책 면에서도 남녀불문 "동일노동 동일임금(equal pay)" 원칙을 적용하여 남녀차별의 폭을 줄이기 위해 노력하고 있다. 그럼에도 불구하고 내가 속한 단체뿐 아니라 많은 여성단체 회원들은 여전히 미진한 구석이 많고 더욱 발전해야 한다며 함께 모여 전의를 다지고 연대를 확인한다.

스웨덴은 또한 남녀불문 누구나 밖에 나가 돈 버는 것이 기대되는 사회이다. 어떤 남성이 혼자 앉아 있는 아름다운 여인을 발견하고 이끌려 말을 붙여보았는데, 만약 그녀가 "전업주부"라고 답하면 바로 자리에서 일어나버린다는 말을 들었다. 결혼한 여성이기 때문이 아니라 사회 활동 능력이 없는 여성이기 때문이다. 서로 끌린다면 이들에게 결혼 여부는 전혀 중요하지 않지만 직업, 즉 경제적 능력은 중요하다. 물론 극단적인 예이고 웃자고 하는 말이지만, 이들의 삶을 아는 나로서는 고개가 끄덕여진다. 스웨덴에선 전업주부가 가장 매력 없는 직업이고, 그래서 특별한 상황이 아니라면 전업주부는 거의 없다.

내가 이곳에서 어떤 행사를 기획하느라 이벤트회사와 함께 일을 한 적이 있었는데, 행사 기획매니저는 남성이었고, 행사 현장매니저는 여성이었다. 내가 연약한 여성이 어떻게 힘쓸 일 많은 현장에서 일하겠느냐고 우려했더니, 기획매니저가 바로 휴대폰을 뒤지더니 나에게 사진 한 장을 보여주었다. 근육이 울퉁불퉁한 여자가 역기를 들고 있는 모습이었는데, 그가 '회심의 미소'를 지으며 현장매니저가 바로 이 친구라고 했다. 나는 그 '회심의 미소'에 고개를 끄덕이며 '만족스러운 미소'로 답했다. 그리고 그에게 어떤 타입의 여성을 좋아하는지 물었다. 가냘프고 아리따운 여성인지, 아니면 튼튼하고 힘센 여성인지? 그는 빙긋 웃더니 휴대폰 속의 현장매니저 사진을 가리키며 "이런 타입"

이라고 말했다.

모든 면에서 성평등 세상을 꿈꾸며 누구보다 사회 활동을 활발히 하는 스웨덴 여성들의 눈에 교육도 제대로 받지 못한 채 집안에 갇혀 가사노동만을 하는 난민 또는 이민자 여성들이 어떻게 보일까? 같은 여성으로서 안타까움을 느끼는 선에서 머무르지 않고, 분연히 일어나 그들에게 새로운 삶의 기회를 준 여성이 있었으니 바로 크리스티나 메르케-시효(Christina Merker-Siesjö), 내가 속한 단체의 스웨덴 전국대회 때 강연을 한 연사이다.

말뫼의 이민자 주거지인 로젠고드 중심부에는 '얄라 트라판(Yalla Trappan)'이란 이름의 '삶의 터전'이 있다. 크리스티나는 2010년에 유럽사회기금, 말뫼 시, 그리고 노동자교육협회의 재정 지원을 받아 비영리 조직인 노동통합형 사회적 기업 얄라 트라판을 설립하였다. "참여, 합의 그리고 연대"라는 민주적 가치를 기반으로 세워진 얄라 트라판은 여성협동조합으로 조직되었는데, 그 주요 목적은 노동시장에서 가장 소외된 이민자 여성들에게 일자리를 제공하는 것이다.

'얄라'는 '하자, 가자' 등의 행동(action)을 표현하는 단어이고 '트라판'은 '계단'을 뜻한다. '차근차근 한 계단 한 계단 올라가면서 스스로를 발전시키자'라는 의미라고 한다.

크리스니타는 얄라 트라판을 세워 집안에서 가사노동만 하던 난민 여성들을 밖으로 불러냈다. 그렇다면 그들은 밖에 나와서 무슨 일을 하는가? 그들이 집에서 했던 가사노동에 사회적 가치를 입혔다. 얄라 트라판의 세 가지 주요 사업 분야는 레스토랑과 출장 뷔페, 청소 업무와 회의실 패키지 서비스, 바느질 및 봉제 일이다. 밥하고, 청소하고, 구멍 난 양말 꿰매는 가사노동을 사회로 확장시킨 것이다.

그렇다면 그들은 일만 하는가? 얄라 트라판에서는 교육도 일만큼이나 중요하다. 그들은 민주주의적인 의사결정 과정을 배우고 함께 협력해나가는 작업 방식을 배운다. 또한 얄라 트라판의 운영 방식을 통해 나눔의 기업가 정신을 배우고 이웃과 소통하는 법도 배운다. 그리고 일상생활과 노동에 필요한 스웨덴어도 배우고 다양한 임무를 수행할 수 있도록 훈련도 받는다.

내가 크리스티나를 만나기 위해 우범 지역 한복판에 있는 얄라 트라판을 방문한 날은 바람은 차가웠으나 맑고 화창한 봄날이었다. 얄라 트라판은 아파트 건물 1층에 자리 잡고 있는데, 겉으로 봐서는 평범한 레스토랑 모습이다. 춥더라도 날씨가 좋으니 햇빛을 즐기고 싶어 하는 고객을 위해 의자와 테이블 몇 개를 밖에 내놓고 있었다. 정말 찬바람 속에서 햇볕을 쬐며 이른 점심을 먹는 사람들이 몇 명 있었다. 우리는 대화를 나누기 위해 레스토랑을 거쳐 회의실에 들어갔다. 12명까지 사용 가능한 회의실이었는데, 회의실 패키지 서비스가 이루어지는 곳이다. 히잡을 쓴 중년의 여성 직원 한 분이 친절한 미소를 지으며 우리에게 커피를 가져다주었다. 그 중년 여성 직원에게 나는 그녀의 엄마를 만나러 집에 온 손님이었다.

현재 나이 68살! 나이로 봐서는 할머니인데, 크리스티나는 나이를 가늠하기 어려운 사람이었다. 내가 스웨덴에 와서 크게 배운 것 중 하나가 바로 나이에 관한 관념이다. 스웨덴 사람들은 나이 때문에 뭘 못한다고 생각하지 않는다. 물론 80살 할아버지가 수영을 배우기 시작해서 올림픽에 나가 금메달을 따겠다는 식의 꿈을 꾸진 않지만, 좋은 아이디어로 무엇인가 새로운 일을 시도하는 것에는 두려움이 없다. 설령 실패를 한다 해도 개인이 감당해야 할 위험이 크지 않기 때문이다. 뭘 하다가 망하면 길거리에 나앉아야 하는 경우가 없다는 말이다.

그녀는 먼저 자신의 할머니와 어머니, 그리고 자신과 딸에 이르는 일하는 여성들의 진보적이고 투쟁적인 삶의 궤적을 얘기해주었다. 교육을 전혀 받지 못하고, 8명의 자녀를 둔 그녀의 할머니는 대단히 열악한 상황에서 소젖 짜는 일을 해냈다. 그녀의 어머니 역시 집안이 가난했던 탓에 제대로 된 교육을 받진 못했으나, 부당한 처우에 대항할 만큼은 깨어 있는 여성이었다. 저임금으로 자신을 부려먹는 교회와 투쟁하면서 사회민주당 여성 클럽에 참여했고, 스웨덴 최초의 여성 저널인 「여성센터(Kvinnocentrum)」에서도 활동했다.

크리스티나가 여성운동가가 된 결정적인 계기는 어머니가 마룻바닥을 힘들게 닦아놓고 일어섰는데, 그 위를 남자들이 옆에 서 있는 어머니를 아무 존재감 없는 공기처럼 여기며 흙 묻은 구둣발로 쿵쾅쿵쾅 밟으며 지나가는 걸 본 순간이었다고 했다. 여성운동가로서 만만치 않은 삶을 살아온 그녀의 인생 여정이 예순 넘어 시작한 '알라 트라판'에 성공적으로 안착했다는 생각이 들었다. 그녀의 딸은 현재 필리핀에서 독점금지기구에서 일하며 대를 이어 여성운동가로서의 삶을 살고 있다.

크리스티나는 4대에 걸친 자기 가족의 여성사에 현재 이민자 여성들

얄라 트라판이 입점되어 있는 이케아는 현재까지는 말뫼 이케아가 유일하다. 그러나 다양한 방법으로 일거리를 확장시키고 있으니 곧 많은 곳에 입점되기를 진심으로 바란다.

의 삶을 대치시키며 이를 역사적 진화 과정으로 설명해주었다. 즉, 지금 얄라 트라판에서 일하는 여성들 모습 속에 공부할 수 없었던 자신의 할머니와 어머니 세대가 있고, 지금 학교에 다니며 공부하는 그들의 딸들의 모습에서는 자신과 딸의 모습을 본다는 것이다. 그들이 한 세대 뒤처져 있다는 말이다.

"공부를 한다는 것은 이해와 자각의 힘을 키우는 일이고 깨어나는 일이에요! 우리의 역사가 발전했듯 그들의 역사 역시 발전한다고 확신해요. 보세요! 내가 해왔던 사회운동은 주로 여성에 초점이 맞추어져 있었지만, 내 딸은 나보다 훨씬 진보적인 위치에서 여성뿐 아니라 남녀 모두를 포함한 인류 전체를 위해 보람찬 일을 하고 있어요! 지금 공부하고 있는 그들의 딸들은 여성으로서 자신의 삶을 자각하게 될 거고, 보다 나은 삶을 위해 노력할 거에요. 그 노력은 그 다음 세대를 위한 거름이 되겠지요. 얄라 트라판이 그 발전적 역사에 동력으로 이바지하길 바라요!"

아! 멋지다!
이케아가 세계적인 회사로 성장한 이유가 있다. '멋짐'을 알아보는 눈이 있는 것이다. 이 멋진 얄라 트라판은 유럽에서 이케아와 협력하는 유일한 사회적 기업으로 이케아 말뫼 지점에 봉제 작업실을 두고 있다.
노동을 해서 돈을 번다는 것은 그저 돈이 내 호주머니에 들어온다는 정도의 단순한 의미가 아니다. 나의 노동이 사회적으로 그 가치를 인정받는다는 의미이고 그 대가를 받는 것이다. 나의 노동이 나와 분리될 수 없는 것이기에 이는 곧 사회적으로 내 존재 가치를 인정받는다는 것을 뜻한다. 내가 Business & Professional Women이란 단체 이름을 "돈 버느라 일하며 서로 격려하는 여성들의 모임"이라고 부르는 이유가 바로 여기에 있다.

2010년에 6명으로 시작했던 얄라 트라판에서는 현재 13개국 34명의 이민자 여성들이 일하고 있다. 계속해서 도배사 워크숍도 열고, 산파를 돕는 산후도우미 일로도 업무 영역을 확장시키고 있다. 나는 콧날이 시큰하고 눈물까지 핑 돌았다. 누군가가 무지렁이라고 무시했을지 모를 이들의 삶을 이토록 밝고 아름답게 빛나게 하다니!

사실, 스웨덴이 관대한 이민자 정책을 펴온 이유가 있다. 이들이 천사와 같은 동정심만으로 이민자나 난민들을 모셔 들인 것이 아니다. 노동력 부족을 해결하기 위한 방책이었고, 실제로 이들은 지난 수십 년간 음으로 양으로 스웨덴의 경제에 많은 기여를 해왔다. 그런데 갑자기 난민과 이민자들이 늘어난 현 상황에서 문제는 어떤 방식으로 이들을 스웨덴 사회에 통합하느냐에 있다.

"얄라 트라판의 중요한 목적 중 하나는 엄마에 대한 가족들의 태도를 변화시키는 거예요. 엄마가 일을 하러 나간다는 것은 엄마가 경제적으로 자립적인 존재임을 보여주는 거죠. 성평등의 기본은 남성과 여성이 각각 자기 자신의 수입을 가지고 일과 가정을 동시에 꾸려 나가는 거예요. 경제적으로 의존적인 삶은 결코 제대로 자유롭고 독립적일 수가 없거든요. 그런데, 성평등이 스웨덴에선 완벽하게 성공한 것처럼 보이나요? 천만에요. 우리도 갈 길이 멀어요. 하지만 얄라 트라판에서 일하는 여성들의 삶과는 비교가 되지 않죠. 난 얄라 트라판 가족들이 독립적인 인간으로서 자존감 있는 삶을 살도록 돕고 싶어요."

개인의 경제적 독립이 진정한 자유를 준다는 것이 스웨덴 사회민주주의의 기본 이념이다. 크리스티나의 말에는 사회민주주의 이념과 가치가 그대로 녹아 있었다. 여기에 더해 "모두 함께 가자"는 연대의식이 아니라면 얄라 트라판이 탄생할 수 있었겠는가? 얄라 트라판은 사회민주주의의 가치인 "자유, 정의, 연대"가 피워낸 꽃이라는 생각이 들었다.

짧지 않은 대화를 마치고 배가 고파진 우리는 점심을 먹기 위해 회의실 옆에 있는 레스토랑에 들어갔다. 그날 메뉴는 중동식 닭고기 요리였다. 나는 사실 크리스티나에게 점심을 대접하고 싶었는데, 그녀는 펄쩍 뛰면서 내 음식값만 지불하게 했다. 그리고 그녀의 음식값은 그녀가 냈다. 레스토랑 설립자인 그녀는 공짜로 먹을 줄 알았는데 그게 아니었다. 밥을 먹으며 우리는 사적인 얘기들을 나누었는데, 그녀는 레스토랑 한 벽면에 걸려 있는 흑백사진들을 가리키며 자신의 가족들이라고 말해 주었다. 나는 80년 전 할머니와 60년 전 어머니, 그리고 어린 크리스티나를 흑백사진 속에서 만났다.

한쪽 벽을 다 차지하고 있는 크리스티나의 가족 사진. 여성으로서 크리스티나의 투쟁사를 한눈에 볼 수 있었다.

한쪽 테이블에는 60대쯤으로 되어 보이는 세 사람이 앉아서 식사를 하고 있었는데 모두 전직 교사 출신으로, 얄라 트라판에서 일하는 여성들에게 스웨덴어를 가르치는 자원봉사자들이었다. 점심시간이 끝나면 얄라 트라판 여성들은 교대로 스웨덴어 수업을 받는다.

중동식 닭고기 요리는 내 본래 입맛에는 맞지 않았다. 그러나 얄라 트라판에서 내 혀의 미각을 움직이기 시작한 것은 음식 맛이 아니라 함께 일하는 사람들의 아름다움이었다. 나는 그날 세상에서 가장 아름다운 음식을 싼값에 먹었다.

얄라 트라판의 성공적인 사업 방법론에 힘입어 스코네 다른 지역에

얄라 트라판 레스토랑 모습. 점심 땐 주변 회사에서 손님들이 제법 많이 온다.

도 노동통합형 사회적 기업을 세우고 지원하기 위해, 2013년 9월 1일부터 2014년 12월 31일까지 스코네 지역에서 '메라 얄라(Mera Yalla, '더욱 전진'이라는 뜻)' 프로젝트가 가동되었다. 이 프로젝트의 실행으로 란스크로나, 크리스티안스타드, 룬드 등 몇몇 도시에 얄라 트라판이 보급되었다. 나는 사회민주주의의 가치를 실천하는 얄라 트라판에서 스웨덴의 새로운 희망을 본다. 얄라 트라판의 이념이 스웨덴 전역에, 더 나아가서는 유럽을 넘어 전 세계에 보급되어 소외계층 여성들의 삶에 따뜻한 빛과 밝은 희망이 되기를…….

## 20. 말뫼의 눈물, 그다음 날
_ '지속 가능한 내일'을 지은 말뫼의 친환경 주거 단지

말뫼에는 내가 살고 싶다는 생각은 차마 하지 못하고, 그저 구경이라도 하고 싶은 집들이 모여 있는 지역이 있다. 바로 친환경주거단지가 조성되어 있는 말뫼의 북서쪽 해안지대인 베스트라함넨(Västra Hamnen, 서항구)이다.

이곳에는 말뫼의 랜드 마크인 터닝 토르소(Turning Torso)도 자리 잡고 있다. 스칸디나비아에서는 가장 높고 유럽에서는 두 번째로 높다는 54층짜리 190미터 주상복합 건물인데, 이름대로 트위스트를 추고 있는 듯 몸체가 꼬여 있다. 키가 커서 다소 뻘쯤해 보이기는 하나, 아주 독특한 건축물로 말뫼 관련 사진에는 무조건 등장한다. 나는 이 터닝 토르소에서 산다고 목에 뻣뻣하게 힘을 주는 중국인을 한 명 알고 있다.

그런데 사실 이 터닝 토르소에는 아픈 사연이 얽혀 있다. 원래 베스

트라함넨에는 1990년대 말까지 스웨덴을 대표하는 조선소인 코쿰스(Kokums)가 자리 잡고 있었다. 코쿰스는 1973년, 세계에서 가장 큰 크레인을 세웠는데, 이 '골리앗 크레인'은 곧 말뫼의 랜드 마크가 되었다. 그러나 조선업의 불황으로 이 크레인은 2002년 우리나라 울산에 있는 현대중공업에 단돈 1달러에 팔리고 말았다.

크레인이 해체되어 떠나갈 때 이를 지켜보던 수많은 말뫼 시민들이 눈물을 흘렸고, 중계하던 현지 방송국에서는 장송곡을 내보냈다. 이로 인해 이 골리앗 크레인은 '말뫼의 눈물'이라는 별명을 갖게 되었는데, 이 '말뫼의 눈물'이 태평양을 건너가 '울산의 미소'가 되었으면 얼마나 좋았을까마는, 그로부터 10년도 훌쩍 지난 지금 '말뫼의 눈물'은 '울산의 눈물'이 될 운명에 처해 있다. 누군가의 눈물을 봤다면, 이를 타산지석으로 삼아야 했을 텐데, 정말 안타깝다. 말뫼 시는 골리앗 크레인을 떠나보낸 말뫼 시민들의 상실감을 치유하기 위해, 말뫼의 새로운 랜드 마크가 될 건물인 터닝 토르소를 세웠다.

이 터닝 토르소를 중심으로 앞서 언급한 친환경 주거 단지가 조성되어 있다. 특히 이 지역이 제조업과 중공업이 자리 잡고 있던 오염된 산업 지역이었음을 생각해본다면, 이 지역을 '지속 가능한 내일의 생태 도시'를 모토로 하여 친환경 주거 지역으로 탈바꿈시켰다는 것은 대단히 혁신적인 기획이다.

수십 년 안에 세계 인구의 약 80%가 도시에서 살게 될 것이라는 보고서를 본 적이 있다. 만약 이 보고서 내용이 사실이 된다면, '지속 가능한 도시'의 건설은 인류에게 대단히 중요한 과제가 될 것이다. 특히

위풍당당한 말뫼의 상징, 터닝 토르소.

오염으로 얼룩진 이 산업 지역을 '친환경'과 '에너지 자립'이라는 2가지 콘셉트 하에 멋진 친환경 주거 지역으로 만들었으니, 전 세계 다양한 형태의 보통 도시들에게 얼마나 좋은 예가 되겠는가? 이 지역을 견학하러 온 많은 건축가들과 관련 공무원들은 미래의 혁신적인 주거 문화를 선도한다며 입에 침이 마르도록 칭찬을 한다. 나도 한국에서 방문객이 오면 으레 안내하는데, 모두 멋지다고 감탄을 연발한다.

친환경이라는 콘셉트에 부합하도록 가장 먼저 한 일은 오염된 산업 지대의 토지를 개량하고 토양을 정화시키는 작업이었다. 그다음엔 다양한 종류의 생물체가 살 수 있도록 생태학적 환경을 조성하였다. 세상 일이 다 그렇지 않은가? 오염 덩어리를 제거하지 않고 어찌 새로운 세상이 도래하기를 바라겠는가?

주거 단지에는 곳곳에 물길이 나 있고 물길 주변에는 다양한 생물체들의 서식지로 알맞아 보이는 늪지가 곳곳에 있다. 건축가와 건설업자들은 '품질 프로그램(Quality Program)'을 만들어 건축 자재의 품질 표준을 정하고, 비용이 높더라도 인체에 무해한 친환경 제품만 사용하기로 합의했다. 그래서 이 지역 집들은 새집증후군이 없다. 또한 이들 건축 자재는 100% 재생 가능하여 먼 훗날 건물이 낡아 허물어져도 건축 자재는 어떤 형태로든 다시 사용될 수 있다. 이 외에도 품질 프로그램에는 에너지 소비, 녹색 공간 문제, 기술 인프라 구조 등에 대한 가이드라인이 있다.

에너지 자립이란 면에서도 훌륭한 모범을 보여준다. 태양열과 풍력, 그리고 재생에너지가 냉난방 및 온수, 전력 등 지역 에너지 소비량 전

신비로운 석양에 물들어가는 친환경 주거 단지 조망은 정말 아름답다. 울산으로 실려간 크레인이 여전히 있었다면 조망이 이렇게 아름다울까? 공업지대를 아름다운 친환경 주거 단지로 변모시킨 당시 시장을 포함한 말뫼 시 관계자들이 정말 존경스럽다.

부를 감당한다. 최대한 햇빛을 많이 받기 위해 이 지역의 주택들은 대부분 큰 창문을 가지고 있고, 주민들은 자신의 에너지 소비량을 규칙적으로 점검해야 하며, 유기물과 무기물로 엄격히 구분하여 처리되는 쓰레기는 버스의 연료인 천연 가스를 만들어낸다. 자동차 사용을 최대한 줄이기 위해 버스 정류장은 300미터 미만 거리에 세워졌고 시내로 나가는 버스의 배차 간격은 7분이다. 실제로 각 세대 당 주차 공간은 0.7대, 즉 세 가구 당 자동차 두 대의 공간만 마련되어 있다.

미생물들의 좋은 서식지 환경을 위한 물길.

친환경 주거 단지에 자리 잡고 있는 예쁜 집들.

'지속 가능한 사회'로의 발전을 위해서는 이런 환경친화적인 것만으로는 부족하다. 지적, 사회적, 그리고 감성적 요구도 함께 충족돼야 한다. 1998년 문을 연 인근의 말뫼 대학교는 대학도시로서 지적 면모를 갖추는 데 일익을 담당하였고, 무역센터 등 곳곳에 세워진 깔끔한 오피스들 역시 '지속 가능한 사회'의 중요한 사회적 요소가 되었다. 멋진 건물들, 아름답게 조성된 주거 단지와 더불어 서해로부터 불어오는 강풍, 막힌 곳 하나 없이 탁 트인 하늘, 수평선과 그 위에 펼쳐지는 눈부시게 아름다운 석양도 '지속 가능한 사회'의 건설계획안에 들어갔다. 한마디로 주거에 관한 한 온갖 바람직한 것들을 몽땅 모아놓은 셈이다.

그런데, 이 아름다운 주거 단지에는 누가 살까? 아무나 살 수 없다. 이유는 간단하다. 집값이 스웨덴 다른 지역 평균보다 2배 가까이 비싸기 때문이다. 스웨덴에서도 지속 가능한 바람직한 환경은 부자나 즐길 수 있다.

게다가 이 지역에서 흔히 볼 수 있는 넓은 유리창을 지닌 전망 좋은 멋진 집은 에너지 효율 측면에서 본다면 결코 적합하지 않다. 햇빛은 여름 넉 달 반짝일 뿐이고, 나머지 8개월 동안은 그리움의 대상이다.

복층 아파트 한 면이 완전 유리로만 된 집도 있다. 집 구경 한 번 해보고 싶다는 내 바람이 이루어져서 그 지역에 있는 막둥이 친구네 집에 초대받아 놀러간 적이 있었는데, 바로 그 집이 그랬다. 바다가 보이는 쪽은 전면이 유리였다. 바다와 아파트 사이에 2차선 도로만 하나 있을 뿐이니 창 밖 바로 코앞에서 파도가 넘실댔다. 마치 배를 탄 기분이

햇빛을 받기 위해 전면을 유리로 만든 집. 커튼은 있었으나 창문을 가리고 있지 않아서 밖에서 안이 다 들여다보인다. 청소 상태는 매우 훌륭하다!

긴 했는데, 뭐라도 하나 걸쳐 입고 싶을 만큼 내부가 싸늘했다. 아무리 특수 3중 유리라고 해도 그 보온성이 얼마나 되겠는가? 그리고 아무리 태양열과 재생에너지로 난방을 한다 해도, 주민들이 부담하는 난방비는 상당히 높다고 한다. 물론 이에 부담을 느끼는 주민들은 별로 없다. 자동차도 원래 가구당 한 대씩만 갖도록 권고되었으나 이 권고는 싹 무시한 채 운전 가능한 어른 수대로 자동차를 지닌 집도 꽤 된다. 막둥이 친구네 집도 아이 한 명 키우는데 부부가 각각 차를 한 대씩 가지고 있다. 잘사는 나라일수록 그리고 부자일수록 에너지 소비율이 높은 거야 익히 알려진 사실이다.

따끈한 빵과 달콤한 과자를 한아름 구워 내놓고, 향기로운 커피를 대접하는 상냥한 막둥이 친구 엄마를 보면서, 갑자기 드는 삐딱한 생각! 고비용의 호화로운 미래주택을 지어놓고 부자들을 입주시킨 다음 이들에게 에너지 절약을 강요한 게 아닌가? 하늘과 바다를 가득 품고 있던 그 아름다운 거실에서 나는 '지속 가능성'과 '주민들의 호화로운 생활 방식'이 '쨍그랑' 부딪히며 충돌하는 소리를 들었다.

그다음으로 드는 생각! 궁극적으로 인간은 모두 '지속 가능한 생태 도시'에서 살아야 한다. 그러기 위해 우리는 얼마나 많은 비용을 지불해야 할 것인가? 지금 자연을 훼손하고 개발을 해서 얻는 이득의 수십 배, 아니 수백 배가 더 들어갈지 모른다. 그래서 자연에 손을 대는 일은 정말 신중해야 한다. 인간이 그저 자연 생태계 속의 하나의 생명체에 불과하다는 사실을 겸허히 인정해야 하건만, 자연 생태계의 최대의 적이 인간이라는 사실이, 인간의 그 어리석음이 끔찍하게 절망스럽다.

'지속 가능성'과 '주민들의 호화로운 생활 방식'의 충돌은 지역 계획안을 세울 때 미처 예상치 못했던 것이었겠지만, 수평선을 붉게 물들이는 저 신비로운 석양과 거센 바람, 드넓은 하늘만은 계획안대로 사람들의 감성을 무한히 아름답게 가꾸고 있다.

# 21. 빛에 대한 갈망, 어둠을 이기다
_ 스웨덴의 명절 이야기

스칸디나비아 반도! 아주아주 오래전, 어떤 사람들이 이 춥고 거친 동토에 처음으로 둥지를 틀었을까? 그들이 누구였든, 해가 지지 않는 여름은 그렇다 치더라도 해가 뜨지 않는 어둡고 긴 겨울을 지내는 것은 정말 공포스러웠을 것이다. 이 계절을 넘겨 살아남을 수 있을까? 다시 따뜻한 계절이 올까? 온다면 얼마나 기다려야 올까?

이 공포를 물리치는 데 가장 유효했던 도우미들은 바로 북유럽 신화에 나오는 저마다의 역할을 갖고 있는 여러 신들이었다. 동토에 살던 그들의 바람, 이상향이 무엇이었는지를 보면 그들에게 무엇이 부족했는지를 알 수 있다. 깊고 추운 겨울 한복판, 그들은 굶주림에 시달리고 때때로 사나운 짐승들에게 찢겨 죽음을 당했다. 그래서 그들에게 신들의 세상은 이와는 정반대로 밝고 따사로운 햇살과 절대 바닥나지 않는 풍요로운 먹거리로 가득 차고, 상처가 나더라도 바로 치유되는 신비한 마법이 가득한 파라다이스여야 했다. 북유럽 신들은 특히 상이 떡 벌어지는 화려한 잔치를 많이 벌이는데, 그 속에서 역설적으로 이 이야기를 지어낸 이들의 배고픔을 절절히 느낄 수 있다. 그래서인지 북유럽 신화에는 풍요와 농업, 전쟁을 관장하는 신들이 많다.

더 이상 추위와 어둠이 생존을 위협하지 않고, 봄이 언제 온다는 걸 잘 아는 지금도 북유럽인들은 간절히 밝은 봄을 기다린다. 몇 해 전 겨울의 초입인 11월, 내가 사는 스웨덴 남부 도시 말뫼의 한 달 일조량은 딱 2시간뿐이었다. 1주일 이상 햇빛을 보지 못하는 날들도 자주 이어진다. 겨울에는 설령 해가 나온다고 해도 화창하게 맑은 파란 하늘에서 제대로 밝게 빛나는 것이 아니라 짙은 구름 사이로 살짝 고개를 내밀다가 인색하게 다시 숨어버리는 경우가 많다. 얼핏 북유럽의 겨울은 자작나무 숲에 하얀 눈이 소복이 쌓이고 멋진 오로라를 상상하며 낭만적일 거라 생각하기 쉽지만, 실상은 춥고 어둡고 칙칙하고, 그래서 무척 우울하다.

스웨덴의 4월은 이름 붙이기 어려운 계절이다. 어느 날은 좀 화창해서 드디어 봄이 왔나 싶으면 바로 다음 날 함박눈이 펑펑 내리기도 하니 도무지 종잡을 수가 없다. 변덕스러운 4월이 끝나는 날, 즉 공식적으로 겨울에 마침표를 찍는 4월 30일! 스웨덴 사람들은 '발푸르기스의 밤(Valborgsmäsoafton)'이라는 큰 축제를 벌여 산더미만한 모닥불을 지피면서 봄을 맞이한다.

그런데 실제로 4월 30일도 그리 따뜻하지 않다. 해가 뚝 떨어지고 바

발푸르기스의 밤, 옹기종기 모여 앉아 모닥불 행사를 기다리고 있는 사람들(사진 제공 조상우).

람이라도 불면 체감 온도는 영하로 떨어진다. 만약 낮에 기온이 좀 올랐다고 얇게 입고 다니다가 해가 떨어진 뒤 발푸르기스의 밤 주요 행사인 산더미만한 모닥불이 지펴지는 시간까지 기다린다면, 아마도 봄의 바로 직전인 그날이 1년 중 체감상으로 가장 추운 날이 될 것이다. 내가 스웨덴에 온 첫 해에 통렬히 경험한 바다! 봄은 성급하게 오지 않고 겨울의 뒤끝은 무척 맵다. 그 추위에 개나리와 벚꽃이 고개를 내미는 걸 보면 그야말로 신기할 따름이다.

그런데, 발푸르기스의 밤은 스웨덴 고유의 행사가 아니다. 독일 중세 전설에 따르면, 발푸르기스의 밤은 독일 중부 하르츠(Harz)산맥 중 가장 높은 브로켄(Brocken)산 위에서 마녀, 마술사, 악마들이 1년에 한 번 4월 30일 밤에 모여 즐겼다는 향락적인 연회이다. 이를 사람들이 차용하여 만물이 소생하고 성장하는 계절의 시작을 알리는 전령으로서 사악한 겨울의 악령을 내쫓고, 겨울이 지배했던 메마른 죽음의 땅을 태워 없애고 풍요를 기원하는 이교도의 축제로 발전시킨 것이다.

그런데 발푸르기스란 말의 어원은 영국 출신으로 독일의 하이덴하임(Heidenheim)에서 수도원장으로서 선교 활동을 했던 성녀 발부르가(710?~779년 무렵)의 이름에서 유래했다. 이유인즉 그녀가 5월 1일에 교황 하드리아누스 2세에 의해 시성(諡聖)되었기 때문인데, 4월 30일이 그녀가 성녀로 추대된 바로 전날이라는 이유로 마녀들이 벌이는 이교도의 향연에 성녀의 이름을 붙인 것이다.

참 이해하기 어렵다! 이교도와 그리스도교의 관계는 신에 대한 깨끗한 숭배심이나 종교적인 순수성은 전혀 없이 인간의 필요에 따라 서로 엮었다 풀렸다 했음이 틀림없다. 물론 요즘 사람들은 이런 이야기에 신경도 안 쓰고 관심도 없다! 지금은 종교와 아무 상관없는, 그저 떠들썩한 봄맞이 축제일 뿐이다.

악마의 힘을 빌어 발푸르기스의 밤을 경험한 사람은 대문호 괴테의 필생의 대작인 『파우스트』의 주인공인 파우스트 박사이다. 천상의 신과 악마 메피스토펠레스가 인간 파우스트를 두고 온갖 유혹 속에서도 사람이 올바른 길을 찾아나갈 수 있는지 내기를 한다. 메피스토펠레스에 이끌려 마녀의 부엌에서 묘약을 마시고 다시 젊어진 파우스트는 그레트헨을 만나 사랑에 빠지지만 결국 그들은 메피스토펠레스의 음모에 넘어가 심각한 죄를 짓게 된다. 그 죄를 피해 파우스트는 브로켄산으로 도망가는데, 마침 그 날이 발푸르기스의 밤이었던 것이다. 파우스트는 그곳에서 마녀들과 더불어 갖가지 환락경을 경험한다.

마법에 걸려 꼬마 요정이 된 소년 닐스가 기러기들과 함께 스웨덴 전역을 다니며 모험하는 이야기를 그린 소설 『닐스의 신기한 여행』에는 스웨덴이 가난했던 시절인 20세기 초, 스웨덴 중북부 지역의 달라르나 지방 사람들이 발푸르기스의 밤을 어떻게 보냈는지 잘 묘사되어 있다.

> 이날을 기다리며 아이들은 몇 주 전부터 여기저기 돌아다니며 땔감을 구하느라 정신이 없다. 숲에 가서 마른 가지와 전나무 열매를 모으고, 목수가 일터에서 쓰다 버린 판자조각 같은 것들, 나무꾼의 일터에서는 나무 조각이나 나무 껍질, 낡아서 휘청거리는 나무 울타리들, 깨진 나무 그릇들은 순식간에 자취를 감추었다.

드디어 4월 30일, 발푸르기스의 밤이 되면, 아이들은 그동안 모아놓은 것들을 켜켜이 산처럼 쌓아올린다. 아직도 반쯤은 겨울 세상이기 때문에 모닥불을 피울 수 있는 밤까지 기다리는 것은 여간 인내를 요하는 일이 아니다. 그러나 모두 꾹꾹 참고 기다린다, 모닥불이 진짜 멋지게 피어오를 수 있도록! 드디어 모닥불이 멋지게 피어오를 수 있을 만큼 어두워지면 가장 나이가 많은 아이가 짚으로 만든 횃불로 불을 지핀다. 봄이 혼자서 언 땅을 녹이고 얼음을 풀리게 하기는 어려울 것이다. 그러니 사람들은 이렇게 모닥불을 피워 대지를 따뜻하게 함으로써 봄의 일을 돕는다. 이 얼마나 아름다운 일인가? 그리고 사람들은 활활 타오르는 모닥불 주변에 앉아 따뜻한 온기를 나누며 이야기꽃을 피운다. 그들 옆에서 닐스는 달라르나 사람들이 밀가루에 짚을 섞어 빵을 만들어 먹었을 정도의 지독한 가난을 어떻게 극복했는지, 그리고 얼마나 용감하게 역경을 뚫고 지내왔는지 들으며 달라르나에는 정말 강인한 사람들이 살고 있음을 새삼 깨닫게 되었다.

그로부터 100여 년이 지난 오늘날, 스웨덴의 발푸르기스의 밤은 어떠한가? 겨울이 길고 춥고 어둡고, 그리고 밝고 따뜻한 봄이 더디 오는 것은 예나 지금이나 다를 바 없기 때문에 사람들은 산더미같은 모닥불을 피워서 언 땅을 녹이고 얼음을 풀리게 하려는 봄의 일을 여전히 돕는다. 예전과 다른 것이 있다면 모닥불의 땔감을 아이들이 마련하는 게 아니라, 시나 지방자치단체에서 마련하여 모닥불의 규모가 아주 커졌다는 것이다. 그래서 도시 전체가 들썩이는 축제 분위기가 난다. 그러나 작은 농가 마을에서는 이웃들이 모여서 닐스가 여행을 다녔던 시대와 비슷한 동네잔치 같은 분위기로 모닥불을 지핀다. 그날, 스웨덴 방방곡곡에서는 크고 작은 모닥불들이 언 땅을 데우고 밝히며 봄을 소망한다. 물론 모닥불의 크기가 봄에 대한 사람들의 소망의 크기에 결코 비례하지 않는다. 또한 모닥불 주변에 사람들이 모여서 나누는 따뜻한 온정 역시 봄을 앞당기는 데 도움이 될 것이다.

사람들 마음속에서는 무척 큰 축제인데, 이날이 공휴일은 아니다. 그렇지 않아도 공휴일 많고 휴가도 많은데, 봄을 기다리는 마음만으로

발푸르기스의 밤에 활활 타오르는 모닥불(사진 제공 조상우).

또 공휴일을 정하기는 이들도 좀 너무하다 싶었는지도 모르겠다. 그런데 바로 그다음 날이 5월 1일 노동절이라 쉬는 날이므로, 대부분의 사람들은 오전 근무만 하도록 권고를 받으니 오후부터 축제를 즐기는 데에는 아무런 문제가 없다.

 우리 가족은 스웨덴에 1월에 왔다. 처음 몇 달은 두 돌 지난 막둥이와 7살인 쌍둥이들과 더불어 새로운 환경에 적응하느라 정신없이 보내서 스웨덴의 겨울 하늘에 해가 몇 시간 떠 있는지 마는지 그런 것에 신경 쓸 겨를이 전혀 없었다. 그리고 석 달쯤 지난 4월 30일 날, 남편이 아침에 출근하면서 오늘이 무슨 축일이라 일찍 퇴근할 예정이고, 오후에 회사에서 가족 동반 소풍 계획이 있으니 함께 가자고 했다. 나는 주섬주섬 먹을 것을 챙기고 내일이면 5월인데 하면서 봄옷을 입고 나갔다. 바람은 좀 차가웠으나 오후에는 햇볕이 따사롭게 퍼져서 오랜만에 상쾌했다. 나는 무슨 축제인지도 모른 채 따라갔고, 항상 한산하기만 한 말뫼에도 많은 사람들이 살고 있음을 그날 처음 알았다.

말뫼 시 한복판에 커다랗게 자리 잡고 있는 필담공원(Pildammsparken)에서 나는 남편의 회사 동료들과 스웨덴 전통 게임인 쿠브(kubb)를 했다. 축제나 야외 모임이 있을 때 스웨덴 사람들이 가장 흔하게 즐기는 전통 게임인데, 단순하기 짝이 없고 큰 재미는 없지만, 사람들은 매 동작에 큰 반응을 보였다. 몇 개의 나무토막을 세워놓고 어느 정도 되는 거리에서 또 다른 나무토막으로 세워놓은 나무토막을 맞춰서 넘어뜨리는 게임이다. 넓은 공원 잔디밭에 사람들이 붐비는 와중에도 이 게임을 하는 사람들이 우리 이외에도 많이 있었다.

해가 떨어지자마자 바람 끝 온도가 확 달라졌다. 나는 빨리 집에 가야겠다 생각하고 짐을 챙겼는데, 사람들이 무슨 모닥불 행사가 있다며 보고 가라고 했다. 내년에도 같은 행사가 있으련만, 그다음 해에도 또 있으련만 나는 어떤 행사인지 그날 꼭 보고 싶어서 추위에 부들부들 떨면서 기다렸다. 정말 추웠다! 겨울이라면 그만큼 추위에 대비했을 텐데, 그 온도에 봄옷은 무방비 상태나 다름없었다! 100여 년 전 달라르나 아이들이 느꼈을 그 추위와 조바심을 나도 그대로 느꼈다.

어둠이 내려앉자 공원 안의 커다란 원형 잔디밭에서 과연 수십 미터 높이의 거대한 모닥불이 활활 타오르기 시작했다. 그러나 사람들이 가깝게 다가가지 못하게 망을 쳐놓아 모닥불 온기가 내게까지는 미치지 못했다. 모닥불 행사 이외에 그림자 인형극도 했고, 화려한 조명장치는 공원 전체를 환상적인 분위기로 만들어주었다.

손에 맥주 캔을 든 사람들이 무척 많았고, 가끔 큰 소리를 질러대는 청년들도 있었다. 비록 스웨덴에서 살고는 있지만 우리는 이방인! 물리적으로도 심적으로도 적당한 거리에서 구경한 뒤 우리는 집에 돌아왔다. 집에 돌아와서야 그날이 발푸르기스의 밤인 것을 알았다.

요즘 발푸르기스의 밤을 가장 활기차고 특별하게 보내는 계층은 대학생이다. 그래서 스웨덴의 양대 주요 대학도시인 웁살라와 룬드에서는 다른 도시에 비해 그 행사의 규모가 상당히 큰데, 난 직접 보진 못했지만 웁살라에서는 자신이 직접 만든 보트로 강을 타고 내려오는 경주대회가 있다고 한다. 또 자신이 졸업식 때 썼던 모자를 쓰고 나오기도 하고, 주류세가 높아 술이 아주 비싼 편인데도 샴페인을 마구 뿌려대는 행사도 한다. 때론 유명 가수가 초대되어 야외공연이 펼쳐지고, 재즈 콘서트가 열리기도 한다.

그런데, 발푸르기스의 밤은 만물의 동면만을 깨우는 것이 아니다. 사람들의 흥을 깨우고, 특히 젊은이들 마음속에서 꿈틀거리던 일탈의 욕구를 일깨운다. 평소에는 고요하고 적막한 도시에 이날은 오후부터 흥겨움이 차오르고, 대학생들은 일상의 틀을 벗어날 기회라도 얻은 듯 마치 내일이 오지 않을 것처럼 과도하게 술을 마시고 객기를 부리며 치기 어린 돌발 행동들을 한다. 그다음 날 공원에는 밤 사이 사그라진 일탈의 잔재가 고스란히 남아 있다. 굴러다니는 맥주 캔과 술병들, 토사

물과 갖가지 쓰레기들 등! 그들은 어쩌면 파우스트가 마셨던 젊음을 주는 묘약 대신 술을 마시고, 파우스트가 마녀들과 더불어 경험한 환락경을 경험하는 것일지도 모르겠다.

젊은이들을 미치게 하며 걸어온 봄은 그 발걸음을 멈추지 않고 계속 걸어 더욱 밝고 찬란한 여름으로 변신해나간다. 그 밝음의 정점을 찍는 날인 하지제(Midsommar)! 스웨덴 전체를 뒤흔드는 가장 큰 축제일로 1952년 스웨덴 의회는 하지제를 공휴일로 정했다. 날짜는 6월 20일에서 26일 사이의 토요일이고, 하지제 축제는 금요일 오후에 시작된다. 스웨덴 사람들에게 이날이 더욱 기쁜 이유는 바로 그다음 주 7월이 되면 짧게는 3주, 길게는 5주까지 연속해서 여름 휴가를 즐길 수 있기 때문이다.

발푸르기스의 밤이 봄을 기다리는 간절함으로 모닥불을 피워 올리는 날이라면, 하지제는 여름의 도래를 알리는 기쁨을 만끽하는 날이다. 여전히 겨울이 반은 남아 있던 발푸르기스의 밤과 달리 하지제의 세상은 싱그러운 푸른빛이 대지를 감싸고 제각각 아름다움을 자랑하는 꽃들이 앞을 다투어 사방에서 피어나는, 1년 중 가장 아름답고 가장 빛나는 때이다. 부지런한 농부들이 이른 봄에 뿌린 씨앗을 품에 안고 대지가 지난 봄 내내 키워낸 감자를 처음 수확하는 때, 어부들의 그물망에 한아름 잡힌 살이 통통하게 오른 싱싱한 청어들이 식탁에 오르는 때, 생크림 케이크 위에 소담스럽게 오를 딸기가 지천에서 빨갛게 익어가는 그런 때이다.

원래 하지제는 그리스도교가 생기기 이전 이교도의 축제에 기원을

하지제 축제 때 메이폴 주변을 빙빙 도는 사람들(사진 제공 고민정).

두고 있으나, 6월 24일 침례 요한의 축일과 맞물려 이를 함께 기념한다. 초기 가톨릭교회는 하지제가 비록 이교도 축제라 하더라도 이를 근절시키는 것보다는 그리스도교와 혼합시키는 것이 더 유용하리라 여겼기 때문이다.

하지제 전날 도시는 텅텅 빈다. 모두 가족과 친지들과 더불어 호숫가 옆 시골로 하지제를 쇠러 떠나기 때문이다. 발푸르기스의 밤은 공동체 행사 같은 분위기인데, 하지제는 크리스마스처럼 가족 모임의 성격이 강하다. 발푸르기스의 밤에는 모닥불을 피우는데, 하지제에는 어떤 의식이 있을까? 하지제는 이교도의 축제답게 중세부터 전해 내려오는 갖가지 초자연적이고 주술적인 의식들과 미신적인 요소들이 특히 많은데, 오늘날 그런 주술이나 미신을 믿는 사람들은 한 명도 없지만 전통이란 이름으로 즐거운 놀이가 되어 사람들은 여전히 그런 의식을 행한다.

하지제의 가장 큰 의식은 커다란 나무 기둥을 나뭇잎과 꽃으로 장식하여 세워놓고 사람들이 그 주변을 돌며 춤을 주고 노래를 부르는 것이다. 그 나무기둥을 메이폴(Maypole/ Midsommarstång)이라 부르는데, 다른 나라에서는 메이폴 즉 '5월의 기둥'이라는 이름에 맞게 5월에 세워졌으나 상대적으로 봄이 늦게 오는 스웨덴에는 5월에는 아직 나무기둥을 장식할 나뭇잎이 채 자라지 않고 꽃도 피지 않아 6월 말 하지제로 늦추어 세워졌다. 메이폴은 다산과 풍요를 기원하는 이교도의 전통에서 남근의 상징이라는 설이 있고, 세상의 중심축을 의미한다는 설도 있다.

밤에도 어둠이 없는 이 신기한 하지제 날은 사람들에겐 마법의 시간 같았고, 이날은 자연과 관계된 모든 것에 특별한 힘이 있다고 믿었다. 들에서 따온 꽃으로 만든 화관을 머리에 쓰면 1년 내내 건강을 보장받고, 달빛은 보물이 있는 곳을 알려주며, 물은 포도주로 변하는 날이다. 나비와의 만남 없이 무성 생식을 하는 양치식물들은 아름다운 꽃으로 변하고, 세상의 모든 초목들이 수백 년, 아니 수천 년을 살아갈 수 있는 치유의 힘을 얻는 그런 날이다! 물론 요즘 하지제에 이런 미신적 이야

하지제에 '작은 개구리' 노래를 따라 부르며 즐겁게 춤을 추는 사람들.

기가 들어 있다는 걸 아는 사람은 거의 없다.

 하지제 축제는 점심부터 시작된다. 발푸르기스의 밤과 달리 먹을 것이 풍부한 때라 사람들의 얼굴도 훨씬 발그레하니 윤택하다. 가족과 친지들이 모여 음식을 함께 준비하는데, 야외에 차려진 식탁 위에는 딜(Dill)이란 허브와 사워크림을 얹은 삶은 햇감자, 다양한 재료로 맛을 낸 청어피클, 갓 따온 싱싱한 딸기, 그리고 결코 빠질 수 없는 '스납스(snaps)'라 불리는 술이 풍성하게 차려진다! 이날은 사람들이 점심부터 술을 마신다.

 오후에는 사람들이 공터에 세워놓은 메이폴 주변에 모여 강강술래 하듯 모두 손을 잡고 남녀노소 할 것 없이 빙빙 돌며 '작은 개구리(små grodorna)' 노래를 부르고 꽥꽥, 폴짝폴짝, 개구리 동작 춤을 춘다. 우리 막둥이가 유치원에서 배운 노래라고 한동안 부르고 다녔는데, 나는 그 노래가 그 노래인 줄 몰랐었다. 예전에는 구색을 갖추어 스웨덴 전통 의상도 입었다는데, 요즘엔 그렇게까지 차려 입은 사람은 많지 않지만, 머리에 화관을 쓴 사람들은 꽤 많다. 그 외에도 모두가 참여할 수 있는 쿠브 같은 야외 게임들이 메이폴 주변에서 다채롭게 펼쳐지고 양편으로 나누어 줄다리기를 하기도 한다.

야외 놀이 후 집에 돌아오면 사람들은 점심보다 더 푸짐한 저녁을 준비한다. 청어피클과 감자는 항상 있지만, 이제 모든 것이 풍요로운 스웨덴 사람들은 구수한 냄새를 풍기며 고기를 굽는다! 여기에 엄청난 양의 술이 곁들여지고 사소한 일에도 웃음보따리가 터진다.

하지제는 1년에 단 하루, 그야말로 스웨덴 전체가 흥청망청하는 날이다. 겨울의 혹독한 추위와 길고 짙은 어둠을 견뎌야 했던 한을 이날 하루에 다 풀어버리려는 듯하다. 사실 지난겨울, 짙은 어둠이 깔린 인적이 거의 없는 골목골목에 집집마다 아름답게 꾸며놓은 반짝거리는 크리스마스 장식마저 적막해 보였던 때를 생각하면, 웃음소리 가득한 이런 밝은 세상이 온 것은 마치 기적 같다. 어떤 외국인은 하지제 날에 스웨덴으로 이사 온 후 처음으로 이웃과 말을 붙여보았다고 했다.

술과 함께 얼큰한 저녁 시간이 흘러가고 사람들은 호숫가에서 서로 부둥켜 안고 춤을 추거나 호수에서 밤수영을 즐기기도 한다. 이때는 밤이라고 해도 여전히 해가 하늘 언저리에서 빛나고 있다. 하지제 축제를 즐기기 위해 꼭 가져가야 할 준비물은 다음과 같다.

모기 방충제, 비옷, 술, 구명조끼, 그리고 콘돔!

그렇다! 준비물에 콘돔이 있다!

하지제는 또한 로맨틱한 날이기도 하다. 하지제 전날 밤, 처녀가 일곱 종류의 꽃을 꺾어 베개에 넣고 자면 그날 밤 꿈에 미래의 남편을 볼 수 있고, 짠 음식을 먹고 자면 역시 꿈에 미래의 남편이 나타나 갈증을 가라앉힐 물을 가져다준다고 한다. 예전엔 하지제의 초자연의 힘을 빌어 사랑하는 이와의 만남을 꿈꾸었다.

그런데 지금은? 지금도 여전히 하지제는 로맨틱한 날이다. 예전엔 초자연적인 힘이 '사랑을 꿈꾸게' 했다면, 지금은 술이 '사랑을 나누게' 한다. 역시 초자연적인 힘보다 술의 힘이 더 강력한 것임이 틀림없다! 분위기가 무르익고 살짝 취기가 돌면 사람들은 용감해진다. 하지제 전야에는 '매력적인 그 또는 그녀'에게 다가가 스납스를 한 잔 권하고 한 번쯤 수작을 부려봐도 좋은 것이다. 수작이 통하지 않으면 허탈하게 웃고 지나치겠지만, 만약 수작이 통하면 '매력적인 그 또는 그녀'와 남들 눈에 띄지 않는 곳으로 사라질 수 있다. 하지제는 그런 날이다. 한 거리 인터뷰에서 어떤 여성에게 하지제를 떠올리게 하는 단어들은 뭐가 있을까라는 질문을 했는데, 그 여성의 망설임 없는 대답은 이러했다!

"알코올과 섹스!"

어쩌면 하지제의 이 로맨틱한 분위기는 다산을 기원하는 전통에 연유한 것인지도 모른다. 실제로 이때 결혼식이 가장 많이 거행되고, 통계적으로 3월 22일에 태어난 아이들이 가장 많다! 딱 하지제 9개월 이

후이다. 우연의 일치인가? 그럴 리가…….

그런데 하지제에 이렇게 아름다운 모습만 있는 것은 아니다. 일단 하루 술 소비량만 보면 그 많은 술이 사람들의 정신을 얼마나 혼미케 하고 걸음을 비틀거리게 했을지 짐작할 수 있다. 하지제 전날 술을 독점 판매하는 시스템볼라게트(Systembolaget)의 문지방을 넘은 사람들의 수가 매해 평균 260만 명이라고 하고, 술 소비량은 평소의 1,300배라고 한다. 발푸르기스의 밤에도 비슷하게 나타나는 이런 부정적인 축제 이면은 다음 날 지역 신문에 낱낱이 드러난다. 음주로 인한 사건 사고가 얼마나 많이 발생했는지, 강간 사건은 몇 차례나 일어났는지, 청소년들에게 압수한 술병은 얼마나 되었는지, 몇 명이 청소년보호소에 들어갔는지 등등……. 보통 사람들이 1년 중 가장 즐겁고 떠들썩한 시간을 보낼 때 사회 질서를 유지해야 하는 스웨덴 경찰들은 가장 바쁜 하루를 보낸다.

이렇게 밝음의 정점인 하지제가 지나고 나면 세상은 다시 조금씩 어두워진다. 이곳은 겨울이 되면 해가 무척 짧아 금세 어두워지기도 하지만, 밝아야 할 정오 무렵에도 짙은 구름 속에서 해가 아예 나오지 않는 날들이 많기 때문에 하루 종일 어두운 날들이 이어지곤 한다. 그러니 이들이 발푸르기스의 밤과 하지제에 그토록 열광하는 이유가 이해가 된다.

특히 옛날 사람들에게 어둠은 얼마나 두려운 것이었을까? 어둠은 바로 옆에 있는 사람이나 사물로부터도 나를 고립시키기 때문이다. 다시 이들의 빛을 향한 갈망이 시작되고, 이는 밤이 가장 어둡고 긴 날인 12

학교에서 루시아 날 행사를 진행하고 있다. 루시아 소녀가 머리 위에 쓴 촛불 화관은 진짜로 불을 붙인 것이다.

월 13일 '루시아의 날'을 기념하는 전통 속에 나타난다.

루시아(Lucia)는 시칠리섬의 시라쿠스에서 태어나 304년, 로마 황제 디오클레티아누스의 박해로 죽은 성녀이자 맹인들의 수호성인이다. 그녀의 이름에는 라틴어 어원을 지닌 '빛(lux)'이란 뜻이 있다. 빛의 성녀 루시아를 기리는 스웨덴의 '루시아의 날' 행사는 주로 학교 단위로 치러지기 때문에 국가 행사라기보다 학교 행사라는 느낌이 많이 든다. 루시아 역할을 하는 소녀는 놀이방에서부터 유치원을 거쳐 고등학교까지, 각 학교별로 경쟁적으로 뽑히고, 시 단위로는 더 치열한 경쟁 속에서 선발된다.

학교의 루시아의 날 행사는 이렇게 진행된다. 하얀 가운을 입고 붉은 허리띠를 두른 루시아 소녀가 무거운 촛불 화관을 쓰고 기차놀이하듯 촛불 한 개씩을 든 소녀들을 거느리며 행사장에 천천히 걸어 들어와 무대 위에 선다. 그러면 그중 한 소녀가 어둠을 몰아낸다는 루시아 노래를 부르고, 열심히 준비한 흔적이 별로 보이지 않는 어설픈 학생들의 공연이 펼쳐진다. 매년 비슷한 공연인데도 관람하는 아이들과 학부모들의 박수소리는 웃음소리와 더불어 아주 크다. 물론 TV에서 방영하는 대형 교회나 대학교에서 주최하는 행사는 경건의 모양새를 제대로 갖추고 있어 아주 멋지다.

행사가 끝난 뒤, 각자 반에 모인 아이들은 집에서 마련해 온 루시아 먹거리를 나눈다. 우리에게 설날에 떡국이 있고 추석에 송편이 있듯이, 이들에게도 루시아의 날의 전통적인 먹거리가 있다. 생강과자와 루시아빵, 샤프란빵, 아몬드와 건포도를 넣은 글뢰그(Glögg, 데운 포도주), 그리고 크리스마스 음료인 율무스트 등이 그것이다. 생강과자는 평소에도 마트에 진열되나 루시아빵은 시즌에만 구워 판다.

스웨덴의 겨울 풍경! 12월이 되어 거리에서 생강빵 향기가 무르익고, 루시아빵이 빵집 진열대 위에 오르면 사람들은 창문을 아름다운 성탄 장식 전구로 치장한다. 아주 오래전에는 생존을 위협했던 '어둠과 추위'가 이제는 집 밖에 존재하는 타인이 되고, 집 안에는 촛불 켜진 식탁을 둘러싼 '따뜻함과 포근함'이 가족처럼 상주한다. 시절이 무

루시아빵.

척 좋아졌다!

　스웨덴 달력에서 루시아가 처음 발견된 것은 스웨덴이 여전히 가톨릭 국가였던 1470년대 초반이다. 꽤나 험난한 스웨덴의 종교 변천사 속에서, 가톨릭 성녀인 루시아를 기념하는 날은 종교개혁의 거세고 혹독한 바람에도 살아남았다. 종교개혁 이후 스웨덴에서는 가톨릭 관련 서적만 소유해도 가혹한 벌을 받거나 목숨을 부지하기 어려울 정도였는데, 빛에 대한 사람들의 갈망을 담은 루시아의 전통만은 종교를 뛰어넘어 사라지지 않았고, 20세기에 접어들면서는 덴마크, 노르웨이, 핀란드 등 다른 북유럽 국가에까지 전해졌다.

　이젠 오색찬란한 불빛으로 밤도 대낮처럼 밝아졌다! 더 이상 밤의 어둠을 무서워할 이유가 없는 것이다. 그런데도 루시아 소녀는 매년 가녀린 촛불을 머리에 이고 경건하게 등장한다! 문득 밤의 어둠을 밀어낼 필요가 없는 저 촛불은 이제 다른 어둠과 싸워야 할 것 같다는 생각이 들었다. 우리에겐 낮과 밤의 구분 없이 상존하는 어둠이 있다. 인간의 탐욕과 무지에서 비롯된 어둠! 사람이 모여 사는 곳이라면, 다소의 명암과 질감의 차이가 있을 뿐 어디에나 존재하는 어둠! 여하한 불빛으로도 걷어내기 어려운 어둠! 밤도 대낮같이 밝은 오늘날, 루시아 소녀의 저 촛불이 그런 어둠을 밝힐 수 있을까?

## 22. 이혼과 재혼, 그리고 풍성한 가족
_ 우리에겐 낯설지만 스웨덴에서는 흔한 가족의 풍경

스웨덴에서 9년 가까이 살다 보니 스웨덴 친구들이 많이 생겼다. 그 중에는 꽤 친해서 허심탄회하게 속마음을 주고받을 수 있는 친구들도 여럿 된다.

얼마 전에는 그렇게 친한 한 친구의 여름 별장에 초대를 받았다. 원룸 크기의 작은 별장들이 한데 모여 있는 별장촌인데, 말뫼 시내에서 자동차로 30분 거리에 있다. 스웨덴에는 이렇게 도시 근처에 여름 별장촌이 있어 여름 별장을 가지고 있는 사람들이 꽤 많다. 나는 관리하기 겁나서 정원 갖고 싶다는 생각을 별로 한 적이 없는데, 스웨덴 사람들은 정원 딸린 주택을 갖는 게 꿈이다. 시내에 이런 주택을 사는 게 경제적으로 부담스러운 사람들은 차선책으로 교외에 자그마한 여름 별장을 장만한다.

별장 주인 포함 2명이 더 와서 나까지 4명이 모였다. 모두 40, 50대 중년 아줌마들이었는데, 한국인 아줌마인 나만 결혼했고, 나머지 3명의 스웨덴 아줌마들은 모두 결혼 경험이 없다. 그래도 3명 다 약속이나 한듯 딸 하나씩을 두고 있다.

한국을 꽤 오래전에 떠나 와서 변화가 빠르기로 유명한 한국은 요즘 어떤지 모르겠는데, 스웨덴 사람들의 삶은 우리가 흔히 생각하는 전통적인 가족의 모양새가 아니다. 스웨덴 사람들도 예전엔 아버지, 어머니, 자녀들이 한 집에서 살다가 자녀들이 크면 분가해 나가고 아버지와 어머니는 중년과 노년을 서로 의지하며 함께 보내는 그런 삶을 살았다. 75살이 넘는 노부부들은 초혼을 유지하며 끝까지 함께 사는 경우가 많은데, 그들의 자녀 세대 즉 40, 50대 중년들의 삶의 모습은 확연히 다르다.

스웨덴에서는 결혼이나 이혼 여부가 결코 이슈가 되지 않는다. 결혼 관계에서 아이 낳고 사는 사람들도 많지만, 혼자 살면서 아이를 키우는 사람도 많고, 결혼 관계가 아닌 삼보(sambo), 즉 동거 관계로 평생을 사는 사람들도 많다. 애인은 두되 함께 살지 않는다는 원칙을 고수하는 사람들도 있는데, 이들은 삼보와 다르게 세르보(särbo)라 부른다. 점점 더 많은 사람들이 정해진 삶의 틀에서 벗어나 나름대로 자신의 행복을 추구하며 자기가 원하는 형태의 삶을 사는 추세인 것은 분명해 보인다.

이에 따라 아이들도 부모의 삶의 방식에 따라 다양한 삶을 산다. 자신을 낳아준 부모와 함께 사는 비교적 행운아인 아이도 있고, 엄마와 둘만 살거나 또는 아빠와 둘만 사는 아이도 있다. 동거가 아주 흔한 일이라 엄마와 엄마의 남자친구랑 함께 사는 경우, 아빠와 아빠의 여자친구랑 함께 사는 경우도 있다. 또 아빠가 다른 형제와 함께 사는 경우, 엄마가 다른 형제가 함께 사는 경우도 있고, 헤어진 부모가 아이 때문에 가까운 곳에 살아서 엄마 집 아빠 집 양쪽을 1주일 단위로 옮겨 다니면서 사는 아이도 있다.

그래서 전 세계를 조립식 가구로 제패한 스웨덴의 공룡 가구 회사 이케아는 이런 광고를 한다. 엄마 집에서 머물렀던 아이가 아빠가 데리러 오자 책상 위에 가지런히 놓여 있던 색연필을 챙긴 뒤 짐을 들고 아빠를 따라 나선다. 자동차 안에서 색연필을 만지작거리며 아빠 집으로 향하는 아이의 표정은 이 상황에 익숙한 듯 담담하다. 그런데 아빠 집에 온 아이가 자신의 방문을 연 순간 놀라운 장면을 보게 된다. 엄마 집의 자기 방과 똑같은 가구와 커튼으로 단장되어 있는 것이다. 모두 이케아 제품들이다. 아이는 엄마 집의 자기 방에 있는 것과 똑같은 책상 위 바로 그 자리에, 가져온 색연필을 가지런히 놓는다.

엄마의 집은 전원 속의 주택이고, 아빠의 집은 도심 속의 아파트이다. 두 사람의 성격 차이를 명확히 드러내는 이러한 배경 설정은 두 사람의 이혼이 불가피함을 보여준다. 만약 엄마 아빠의 이혼이 불가피하다면, 이케아에서 엄마 아빠 모두 똑같은 가구를 마련하여 아이의 방을 꾸며줌으로써 아이에게 정서적 안정감을 주라는 것이다.

부모의 헤어짐을 주제로 한 광고는 이뿐만이 아니다. 자유분방한 젊은 엄마가 애인과 달콤한 늦잠을 자고 있었는데, 갑자기 전 남편이 7살

쯤으로 보이는 세쌍둥이 아들들을 데리고 왔다. 깜짝 놀라 벌떡 일어난 엄마는 이중으로 사용 가능한 이케아 제품들로 순식간에 방안을 정숙하고 즐거운 아이들의 세상으로 바꾸어놓는다. 엄마는 이케아 시나몬 케이크까지 한아름 안고 화사한 미소를 지으며 문을 열고 세쌍둥이를 맞이하는데 아뿔싸! 정리하지 못한 것이 하나 있었다. 여전히 침대에서 잠을 자고 있던 애인이 눈을 비비며 일어나는 것이었다. 엄마는 황급히 애인을 침대 서랍을 열어 굴려 떨어뜨린 뒤 서랍을 닫아버리는데, 이 장면을 세 아이들이 황당한 표정으로 본다.

광고는 아주 짧은 시간에 압축적이고 함축적으로 그 사회의 모습을 반영한다. 부자 되기를 열망하는 한국 사회에서 "부자 되세요!"란 외침이 부동의 대박 광고였던 적이 있다. 이케아 광고는 스웨덴 사회에서 부모의 헤어짐이 일반적인 현상이 되어가고 있음을 보여준다.

여름 별장에서 만난 3명의 친구들에게 어떻게 딸을 키웠느냐고 물어보았다. 별장 주인은 결혼을 하진 않았지만 25년째 삼보 커플이니, 결혼이란 틀에 묶이지 않았을 뿐 그녀의 딸은 행복하게도 자신을 낳아준 엄마 아빠와 함께 살았다. 왜 결혼을 하지 않았느냐는 나의 질문에, 딱히 결혼해야 할 필요성을 느끼지 못했고, 비용도 비용이거니와 사람들 모아놓고 부산떠는 게 싫다고 말했다. 오!! 결혼식을 부산떠는 일이라고 생각하다니……!

다른 친구는 동거 중에 딸을 낳았는데, 동거하던 남자와 헤어져서 혼자 키우게 된 경우이다. 이제 11살이 된 딸아이는 아빠와 가끔 만나는데, 육아는 전적으로 자신이 맡고 있다고 했다. 아빠는 딸을 단 며칠이라도 맡아 키울 만한 여건이 되지 않기 때문에 아빠에게 보내기 싫다고 말했다. 가끔씩 딸의 아빠가 육아에 보태라고 돈을 보내온다고 하면서 그 정도의 관심만으로도 충분하고, 셋이 가끔 만나서 식사도 함께 하고 좋은 시간을 보낸다고 했다.

또 다른 친구의 딸은 이케아 광고에 나오는 아이처럼 1주일 간격으로 엄마와 아빠 사이를 왔다 갔다 하면서 컸다. 지금은 21살 대학생인데, 조만간 미국에 가서 뮤지컬 배우 교습을 받을 거라고 말했다. 전에 이 친구에게 저녁 식사 초대를 받아 가서 딸과 함께 얘기를 나눈 적이 있었는데, 이만저만 개방적인 젊은이가 아니었다. 엄마와 딸 사이가 아니고 서로 아무 얘기나 터놓고 얘기할 수 있는 친구 관계 같았다. 아무리 친하다고 해도 엄마랑 할 소리가 있고 안 할 소리가 있지 않나? 두 사람의 대화는 내가 엄마와 딸의 관계에 대해 가지고 있던 이런 편견을 쨍그랑 깨주었다.

"우린 엄마와 딸의 관계 이전에 각각 독립적이고 자유로운 여성으로서 서로를 존중하고 함께 연대하는 동지라고 생각해!"

내게 이루지 못한 소원이 하나 있다면, 이런 장성한 딸 하나 갖는 것이었다. 그런데 어린 아들만 셋이라니!

스웨덴은 이혼율이 무척 높은 나라이고, 한국의 이혼율 또한 가파르게 상승하고 있다. 특히 스웨덴의 경우 동거하는 경우가 무척 많기 때문에, 동거 커플까지 감안한다면 통계보다 이혼율은 훨씬 더 높을 것이다. 솔직히 내 주변의 40, 50대 중년 부부 중 초혼부터 법적 결혼 생활을 제대로 이어가는 부부는 거의 없다. 부부 관계를 억지로라도 묶으며 삶의 모양새를 지탱해주었던 결혼이란 제도가 무너지고 있음이 느껴진다. 영화 「봄날은 간다」에서 상우가 은수에게 "사랑이 어떻게 변하니?"라고 물었지만 스웨덴 사람들을 보면 옛 광고 문구처럼 사랑은 정말 움직이는 것인가 보다. 이들을 묶어주는 것은 변화무쌍한(?) 사랑인 듯하니 말이다!

앞서 얘기한 이케아 광고는 이러한 현실을 정직하게 직시하고 대응하는 스웨덴 사람들의 태도를 엿보게 한다. 사실 부부의 이혼에 속수무책으로 가장 큰 영향을 받는 것은 아이들인데, 부모들의 이혼을 막을 수는 없으니 이에 대한 대비책을 강구하는 모습이 아닌가?

어느 맑은 토요일, 아름다운 젊은 부부가 사는 아주 한적한 '숲속의 작은 집'에 초대를 받았다. 남편은 스웨덴인, 아내는 한국인! 파티에는 부부의 양가 가족들과 친구들이 초대되었고, 파티는 정오부터 오픈하우스 형태로 진행되었다. 상차림은 완전 스웨덴식이었다. 감자, 옥수수, 가지, 파프리카 등 온갖 채소를 그릴에 구웠고, 잔치국수 비슷하지만 맛은 완전히 다른 다소 묘한 맛의 국물 국수가 준비되어 있었으며, 정말 맛있는 진한 초콜릿 케이크도 준비되어 있었다. 아이들은 청년 손님들과 축구를 하며 놀았다.

늦은 오후부터 사람들이 속속 모여 들었는데, 아주 자유롭고 평화로운 분위기였다. 처음에 나는 가족 구성원들을 잘 이해하지 못했다. 시어머니에게 아버지는 언제 오시느냐고 물었더니, 아이 픽업을 해야 해서 좀 늦게 올 거라고 하더니, 잠시 뒤 어떤 남자를 자신의 남편이라고 소개했다. 그리고 뒤이어 아버지도 오셨는데, 재혼한 부인과 함께였

이혼한 부부가 각각 재혼한 뒤 모두 모인 가족 파티. 물어보지 않았다면 가족 관계의 이모저모를 결코 알 수 없었을 정도로 그들은 친밀하고 자연스러웠다.

다. 그의 부모님께서는 오래전에 이혼하고 각각 재혼을 했는데, 아버지 부부와 어머니 부부가 모두 오신 것이다. 그리고 이복동생과 배다른 동생도 한자리에 모였다. 아! 한국인으로서는 감히 상상도 할 수 없는 광경이었다.

아버지 부부와 어머니 부부 4명은 서로 어울려 얘기하고 담소를 나누는데 조금도 어색함이 없었고, 이들의 관계에 불편함을 느끼는 사람도 단 한 사람도 없었다. 희한하게도 부모님의 이혼으로 쪼개진 가족이 아니라 각 부모님의 재혼으로 오히려 가족이 늘어나 풍성해 보였다. 모인 사람들은 모두 다정했고 진심으로 서로의 안위를 염려하고 서로의 행복을 소망했다.

이 아름다운 광경의 백미는 시어머니의 가장 친한 친구가 이혼해서 다른 가정을 꾸리고 있는 첫 번째 며느리라는 사실이다. 그분들은 단둘이 여행을 떠나기도 할 만큼 절친이라고 한다. 아! 이건 또 무슨 관계란 말인가?

스웨덴 사람들의 점차 다양해지는 삶의 모습을 보면서 앞으로 세상은 어떤 모습이 될까 큰 의구심이 든다. 그런데 이곳 사람들은 이런 변화가 올 것임을 이미 오래전부터 알고 있었던 양 아주 자연스럽게 받아들이는 것 같다. 이런 변화를 옳고 그름, 좋고 나쁨으로 나눌 수 없고 그저 현실이 되었다. 만약 스웨덴이 여러 가지 면에서 한국보다 앞서 가는 나라라고 한다면, 나는 얼떨결에 시간을 건너 뛰어 미래와 곧바로 부딪힌 셈이다.

## 23. '인민의 집'을 지은 남자들
_스웨덴 복지 100년의 역사를 쓴 정치가들

"안녕들 하십니까?"

2013년 12월 10일, 한국의 한 젊은이가 자신이 다니는 대학 게시판에 이런 제목의 대자보를 붙이고 한국 사회의 안부를 공개적으로 물었다. 그는 이런 안부를 물어볼 너무나 당연한 권리를 가지고 있다. 그는 '젊은이'이고 한국은 '자신이 앞으로 살아갈' 사회이므로! 그 반향은 아주 컸고 많은 사람들이 되돌아봤다, 우리는 모두 안녕한지!

그때 나는 한국을 떠나 몇 년째 스웨덴에서 살고 있었는데, 스웨덴 사람들의 안부도 궁금했다. 이들은 안녕할까? 그 젊은이의 대자보를 꼼꼼히 읽어본 소감으로, 이들은 한국 사람들보다는 '더' 안녕해 보였다. 왜 이들은 '더' 안녕할까? 중요한 사회 변혁기에 스웨덴 사람들의 '안녕'을 걱정한 소수의 사람들이 있었다. 나는 그들이 궁금했다!

19세기 유럽, 산업혁명과 자본주의의 발달은 유럽의 경제 구조와 정치 구조를 크게 바꾸어놓았다. 대체로 역사가들은 세계가 전근대와 완전히 판이 달라진 결정적인 계기를 산업혁명이라 보는 데 별다른 이의를 제기하지 않는다.

대량생산이 가능해진 산업혁명으로 자본가들은 큰돈을 벌고 부자가 됐지만 더 가난해진 사람들이 있었다. 바로 수많은 노동자들이었다. 산업화로 인하여 농촌에서 살던 사람들은 모두 도시에 나와 공장 노동자가 되었는데, 당시 노동자의 삶은 비참하기 이를 데 없었다. 노동자들을 보호하는 그 어떤 제도도 없이 저임금 장시간 노동 착취는 말할 것도 없었고, 어린아이까지 가혹한 노동에 동원되었으며 생활환경 또한 불결하고 열악하기 짝이 없었다. 이러한 상황은 스웨덴이라고 크게 다르지 않았다. 당시 스웨덴에서도 10대 어린아이들이 성냥공장에서 일했다. 그럼에도 불구하고 정부가 공장주와 자본가들의 목소리에만 귀를 기울이자 노동자들은 저항을 시작했고 자기들의 목소리를 낼 수 있는 조직을 만들었다.

이것이 노동조합의 시작이었고, 이로부터 노동운동이 비롯되었다. 노동운동이 성장하면서 새로운 정치이념이 생겨났는데 바로 사회주의이다. 사회주의는 독일에서 배를 타고 내가 사는 말뫼로 건너왔다. 스웨덴 사람들이 다른 나라 사람들에 비해 '비교적 안녕' 할 수 있는 이유는 이 사회주의가 탁월한 지도자들을 거치며 사회민주주의로 진화 발전했기 때문이라고 나는 믿는다.

1881년 가을 어느 날, 독일에서 10여 년간 재봉사로 일하며 사회주

사회민주주의라는 씨앗을 스웨덴에 최초로 들여온 남자 아우구스트 팜. 말뫼 항구에 첫 발을 내디뎠을 때, 그의 가방 가득 들어 있던 사회민주주의 서적들이 장차 '세계에서 가장 모범적인 복지사회'란 아름다운 꽃을 피울 씨앗이란 것을 알았을까.

의 이념을 배운 아우구스트 팜(August Palm, 1849~1922)이 가방에 한가득 사회민주주의 서적을 담아 들고 말뫼의 항구에 내렸다. 그는 말뫼에서 '사회민주주의자들은 무엇을 원하는가?(Vad vilja socialdemokraterna?)'라는 제목의 기념비적인 첫 연설을 했는데, 일반적으로 이 연설을 스웨덴 사회민주주의의 기원으로 본다. 몇몇 호기심 많은 지식인들과 중산층 등 150여 명의 청중을 앞에 두고 그가 첫 연설을 했던 곳은 말뫼 시내 한복판 스토르토리에트 옆에 있는 〈호텔 스톡홀름〉이었다. 호텔 측은 처음에 어떤 연설인지 모르고 그에게 장소를 제공했으나 나중에는 연설 장소를 구하지 못해 길거리에서 연설을 했다고 한다.

두 번째 연설에는 800명 넘은 사람들이 모였고 "모두에게 정의를, 불의는 걷어내고!"란 모토를 내건 첫 노동자협회가 말뫼에 세워졌다. 그러나 기득권층이나 보수매체가 이를 달갑게 보았을 리가 없다. 이에 팜은 쫓기듯 스톡홀름으로 올라갔고, 스웨덴 방방곡곡으로 연설 여행을 다니며 사회주의자로서의 가열찬 삶을 이어나갔다. 그가 헤르뇌산드(Härnösand)라는 도시에서 한 연설 내용은 다음과 같았다.

"우리에겐 썩은 정부가 있을 뿐이고, 의회에는 형편없는 의원들만 있지요. 그들은 노동자들에게 어떤 문제가 있는지 왜 억압받는 자들이 생겨나는지 알려고도 하지 않습니다!"

이러한 연설은 의회모독, 명예훼손, 불법집회 등의 죄가 되어 그를 6년간이나 감옥에 보냈다.

쫓기듯 올라간 스톡홀름에서 팜은 향후 스웨덴 사회민주주의의 지도적인 인물이 될 얄마르 브란팅(Karl Hjalmar Branting, 1860~1925)을 만났다. 교수의 아들로 유복한 가정에서 태어난 얄마르 브란팅은 스웨덴 왕 구스타프 5세(Gustaf V, 1858~1950)와 같은 학교 동창이기도 한데, 대단히 출중한 인물로 스웨덴 사회민주주의의 초석을 놓은 "스웨덴 사회주의의 아버지"라 불린다. 그는 17살에 뛰어난 성적으로 대학에 입학하여 수학과 천문학을 공부했고, 사회와 문화에 대해서는 무척 진보적이고 자유주의적인 시각을 가지고 있었다. 그는 '스톡홀름노동자연구소'가 시(市)로부터 재정 지원을 거절당하자 연구소가 계속 운영될 수 있도록 자신의 개인 돈을 기부하기도 했다. 당시 '노동자연구소'는 노동자 계층에게 강의를 하고 학업의 기회를 주는 곳이었다.

1883년은 그가 사회주의자로서 인식의 지평을 넓힌 결정적으로 의

팜이 들고 온 사회민주주의 씨앗이 올곧은 뿌리를 내리고 건강한 싹을 틔우도록 기름진 토양을 제공한 남자 얄마르 브란팅. 그는 눈밝고 마음 따뜻한 평화주의자였다.

미 있는 해였다. 파리에서 혁명적 사회주의자 폴 라파르그(Paul Lafargue, 1842~1911)의 강의를 들었으며, 취리히에서 수정주의적 사회주의자로 북유럽 사회민주주의에 지대한 영향을 미친 에두아르트 베른슈타인(Eduard Bernstein, 1850~1932)으로부터 독일 사회주의 이념에 대해 배운 것이다. 사회주의자들 사이는 이렇게 라파르그와 같이 혁명을 통해 급진적 개혁을 이루려는 마르크스주의자들과 베른슈타인처럼 점진적인 발전을 통해 개혁을 이루려는 수정주의적 사회주의자들로 나뉘었는데, 브란팅은 처음에는 어느 한 쪽에 치우치지 않고 양편을 적절히 오갔다.

그다음 해인 1884년 그는 과학자로서의 길을 접었다. 그리고 2년 뒤인 1886년에는 그 전 해인 1885년에 팜이 창간한 좌파 신문「사회민주주의자들(Socialdemokraten)」의 편집장이 되었다. 「사회민주주의자들」은 '자유, 평등, 박애'의 프랑스 혁명과 동일한 모토로 노동자들을 교육하고 스웨덴 정치의 강한 잠재력을 기르기 위한 교과서로서 그 후 약 70년 동안 스웨덴 사회민주주의의 근간이 되었다. 그리고 그는 팜과 함께 1889년 4월, 정치정당으로서 최초로 스웨덴사회민주노동당을 설립했다.

보수적인 정부는 즉각 이 새로운 정당을 탄압하기 시작하다. 몇 년 사이 브란팅을 포함하여「사회민주주의자들」의 편집인들은 예전에 연설 때문에 팜이 감옥에 갔던 것과 같은 의회모독과 불경죄, 명예훼손, 집시위반 등의 죄목으로 모두 감옥에 들어갔다. 정당의 모든 집회에는 경찰이 입회했고, 선동자들은 블랙리스트에 이름이 올라갔으며 지나가는 말이 놀란다는 이유로 현수막과 밴드 연주도 금지되었다. 이런 와중에도 1897년, 브란팅은 자유주의자들과 연합하여 사회민주주의자로서 최초로 의회에 진출한다.

20세기 초 어려운 경제 상황 속에서 삶이 여전히 열악했던 노동자들은 자주 파업에 나섰는데, 이에 큰 회사들은 외국에서 대체 노동인력을 들여왔다. 이에 반발하여 안톤 닐손(Anton Nilson, 1887~1989)이란 젊은 이가 영국인 대체 노동자들이 숙소로 이용하고 있던 배를 폭파시켜 1명의 사망자와 23명의 부상자를 발생시켰다. 안톤 닐손에게는 사형이 선고되었다.

당시 최고의 핫 이슈는 '보통·평등선거권'이었다. 이 투쟁은 19세기 중반 이래 계속되어왔는데, 1909년 24살 이상 스웨덴 남자들에게 선거권이 주어지는 법안이 통과되었다. 소득과 재산에 따라 한 사람이 40표까지 행사할 수 있는 여전히 불평등한 선거법이었지만, 1911년 이 새로운 선거법이 적용되는 첫 번째 의원 선거가 사상 최대의 관심 속에서 치러졌다.

이 선거에서 사회민주당의 선거운동 방식은 가히 혁신적이었다. 그들은 빨간 자동차와 빨간 장미를 상징으로 내세웠다. 1911년이라면 자동차는 큰 도시 아니고는 구경도 하기 어려운 때였는데, 사회민주당 후보들은 모두 이 빨간 자동차를 타고 연설장에 나타났다. 빨간 자동차가 나타나는 곳은 어디나 자동차를 보려고 사람들이 구름같이 몰려들었는데, 특히 말뫼에서는 청년당원으로 의원 후보였던 페르 알빈 한손(Per Albin Hansson, 1885~1946)의 연설에는 말뫼 인구의 10분의 1인 8,000명이 모여들었다. 나중에 한손은 자동차가 아니었다면 자신의 연설장에 그렇게 많은 사람들이 오지 않았을 것이라 회고했다.

당시 자동차는 미래의 상징이었다. 에너지의 상징이었고, 모험과 젊은 열정의 상징이었다. 원래 꿈은 황당하게 커야 한다고 했던가? 하루 먹을 양식이 걱정인 마당에 자동차라니! 선거는 사회민주당으로서는 괄목할 만한 대성공이었고 이전보다 2배 이상 많은 의석을 확보했다. 우익정권의 아르비드 린드만(Salomon Arvid Achates Lindman, 1862~1936)은 총리직에서 사임했고, 새 총리가 된 자유당의 카를 스타프(Karl Albert Staaff, 1860~1915)는 정부 각료를 구성하고, 사회민주당의 지원을 받으며 선거 공약에 따라 사회개혁을 추진해나갔다. 이때 스웨덴은 1913년 모든 국민에게 적용되는 보편적 노령연금제도를 세계 최초로 도입했고, 이로부터 스웨덴의 현대복지 입법이 시작되었다.

바로 다음 해인 1914년, 제1차 세계대전이 발발하자 스웨덴은 다른 북유럽 국가들과 함께 중립을 선언했다. 중립국이었던 스웨덴은 양편 모두와 무역 거래를 할 수 있었는데, 수출 물량이 엄청나게 늘어나서 발렌베리 등의 갑부들과 정부 각료들에겐 부를 축적할 수 있는 절호의 기회가 되었으나 독일로 많은 양의 식량이 수출되면서 정작 스웨덴 노동자들에겐 식량 부족 사태가 초래되었다. 당시 총리였던 얄마르 함마르셸드(Knut Hjalmar Leonard Hammarskjöld, 1862~1953)는 이름 앞에 "배고픈"이란 단어를 붙인 '홍거스셸드(Hungerskjöld)'라는 별명으로 불리며 결국 "배고픈 폭도"들이 들고 일어나자 1917년 총리직을 사임했다.

세계대전 직후 러시아혁명과 독일혁명이 일어나자 이에 자극을 받은 많은 사람들이 혁명을 통한 더욱 급진적인 개혁을 요구하기 시작했다. 그러나 브란팅 등 사회민주당 지도부와 스웨덴 전국노동조합총연맹위원장이었던 헤르만 린드크비스트(Herman Lindqvist, 1863~1932)는 스웨덴에서 봉기나 혁명이 일어나는 것을 원치 않았다. 사회민주당은 이러한 격렬한 움직임을 다독이며 대신 당의 관리위원회의 젊은 회원들로 하여금 노동자위원회를 만들어 다음과 같은 임무를 맡겼다.

이 임무에는 스웨덴 사회민주주의의 성격과 향후 방향성이 잘 나타나 있다. "위원회의 임무는 현재 일어나고 있는 혁명의 기운을 건설적으로 법률화할 수 있는 통로가 되어야 한다." 그들의 목표는 평화적인 수단을 통하여 8시간 노동, 보통선거, 식탁 위의 풍족한 음식이 가능한

민주주의였고 이를 가능한 빨리 성취하는 것이었다. 이 목표에 도달하는 방법은, 법의 테두리 안에서 협상과 로비, 회원들간의 비밀투표, 지속적인 협상, 그리고 다수결에 따르는 것이었다.

브란팅과 사회민주당 지도부는 스웨덴이 과격한 혁명으로 치달아 폐허가 되기를 원치 않았다. 그들은 국민들이 다치는 것을 원치 않았고 "실제적인 안녕"을 원했기 때문이다. 그들은 점진적 개선을 원했고 평화적인 방법으로 그 목표에 도달하리란 것을 알았다. 그러나 영리한 그들은 혁명의 무드를 잘 활용했고, 실제보다 겉으로 훨씬 더 혁명적인 척 사람들에게 보일 수 있을 만큼 정치적 수완이 뛰어났다.

이러한 분위기 조성은 왕실 및 중산층에겐 위협이 되었으나, 그렇다고 기득권 세력이 순순히 물러서지는 않았다. 사회 분위기는 더욱 거칠어졌고, 이 거칠어진 분위기는 그해 가을 선거에 그대로 적용되어 사회민주당 및 진보당이 의회에서 많은 의석을 차지했고, 보수당은 20석을 잃었다.

이 선거의 결과로, 1917년 10월 19일, 스웨덴 역사상 최초로 자유당과 사회민주당의 연립정부가 세워졌다! 그리고 7명의 자유당 인사와 4명의 사회민주당 인사가 장관으로 임명되었다! 이때부터 스웨덴의 정치는 의회주의 체제로 넘어가서 의회 밖의 그 어떤 세력도 스웨덴 정부를 구성하는 데 영향을 주지 못했다. 새 정부가 들어서면서 가장 먼저 한 일 중 하나는 파업 와중에 대체인력으로 들어온 노동자들의 숙소에 폭탄을 터뜨려 영국인 노동자 1명을 사망케 하고 23명에게 부상을 입힌 안톤 닐손의 석방이었다. 그동안 많은 사람들의 석방 탄원이 있어왔는데, 이때 석방된 그는 102살까지 장수했으며 평생을 급진적인 사회운동가로 살았다.

시간이 지나면서 유럽에 혁명의 물결이 더욱 거세지고, 독일 황제였던 빌헬름 2세가 외국으로 달아나자 스웨덴 왕실 및 중산층들, 그리고 심지어 많은 사회민주주의자들까지 스웨덴에도 곧 혁명이 일어날 것이라 믿었다. 극좌파들은 곧 왕정에서 공화국이라는 새로운 세상에 진입할 것이라 기대하며 들떠 있었고, 구스타프 5세는 짐을 싸고 있던 중이었다.

1918년 11월 14일, 스톡홀름의 〈민중의 집(Folkets Hus)〉에서 모인 집회에서 열띤 토론이 벌어졌다. 대단히 고조된 분위기 속에서 브란팅이 토론의 최종 결의안을 읽어 내려갔다.

"여성 참정권, 1인 1표 보통선거권, 8시간 노동! 그리고 공화국!"

'공화국'이란 단어가 브란팅의 입에서 튀어나왔을 때 모인 사람들은 떠나갈 듯 환호했다.

만약 브란팅이 이 고조된 분위기에 힘입어 "왕궁으로 돌진!"이란 구호를 외쳤다면, 수천 명의 노동자들은 왕궁을 향해 전진했을 것이다. 그랬다면 피의 혁명이 일어났을 터였다. 그러나 브란팅은 아주 지혜롭고 현명하게 노동자들의 분위기를 가라앉혔다. 그가 원한 것은 공화국 자체가 아니라 스웨덴 국민들의 "실제적인 안녕"이었기 때문이다. 그는 다음과 같이 말했다.

"우리에게 훨씬 중요한 것은 왕정의 폐지가 아니라, 먼저 선거권과 8시간 노동권을 쟁취하는 것이다! 그리고나서 스웨덴 전체 국민이 공화국을 원하는지 원하지 않는지 국민투표로 결정하면 된다!"

우레 같은 박수갈채가 터졌다.

"이 시대는 행동을 요구한다……. 만약 저들이 우리의 요구를 강하게 거부한다면 국민들의 요구는 가차 없이 더 늘어날 것이다!"

브란팅은 이 결의문을 들고 왕궁을 방문해서 왕과 정부에게 시대가 요구하는 행동을 취할 것을 요구했다. 그런데 시공을 초월해서 기득권 세력이 순순히 양보하는 경우는 없다. 이 고조된 분위기 속에서도 그들의 저항은 만만치 않았다. 수차례의 열띤 공방과 투쟁 끝에 1919년 드디어 선거법이 개정되었다. 전 총리였던 얄마르 함마르셸드는 다음과 같이 탄식했다.

"선거권을 제대로 행사할 능력도 없는 자들에게 선거권을 넘겨주다니, 이런 결정이 이 국가와 국민에게 행복과 번영을 가져다 줄 것이라고는 결코 생각할 수 없다!"

그의 탄식에도 불구하고, 1905년에는 인구의 약 8.2%만이 선거에 참여할 수 있었으나, 이제 인구의 54.3%가 참여할 수 있게 되었다. 나는 선거권은 태어나서 어른이 되면 누구에게나 주어지는 당연한 권리인 줄로만 알았고, 그것의 획득 과정이 이토록 눈물겹게 어려웠는지는 몰랐다. 특히 내가 여자임을 감안하면 더욱 그러하다. 당시 브란팅의 목표는 딱 두 가지였다. 남녀 모두에게 1인 1표의 보통·평등 선거권으로의 법 개정과 8시간 노동제! 일반 국민이 합법적으로 정치적 힘을 보여줄 수 있는 길은 투표가 유일하다는 걸 위대한 정치가 브란팅은 일찌감치 깨닫고 있었기 때문이다. 왜 스웨덴 사람들의 투표율이 높은지 이제 알겠다. 오랜 투쟁 속에서 어렵게 획득했으니 꼭 행사하고 싶은 것이다. 1919년 사회민주당은 몇 년에 걸친 투쟁을 자부심 있게 다음과 같이 요약했다.

"다른 나라들이 모두 피에 물들고, 문화는 파괴되고, 내부 분열이 일어날 만큼 경제가 마비될 때, 세계 여러 곳에서 칼과 총에 호소하고, 많은 나라에서 노동계급이 무제한의 희생과 고통을 인내하고 있을 때, 스웨덴 사람들과 스웨덴 노동계급은 내전과 무력 충돌 없이 오로지 그들의 단단하고 흔들리지 않는 결의를 단호히 선언함으로써 스웨덴 민주화에 결정적으로 중요한 헌법적 개혁을 성취해냈다!"

약 40년간의 기나긴 투쟁 끝에 자유주의자들과 사회민주주의자들은 드디어 정치적으로 가장 중요한 두 가지를 성취했다! 그것은 민주주의와 시민권이었다. 굳은 의지를 지녔으나 평화를 사랑하고 국민들의 "실제적인 안녕"을 염원하는 정치가들의 탁월한 지도력으로!

자유당과 사회민주당의 연합이 해체되면서 브란팅은 1920년 스웨덴 최초로 사회민주당 정부를 수립했다. 많은 중산층은 세상이 어떻게 변할지 몹시 우려했으나 정부는 서두르지 않고 점진적인 개혁을 이루어나갔다. 브란팅은 보통선거를 통한 평화적 혁명을 바랐으며, 더디가더라도 노동계급이 꾸준히 사회와 정치 시스템에 통합되리라 믿었기 때문이다. 그는 베른슈타인의 수정주의를 북유럽 특유의 사회 통합 이론으로 발전시킨 것이다.

그는 '노동자 계층'이 다수이긴 하지만 노동자만을 위한 스웨덴이 되기를 원치 않았다. 어떻게 하면 이념과 이해관계에 따라 나뉜 사람들을 한데 모을 수 있을까? 이 모두를 한데 모으는 "이념과 이해관계를 뛰어넘는 보편적인 가치"는 무엇일까?

이를 정치 개혁으로 제대로 구현해낸 인물은 브란팅의 뒤를 이은 스웨덴의 또 다른 탁월한 지도자 페르 알빈 한손이었다. 1921년, 한손의 선거 연설을 보면 이러한 점이 뚜렷이 나타난다.

"스웨덴을 모든 스웨덴 사람들의 좋은 집으로 만들기 위해 계급을 타파하자. …… 명백한 불평등은 사라져야 한다. 모든 스웨덴 어린이들은 인생의 출발선이 같아야 하고, 우리의 모든 아들과 딸들에게 스스로를 부양할 수 있는 정도를 넘어 인도주의적인 견지에서 삶을 풍부하게 만들 수 있는 모든 좋은 것들을 즐길 수 있는 기회가 주어져야 한다. 모든 스웨덴인을 위한 스웨덴!"

사회민주당은 그들의 지지자들만을 위한 협소한 당이 아니라, 사회 계층간의 연대를 키우고 전 국민을 위해 사회 정의를 키워나가는, 그야말로 "전 국민을 위한 당"으로 거듭났다. 이러한 통합적인 태도를 바탕으로 한손은 스웨덴 복지체계의 기틀을 마련한 결정적인 인물이다. 그는 1925년 사망한 브란팅의 뒤를 이어 사회민주당 당수가 되었고, 훗날 스웨덴 총리가 되었다.

1928년 한손은 국회에서 '인민의 집(folkhemmet)'이란 제목으로 스웨덴 정치 역사의 이정표가 될 국회 연설을 했다. '인민의 집'은 스웨덴 복지제도의 이념이자 상징이 되었고 복지국가 스웨덴을 일컫는 또 다른 이름이 되었다. 이 연설문은 아주 유명해서 스웨덴 복지에 관한 책 여러 곳에서 인용되는데, 아름다운 내용이니 짤막하게 소개해보겠다.

"집의 기본은 공동체와 동고동락에 있다. 좋은 집의 구성원들은 특권을 가지지도 않고 배척당하지도 않는다. 특별히 총애를 받는 아이도 없고 의붓자식 취급받는 아이도 없다. 서로를 멸시하지 않고 아무도 다른 사람의 희생을 딛고 이익을 얻으려고 하지 않으며 강자가 약자를 억압하거나 강탈하지 않는다. 모든 면에서 평등하고 서로를 보살피고 서로 협력하고 서로 돕는다. …… 그러나 스웨덴 사회는 아직 모든 국민에게 그런 좋은 집이 아니다. 지금 우리에게 공식적인 자유와 정치적 평등이 있음은 인정하지만 사회적으로는 여전히 계급이 존재하고 경제는 소수에 의해 좌우되고 불평등이 때때로 버젓이 모습을 드러낸다. …… 이

브란팅이 다져놓은 기름진 사회민주주의의 토양 위에 스웨덴 국민을 계층 구분 없이 모두 끌어안을 수 있는 '인민의 집'의 초석을 마련한 남자 알빈 한손. 오로지 스웨덴 국민들의 '안녕'에 최선의 가치를 둔 스웨덴의 국부(國父)였다. 한밤중 귀갓길에서의 그의 급작스러운 죽음은 그를 아는 모든 이들에게 크고 깊은 슬픔을 남겼다.

러한 사회적 격차를 줄이고 좋은 〈인민의 집〉을 건설하기 위해서는 '사회적 보살핌 정책'과 '평등한 경제 정책'이 필요하다."

"이념과 이해관계를 뛰어넘는 보편적인 가치"는 바로 "집"이었고, "집"은 완벽한 메타포였다. "집"은 구체적인 따뜻한 감촉과 더불어 아름다운 기억과 꿈을 일깨우고, 안전을 보장하는 단어였기 때문이다. 다 함께 "인민의 집"을 건설하자는 연대성의 강조는 모든 계층을 넘어 정치적 대화와 협조를 요구하는 것이었다.

그의 연설은 아름다웠으나 당시 사회민주당 상황은 그리 좋지 않았다. 사회민주당의 지지는 계속 늘었으나 당내에는 급진좌파와 개혁온건파의 갈등이 있었고 의회 내에서는 정당들 간의 갈등이 있었다. 또

한 연설에 상응하여 모든 사람들의 환영을 받을 만한 정책적 제안을 제시하지 못하는 상황이었다.

1928년 봄, 사회민주당의 경제정책에 핵심적인 역할을 하며 후에 재무부 장관직을 수행했던 에른스트 비그포르스(Ernst Johannes Wigforss, 1881~1977)가 "가난을 모두 나누어 짊어지자."는 말을 하자, 부르주아 계층은 "가난을 벗어나야지 가난을 나누다니, 가난이 바람직하다는 말인가?"라며 비난을 퍼부었고, 그해 총선 직전에 사회민주당이 비그포르스의 제안으로 부유층에 대한 급진적인 누진적 상속세 법안을 제출하자 이에 대해서도 보수층은 거세게 반발했다.

1928년 선거는 일명 '코사크 선거(Cossack election)'라고도 불리는데, 사회민주당에 대한 보수연합세력의 흑색선전이 난무했다. 사회민주당이 좌익당인 노동자정당과 연계하자 보수당은 사회민주당을 소련의 볼셰비키와 연관지었고, 노동자정당은 소련공산당의 하위당이라고 몰아붙였다. 당시 붙었던 보수층의 포스터 문구를 몇 개 소개하면 다음과 같다.

"노동당으로 가는 당신의 한 표, 곧장 모스크바로 간다!"
"문화 영역을 서구로 넓히고 싶다면, 부르주아에게 한 표를!"
"노동당에게 표를 주는 당신, 애써 모은 재산과 애써 번 돈을 날릴 셈?"
"달라르나 남자들은 폭군 크리스티안으로부터 스웨덴을 구했는데, 당신은 무엇을 할 것인가? 노동당에게 주는 한 표는 국가를 몰락시키고 소련을 환영하는 꼴이다!"

"노동당이 힘을 얻는 날, 가족은 흩어지고 아이들은 실종될 것이다!"

"아이들의 미래를 생각하라! 답은 부르주아다!"

보수당은 공산당의 끄나풀인 노동자 정당과 연합한 사회민주당이 정권을 잡게 되면, 러시아의 코사크 기병대가 들어와 여자들을 유린하고 아이들을 잡아갈 것이라고 겁을 주었고, 결국 볼셰비키 공산당을 국내에 끌어들이는 꼴이라고 선전했다. 오늘날 한국의 보수층이 진보 세력을 '종북 좌파'라 몰아붙이듯 당시 스웨덴의 보수층은 사회민주당을 '종소련 좌파'라 몰아붙였던 것이다. 선거 결과는 사회민주당 지지율의 급락이었다.

사회민주당 지도부는 선거 결과에 충격을 받았다. 한손은 공산당과 거리를 두는 동시에 지나치게 급진적인 정책이 가져오는 부작용에 대해 더욱 깊이 고민하게 되었다. 정책을 실시하기에 앞서 대중을 설득하고 의회의 합의를 끌어오는 것! 쉽지 않은 일이다.

선거에 이어 곧바로 불어닥친 세계 대공황은 스웨덴 경제에도 심각한 타격을 입혔다. 수출 길은 막히고 실업률은 급증했다. 노동자들의 잦은 분쟁과 파업에 기업들은 외국에서 대체인력을 들여왔고, 1931년 오달렌(Ådalen)에서 이에 대한 항의 시위를 하던 중 동원된 군인들이 노동자들에게 발포하여 5명이 사망하는 사건까지 터졌다. 전국에서 이에 저항의 움직임과 과격한 시위가 일어났고, 의회에서도 이를 둘러

싸고 열띤 논쟁이 벌어졌다. 보수당이 집권하던 때라 파업에 참가한 노동자들만 구속되었고, 발포 명령자에게는 무죄가 선고되었다. 스웨덴에도 이런 '흑역사'가 있다!

바로 다음 해인 1932년에는 '성냥왕'으로 불리며 43개국에 250개가 넘은 공장과 어마어마한 금융기업을 가진 초특급재벌 이바르 크뤼예르(Ivar Kreuger, 1880~1932)가 부도를 내고 자살하는 사건이 발생했다. 그의 개인 빚이 당시 스웨덴 국가 예산보다 많았다고 하니, 그 여파는 대공황 이상이었으리라. 게다가 당시 총리였던 자유당의 에크만이 크뤼예르로부터 뇌물을 받았다는 것까지 밝혀져서 사람들의 분노를 샀다.

이러한 혼란스러운 상황은 1932년 총선에서 사회민주당에게 압도적인 승리를 안겨주었고, 한손은 47살의 나이로 총리가 되었다. 그 후 14년의 총리 재임 기간 동안 그는 보편주의를 기반으로 한 사회복지제도를 꾸준히 실현하고 점진적으로 확대해나갔다. 당시 스웨덴이 결코 좋은 시절이 아니었음에도 불구하고 실업수당, 맹인수당, 노령연금법 개혁, 새로운 의료 시스템, 출산수당, 고아수당, 상해보험 개혁, 여름과 겨울 각각 6일씩 유급휴가 등 1930년대에 무려 32가지 개혁이 이루어졌다.

그리고 1938년에는 스웨덴의 '타협과 합의'의 역사적 산물인 샬트셰바덴 협약(Saltsjöbadsavtalet)이 노동자와 사업주, 즉 '스웨덴노동자총연맹'과 '경영자총연합회' 사이에 체결된다. 그 무엇이든 어느 날 뚝딱 떨어지는 것은 없다! 사회민주주의가 도입된 시기, 브란팅부터 시작된 대화와 설득, 타협, 협상을 거치며 도출되는 '합의'가 실현된 것이다. 사실 이해관계가 완전히 다른 두 진영이 만나서 서로 수긍하는 합의점에 도달하기란 결코 쉬운 일이 아니다. 일단 양보를 의미하기 때문이다.

그러니, 이해가 완전히 대립되는 노동자와 사업주 양편이 이 협약 테이블에 앉기까지 노사간 대립이 얼마나 극렬했겠는가? 혁명으로 치달을 뻔한 여러 번의 상황을 오히려 노동계층을 기반으로 창립된 사회민주당 지도자들이 진정시켜왔다. 이들은 법질서를 통해 점진적인 개혁으로, 즉 평화적인 방법으로 민주화가 강화되어야 한다는 신념을 가지고 있었던 것이다! 이런 신념으로, 한손이 이끌고 비그포르스 같은 단단한 경제이론가가 뒷받침하는 사회민주당이 현명한 중재자의 역할을 했다.

샬트셰바덴 협약은 임금과 노동조건 협상을 위한 기본 협정이었는데, 주요 골자는 노조는 파업을 자제하고 기업은 일자리를 보장한다는 것이었다. 이 협약은 잦은 분쟁과 파업으로 스웨덴 경제에 그늘을 드리웠던 양측의 갈등을 해소시켰는데, 이는 대립관계를 협력관계로 변모시킨 "타협과 합의"의 새로운 시대가 도래했음을 알리는 것이었다.

한손은 시간이 지남에 따라 민주주의나 사회주의를 이념적 노선이 아니라 사회적으로 열악한 처지에 있는 사람들의 형편을 살펴서 그들의 삶을 구체적으로 나아지게 하는 것으로 이해했다. 그에게 총리의 자리란 이념을 넘어 국민의 실제 삶을 보살피는 자리일 뿐이었으니, 이해관계가 전혀 다른 계층일지라도 손을 내밀어 통합의 리더십을 발휘할 수 있었고, 원칙은 지키되 합리적인 실용주의 노선으로 나아갈 수 있었다.

모든 이를 보듬는 '인민의 집'의 감성적 비전을 제시한 페르 알빈 한손은 어떤 사람일까? 직업정치인 1세대로 사민당의 청년조직에서 18살부터 정당 운동가로 성장한 그는 말뫼에서 태어났다. 시내를 살짝 벗어난 주택가에 위치한 그의 생가 옆에는 그의 두상이 세워져 있었다. 그의 가족이 말뫼로 이사 왔을 때 이곳(Kulladal)은 가장 가난한 동네였고 지금도 여전히 집값 싼 동네이다. 한손은 형편이 어려워 교육도 제대로 받지 못했고, 11살 남짓한 나이부터 작은 광장인 릴라 토리(Lilla Torg)의 한 상점에서 심부름꾼으로 일하기 시작했다. 그러니 열악한 처지에 있는 사람들의 심정을 누구보다 잘 헤아릴 수 있었고, 그들의 어려움이 어떤 것인지 누구보다 잘 알 수 있었다. 이런 공감능력이야말로 한 국가의 지도자가 반드시 갖춰야 할 품성이 아닐까 싶다.

그런데 자신의 열악한 처지를 벗어나 크게 출세해서 돈 많이 벌고 높은 지위에 올라 떵떵거리며 사는 것을 인생의 목표로 삼았던 사람을 지도자로 뽑으면 안 된다. 그렇게 성공한 사람은 성공과 실패의 여부를 오로지 개인의 게으름 탓으로 돌리며 나무라고, 누구나 열심히 노력하면 성공할 것이라고 떠들어대기 때문이다. 하지만 어떻게 모두가 성공할 수 있는가? 대부분의 사람들은 크게 성공하지 못하고 소소한 행복을 꿈꾸며 사는 서민들이다. 훌륭한 지도자라면 그런 서민들에게 공감하고 서민들의 삶을 보살피는 정책을 펴야 한다.

한손은 방위비를 감축하는 것으로 복지 예산을 충당했다. 제1차 세계대전 이후 설마 전쟁이 또 일어나랴 싶었기 때문이다. 그런데 한손이 가장 바랐던 것은 방위비 전면 폐지였는데 그 이유는 "스웨덴이 솔선하여 무장해제를 하면 이를 따르는 나라들이 생길 것이고, 이런 나라들이 하나 둘 많아지다 보면 결국 전 세계가 무장해제되는 날이 오지 않겠는가?"라는 것이었다. 현재 상황으로 봐서 그런 날은 결코 올 것 같지 않지만, 80여 년 전 한손은 그런 아름다운 꿈을 꾸었다.

한손의 바람과는 정반대로 세계는 무장해제는커녕 고약한 전운이 감돌고 있었다. 그리고 마침내 제2차 세계대전이 터졌다. 군비를 절반으로 감축한 한손은 얼마나 가슴이 철렁했을까? 한손은 제1차 세계대전 때 브란팅이 그랬듯이, 곧바로 중립을 선언했다. 그리고 라디오 방송을 통해 특유의 확고한 목소리로 국민들을 안심시켰다.

> "우리는 모든 것이 준비되어 있다……. 석 달은 족히 쓸 연료와 음식이 충분히 비축되어 있다. 감자와 설탕은 자급자족이 가능하고, 창고에는 식용유와 2만 톤의 커피가 저장되어 있다……."

이렇듯 한손에게 가장 중요한 것은 서민들의 실생활이었다.

그러하니, 제2차 세계대전 중 한손은 혹시라도 국민들이 다칠까봐 얼마나 노심초사했겠는가? 전쟁 중 그의 일관된 정책노선의 목표는 어떻게 해서든 스웨덴을 전쟁의 도가니로부터 멀찍이 떨어뜨려놓는 것이었다. 친나치니 반나치니 하는 그 어떤 명분도 필요 없고, 스웨덴 총리였던 그에게 중요한 것은 딱 한 가지, 전쟁으로부터 스웨덴 국민의 생명과 재산을 보호하는 것이었다. 그리고 전쟁 중 스웨덴은 중립국으로서 양쪽 진영과 무역을 지속하면서 차곡차곡 돈을 벌어들였다! 당시 스웨덴의 주요 고객은 철광석 등 무기 재료를 많이 매입하는 독일의 나치당이었다.

전쟁이 끝나고 다른 나라에서는 누구 편을 들었느냐에 따라 전범재판이 이루어졌으나 스웨덴은 거국연립내각이었다. 전쟁 중에 내려졌던 자잘한 오판에 대해 모두 어느 정도 책임감을 느꼈지만 이 때문에 처벌받은 사람은 없었다. 크게 욕먹을 짓도 그렇다고 크게 칭찬받을 짓도 하지 않았지만 알뜰하게 실속은 챙긴 것이다. 이 비참한 전쟁의 진정한 승자는 연합국이 아니라 스웨덴이고 자신의 목표를 성공적으로 달성한 한손이 아닐까? 1940년에 있었던 선거에서 사회민주당은 국민들로부터 최고의 지지를 얻었는데, 그때 사회민주당이 사용했던 포스터는 한손의 사진 한 장만 달랑 실은 것이었다. 포스터에는 당 이름조차 없었다!

그러나 개인으로서 한손은 지극히 소박한 삶을 살았다. 이는 그가 어떤 죽음을 맞이했는지를 보면 안다. 제2차 세계대전이 끝난 다음 해인 1946년 10월 5일, 한손 총리는 내각 동료들과 그랜드 호텔에서 늦은 저녁식사를 마친 뒤 "여느 때처럼" "전철을 타고" "교외에 있는 작은 테라스가 딸린 집"으로 향했다.

전철 안에서 그는 갑자기 심한 피로감을 느꼈다. 가난한 집에서 태어나 11살 때부터 스스로를 부양하기 시작했고 20살이 되기 전부터 40여 년동안 왕성한 정치 활동을 해왔으니 그는 어쩌면 갑자기 몰려오는 피로감을 당연하다고 생각했을지 모른다. 새벽 2시 반, 그는 전철에서

1940년 선거에 사회민주당은 이 한 장의 사진을 포스터로 사용했다. 당 이름조차 새기지 않았던 이 포스터는 사회민주당에 커다란 승리를 가져다주었다. 당시 한손의 위상이 어느 정도였는지를 보여준다.

내려 몇 걸음을 옮기다가 갑자기 쓰러졌고, 그대로 영영 일어나지 못했다. 한 나라의 최고 권력자인 총리가 새벽 2시 반에, 수행원 한 명 없이 홀로 전철에서 내려 집으로 돌아가던 도중에 플랫폼에서 쓰러져 '과로사' 한 것이다! 항상 국민의 안녕을 염려하던 총리는 정작 자신의 안녕에는 인색했다. 쓰러진 날도 자동차로 귀가하라는 권유를 듣지 않았다고 한다.

갑자기 쓰러진 한손의 뒤를 이어 '갑자기' 사회민주당 당수가 되고 총리로 선출된 사람은 타게 에를란데르(Tage Fritjof Erlander, 1901~1985)였다. 한손의 뒤를 이을 유력한 사람은 애초에 에를란데르를 정치계에 불러들인 구스타프 뮐러(Gustav Möller, 1884~1970)였다. 따라서 에를란데르는 총리가 되리라 생각한 적도 없었고, 되고 싶은 마음도 없었고, 심지어 재임 기간에는 총리 자리에서 달아나고 싶어 했다고 한다. 하지만 1946년부터 1969년 스스로 물러날 때까지 23년 동안이나 줄곧 총리 자리를 지켰다. 예기치 않게 총리가 되긴 했으나 그는 한손이 시작한 '인민의 집'의 건설을 완성한 인물로 평가받는다. 192미터의 큰 키에 역사상 가장 오래 총리를 역임했다 하여 "스웨덴의 가장 긴 총리"라는 별명으로 불리기도 했다.

에를란데르의 아버지는 학교 선생님이었고 어머니는 비교적 부유한 농가 출신이었다. 그는 전 총리인 한손처럼 가난하지도, 그의 뒤를 이어 총리가 된 올로프 팔메처럼 부유하지도 않았다. 그 사이에 끼인 딱 중간층에 속했는데, 마치 당시 스웨덴의 변천사처럼 '가난'에서 '부유(富有)'로 건너가는 징검다리 같은 느낌이 든다.

제2차 세계대전이 끝나고 에를란데르가 총리 자리에 올랐던 시기인 1946년과 1947년을 흔히 사회민주주의의 "수확기"라고 부른다. 전쟁 후 세계가 경제적 부흥기에 있었다는 점도 도움이 되었다. 이때 기초연금과 보편적인 아동수당, 질병수당 등 스웨덴 복지정책의 중심 기둥이 세워졌다.

에를란데르는 한손이 주창한 '인민의 집'을 발전시키기 위해 "강한 사회"를 주장했다. "강한 사회"란, 계속 늘어나는 국민들의 요구를 충족시키기 위해 공공 부문이 확대된 사회를 일컫는다. 따라서 그의 재임 시절에 스웨덴의 복지제도가 가장 성공적이고도 구체적으로 발전

갑작스러운 한손의 죽음으로 갑작스럽게 총리가 되었으나, 마치 준비라도 하고 있었던 양, 탄탄한 벽돌과 단단한 철근으로 튼튼한 '인민의 집'을 건설한 남자, 에를란데르. 소박하고 포용력 큰 그는 재임 23년간 '인민의 집' 건설 책임자 역할을 야무지게 해냈다.

했고, 일명 "스웨덴 모델"이라 불리며 세계적으로 주목을 받았다. 노령수당의 확대, 아동수당, 주택보조금 지급 등 국민 삶의 전 분야에 걸쳐 골고루 복지제도가 도입되었는데, 특히 총리로 지명되기 전에 교육부 장관을 지냈던 에를란데르는 교육의 중요성을 크게 자각하고 9년의 의무교육제를 실시하였다. 에를란데르 역시 브란팅과 한손에 이어 국민의 "안녕"을 묻는 자세는 일관적이었다.

따라서 에를란데르 재임 기간 중 복지 관련 기관을 중심으로 공공 부문이 크게 늘어났다. 또 다른 공공 부문으로 무기산업을 크게 증강시켰는데, 이는 일자리 창출과 비(非)나토(non-Nato) 회원국으로서 스웨덴의 자주권을 지키기 위함이었다. 실제로 스웨덴의 무기산업은 1960년대에 괄목할 만한 수준에 올랐다. 스웨덴은 현재에도 항상 무기 수출국 상위권에 든다.

그러나 핵무기에 관해서는 혹시 발생할지 모르는 공격을 저지하기 위한 수단이 될 수 있다는 점에서 의견이 분분했고, 만약 스웨덴이 공격을 받을 경우에는 미국이 개입한다는 외교적 조약을 촉구하게 되었다. 1968년 스웨덴은 핵무기 비확산 조약에 서명을 했고, 핵무기 발전에 관한 한 모든 것을 중단했다.

독재정권이 아닌가 싶을 만큼 긴 23년의 장기 집권은 그 사이 위기와 갈등이 없었다는 뜻이 아니라 사회 온갖 계층을 아우른 그의 포용력을 보여준다. 그는 성격이 온건하고 실용주의적이어서 당파를 떠나 그 어떤 정당에도 손을 내미는 것을 두려워하지 않았다. 이것은 한손의 합의정책을 크게 확장시킨 것인데, 특히 1950년대 보수당인 농민당과의 연정은 사회민주당의 입지를 굳건하게 만들어주었다. 에를란데르는 한손의 근거리에서 그가 고난을 겪을 때마다 어떻게 정국을 헤쳐나가는지 배웠다. 고난은 그에게 중요한 학습의 기회였던 것이다.

1968년 그가 총리로서 마지막으로 치렀던 선거에서 사회민주당은 50% 이상의 표를 얻었다. 이것은 당시 사회민주당의 힘과 에를란데르에 대한 스웨덴 사람들의 신뢰를 증명하는 것이었다.

한 가지 인상적인 점은 사회민주당 내에 이념 갈등은 있었지만 권력을 향한 갈등이 없었다는 것이다. 퇴임 후 그는 1972년부터 1982년까지 여섯 권의 회고록을 냈는데, 그 회고록에서 총리직에서 무려 23년간이나 있었던 사람이 정작 "나는 권력에의 의지가 없다!"고 말했다. 이것이 그가 총리직에 오래 머물렀던 이유가 아니었을까? 그의 관심은

"권력"이 아니라 국민들의 "안녕"에 있었다. 에를란데르도 한손 못지않게 소박한 삶을 살았다. 그의 해진 옷들, 다 떨어진 낡은 구두 등을 보면 고개가 절로 숙여진다. 스웨덴에선 총리와 일반 사람의 삶의 모습이 하나도 다르지 않다!

에를란데르의 명예로운 퇴임에 이어 새로운 총리가 된 사람은 42살의 보다 급진적인 정치 스타 올로프 팔메(Sven Olof Joachim Palme, 1927~1986)였다. 팔메의 경우 그가 암살당한 얘기부터 시작하는 것이 무척 유감스럽다. 그의 암살은 스웨덴뿐 아니라 전 세계에 충격을 주었지만, 암살범은 끝내 잡히지 않았다.

1986년 2월 28일 밤, 팔메 총리는 아내와 아들, 아들의 여자친구와 심야영화를 보고 집으로 돌아가던 중 총에 맞아 암살당했다. 그날 오후, 팔메 총리는 스웨덴 안전경찰 '세포(Säpo)'에게 전화를 걸어 집에서 조용히 저녁을 보낼 예정이라 경호원을 모두 돌려보냈다고 말하고 아내인 리스베트와 오랜만에 편안한 시간을 보내고 있었다. 저녁 때 그의 아들 모르텐이 전화를 걸어 함께 영화를 보자고 제안했고 그는 흔쾌히 승낙했다. 그들은 전철을 탔는데, 리스베트는 전철정기권을 사용했고 팔메는 6크로나를 내고 전철표를 샀다. 그들은 스톡홀름 중심가에 있는 그랜드시네마 앞에서 그의 아들과 아들의 여자친구를 만났고 네 사람은 「모차르트 형제들」이란 영화를 관람했다. 그들이 영화관을 떠난 시각은 밤 11시 15분이었다. 더욱 차가워진 바람에 옷깃을 세우며 리스베트와 팔메는 종종 걸음으로 6분 정도 길을 따라 걸어 내려갔다. 그리고……, 탕, 탕, 탕!

사실 스톡홀름은 팔메가 태어나고 자란 곳이니 그의 도시라 여길 만큼 그에게 친숙한 곳이다. 그는, 전 세계 어딜 가든 정치인으로서 으레 신변 안전을 위해 경호를 받아야 하는 불편함이 있는데, 스톡홀름에서는 그런 불편함 없이 일반인처럼 자유롭게 시내를 활보할 수 있다고 다른 나라 정치인들에게 늘 자랑하곤 했었다. 그러니 그의 암살 소식을 듣고 다른 나라 정치인들이 얼마나 크게 혀를 찼을 것인가? 회토르에트(Hötorget)역, 그가 총에 맞아 쓰러진 자리에는 추모명판이 깔려 있다.

하지만 나는 팔메 총리의 믿음에 깊은 경의를 표한다! 자신이 만들고도 식품의 안전성을 믿지 못하는 라면 공장 사장은 라면을 먹지 않고, 콜라 공장 사장은 콜라를 마시지 않는다. 그러나 스웨덴의 총리 팔메는 안전한 도시 스톡홀름을 믿었다!

팔메는 상류층 가정에서 태어나서 미국에서 대학을 다녔고 히치하이킹을 하면서 미국 대륙과 멕시코 여행을 했다. 그런데 아이러니컬하게도 그의 미국에서의 학업과 경험은 그를 사회주의자로 만들었다. 그는 사회 모순을 정의로운 시각에서 볼 줄 아는 젊은이답게 당시 미국의 계급 차별과 인종 차별이 얼마나 심각한지 절실히 느꼈기 때문이다. 또한 인도와 스리랑카, 미얀마, 일본 등 여러 아시아 국가를 여행하면서 식민주의와 제국주의의 결과에 대해서도 새로운 비판적 안목을 갖게 되었다. 이런 다양한 여행 경험들이 사회주의자로서의 그의 정치철학의 지평을 넓히고 심화시키는 밑거름이 되었다.

한손이 '인민의 집'을 건설하기 위해 닦아놓은 터 위에, 벽을 쌓고 지붕을 얹어 튼튼한 집으로 완성한 사람이 에를란데르라고 한다면, 그

혁명적인 개혁가로 불릴 만큼 대단히 진보적인 정책들을 실현하여 '인민의 집'을 완성했다는 평을 듣는 남자 올로프 팔메. 한손과 에를란데르는 스웨덴 국민의 민생을 돌보며 내치에 집중했으나 팔메는 다양한 국제적인 사안에도 비판의 목소리를 높였다. 대체 누가 그를 죽였을까?

집에 새로운 변화의 시대에 걸맞게 큰 창문과 아름다운 커튼을 치고 유행에 맞는 새로운 가구를 들여놓은 사람은 팔메라고 할 수 있다.

총리 재임 시절 '혁명적인 개혁가'로 불릴 만큼 그가 실현한 정책들은 대단히 진보적이었다. 고용보장 강화를 통해 노동시장에 변혁을 가져왔고 아동, 노인, 장애인, 이민자, 저임금 노동자, 한 부모 가정 등 사회적 약자들을 위한 파격적인 재분배 정책을 내놓았고, 1975년에는 대학교육까지 무상으로 바꾸었다. 스웨덴 경제가 좋지 않았던 시기에도 '고통을 분담한다'는 차원에서 누진세와 상속세는 인상했지만 복지 예산은 삭감하지 않았다. 그는 또한 양성평등 지지자로서 여성 인권을 옹호한 멋진 남성이기도 했다.

팔메가 총리를 지냈던 1969년에서 1976년, 그리고 1982년에서 1986년까지의 국제 정세는 격동적인 변혁의 시대였고 세계적인 거대 이슈가 사람들을 들끓게 했던 때였다. 한손과 에를란데르는 안으로 스웨덴 국민의 민생을 돌보며 내치에 집중했으나, 올로프 팔메는 다양한 해외 경험을 가진 사회민주당의 신세대 지도자답게 국제적인 사안에 비판의 목소리를 높였다.

1968년 2월, 베트남전쟁에 반대하여 그는 사람들의 이목을 끌 만큼 멋진 털모자를 쓰고 스톡홀름 거리에 나가 북베트남 대사와 함께 횃불을 들고 반미 반전을 외치며 거리 행진을 했다. 게다가 탈영한 미군들을 스톡홀름에서 살도록 배려해주기까지 했다. 체코의 '프라하의 봄'을 좌절시킨 소련에 대해서도 목소리 높여 비난했다. 또한 1978년 우리나라 대한항공 여객기가 소련의 요격 전투기 공격을 받았는데, 이에 대해서도 팔메는 침묵하지 않았었다. 핵무기 확산 반대 운동에 참여했고 남아프리카공화국의 인종 차별에 반대하였다. 스페인의 프랑코 정부를 "악마적인 살인마"라고 칭하면서 비판하였고, 칠레의 피노체트 군부독재, 쿠바의 풀헨시오 바티스타 정권 등 당시 지구상에 존재하는 군부독재는 모두 그의 공격 대상이었다. 반면 군부독재에 저항하는 민족해방운동에는 적극적인 지지를 보냈다.

누가 그를 암살했든, 그가 취한 모든 행동들은 인권과 평화주의에 기반을 두고 있음을 부인할 수 없다. 팔메는 상류층 출신이긴 해도 약자들의 어려움에 공감했고, 불의와 불평등에 저항심을 가졌으며, 자유와

민주주의의 가치를 옹호했다.

스웨덴의 현대정치사는 팜에서 출발하여 브란팅과 한손, 에를란데르와 팔메에 이르는 사회민주당의 역사에 다름 아니다. 스웨덴 현대정치사를 일별해보니, 지도자가 얼마나 중요한지 새삼 깨달았다. 1920년부터 현재까지 100년 가까운 세월 동안 사회민주당이 집권한 시기는 약 80년! 사람들의 지지가 거의 부동이었다! 사회민주당이 "자유, 평등, 연대"라는 사회민주주의적 가치를 실용주의적 지혜를 모아 끈기 있게 실현해낸 결과이다. 사회민주당 지도자들은 항상 평화롭고 점진적인 방법으로 사람들의 삶을 구체적으로 개선시킬 방법을 모색했다. 바로 그들이 사람들의 "안녕"을 염려했기에 지금 스웨덴 사람들이 더 "안녕"한 것이다.

정치는 무엇으로 평가받는가? 바로 "안녕들 하십니까?"라는 질문에 대한 대답으로 평가받는 것 아닐까? 이 질문에 좋은 대답을 얻기 위해 그 많은 이념 투쟁이 있어온 것은 아닐까?

아! 팔메는 세계인의 안부까지 챙겼던 것이구나!

## 스웨덴 일기

지은이 _ 나승위
펴낸이 _ 강인수
펴낸곳 _ 도서출판 **파피에**

초판 1쇄 발행 _ 2018년 1월 31일

등록 _ 2001년 6월 25일 (제2012-000021호)
주소 _ 서울시 마포구 서교동 487 (209호)
전화 _ 02-733-8668
팩스 _ 02-732-8260
이메일 _ papier-pub@hanmail.net

ISBN 978-89-85901-85-7 (03300)

· 잘못 만들어진 책은 바꾸어 드립니다.
· 값은 뒤표지에 있습니다.

ⓒ 나승위, 2018

이 책은 신저작권법에 의하여 보호를 받는 저작물이므로 무단전재와 무단복제, 광전자 매체 수록 등을 금하며, 이 책 내용의 전부 또는 일부를 이용하려면 반드시 저작권자와 파피에 출판사의 서면 동의를 받아야 합니다.